SPAREN

Geschichte einer deutschen Tugend

Herausgegeben von
Robert Muschalla
für das
Deutsche Historische Museum

INHALT

Raphael Gross
VORWORT 5

Johannes Evers und Kai Uwe Peter
VORWORT 8

Robert Muschalla
EINLEITUNG 11

Jürgen Kocka
DIE FRÜHEN SPARKASSEN IM GESELLSCHAFTLICHEN UMBRUCH DES 19. JAHRHUNDERTS 17

Thorsten Wehber
DIE VERBREITUNG DES SPAR- UND SPARKASSENGEDANKENS IN DEUTSCHLAND IM 18. UND 19. JAHRHUNDERT 31

Dieter Ziegler
DIE ROLLE DER SPAREINLAGEN FÜR DIE SOZIALE UND WIRTSCHAFTLICHE ENTWICKLUNG IN DER HOCHINDUSTRIALISIERUNG 45

Gerd Hardach
SPAREN FÜR DEN KRIEG 1914 BIS 1918 59

Gerd Hardach
SPAREN IN DER WEIMARER REPUBLIK: INFLATION, STABILISIERUNG UND KRISE 1918 BIS 1932 73

Johannes Bähr
„DEIN SPAREN HILFT DEM FÜHRER.“ SPAREN IN DER ZEIT DES NATIONALSOZIALISMUS 91

Günther Schulz
SPAREN UND SPARINSTITUTIONEN IN DEUTSCHLAND SEIT 1945/48 109

Sandra Maß
SCHULSPARKASSEN, KINDER UND POLITIK: DIE SPARBEWEGUNGEN IM LETZTEN DRITTEL DES 19. JAHRHUNDERTS 123

Carl-Ludwig Thiele
DIE BEDEUTUNG DES BARGELDS ALS WERTAUFBEWAHRUNGSMITTEL 137

Joanna Innes
DIE ARMEN UND DIE ARMENFÜRSORGE IM VEREINIGTEN KÖNIGREICH DES SPÄTEN 18. UND FRÜHEN 19. JAHRHUNDERTS 151

Michael Moss
EIN PENNY IST SEHR WENIG: DIE SPARBEWEGUNG IM VEREINIGTEN KÖNIGREICH VON DER RUTHWELL BANK BIS ZUR PRIVATKUNDENBANK 165

Sheldon Garon
WARUM AMERIKA GELD AUSGIBT, WÄHREND EUROPA UND ASIEN SPAREN 179

Axel Börsch-Supan und Tabea Bucher-Koenen
WIE DER DEMOGRAFISCHE WANDEL DAS SPARVERHALTEN DER DEUTSCHEN ÄNDERT 193

Heike Gfrereis
GELD ODER GEIST. SPAREN IN DER DEUTSCHEN LITERATUR 219

ANHANG 233

Raphael Gross

VORWORT

„Spare in der Zeit, dann hast Du in der Not" – so heißt ein kurzer Zeichentrickfilm der UFA aus dem Jahre 1935, der auch in unserer Ausstellung zu sehen ist. Er zeigt zunächst eine Gruppe von Bienen bei der Arbeit. Es ist Sommer. Emsig putzen die fleißigen Bienen die Waben, fügen fröhlich das Wachs zu kleinen Platten zusammen, die sie einander im Glück gemeinsamen Schaffens weiterreichen. „Was Fleiß geschafft, wird hier gespart, und Ordnung herrscht im Haus", kommentiert eine Stimme aus dem Off diese Situation. Dann wechselt die Szene. Heuschrecken und anderes Getier wird gezeigt. Sie verbringen den Tag mit Saufen und Faulenzen. „Hier fragt man nicht, was später wird, und lebt in Saus und Braus", erklärt der Kommentar. Erneuter Szenenwechsel. Der Winter ist da. Die Bienen sitzen in ihrem behaglichen Stock, sie stricken, kochen und haben es warm. Es klopft an der Tür. Die hässlichen Faulenzerinsekten, die „alles verschwendet, alles vertan" haben, klopfen nun an der Tür. Die Bienen wissen, was zu tun ist: Mit dem Hinweis auf das Schild „ohne Fleiß keinen Preis" verwehren sie den Frierenden und Hungernden den Zutritt. Diese, in deren Zügen man vermutlich nicht zufällig einige Merkmale antisemitischer Ikonografie erkennen kann, werden nun sehen müssen, wo sie bleiben.

Bis heute versteht sich Sparsamkeit in Deutschland scheinbar von selbst. Private und öffentliche Haushalte ebenso wie Unternehmen sparen in Deutschland in großem Umfang. Die Mehrheit der Menschen im Land stellt das Sparen der privaten Haushalte auch in Zeiten historisch niedriger Zinsen nicht infrage, ebenso wenig die Spardoktrin der deutschen Finanz- und Außenpolitik. Beobachter außerhalb Deutschlands hingegen blickten in den letzten Jahren zunehmend kritisch auf die deutsche Sparneigung. Hierbei wurde nicht nur die Rolle Deutschlands bei der Durchsetzung der Sparpolitik im Euro-Raum hinterfragt, sondern auch das Sparen in Deutschland selbst. Die Ausgabenzurückhaltung der privaten und öffentlichen Haushalte sowie der Unternehmen trägt zu dem erheblichen Leistungsbilanzüberschuss des Landes bei, dem von einigen Beobachtern ein Gefährdungspotenzial für die Weltwirtschaft und damit auch für die deutsche Wirtschaft zugeschrieben wird.

Die Ausstellung *Sparen – Geschichte einer deutschen Tugend* im Deutschen Historischen Museum betrachtet und diskutiert das tradierte Sparverhalten der Deutschen vor dem Hintergrund internationaler Kritik. Sie begibt sich auf die Suche nach der spezifischen Gestalt der deutschen Sparneigung von den Ursprüngen bis heute. In den Blick genommen werden die Vorformen sowie die konkreten historischen Erscheinungsformen des Sparens seit der Spätaufklärung. Es werden die Entwicklung des Sparens zum Instrument der Staatsfinanzierung sowie der staatlichen Daseinsfürsorge und Sozialpolitik beleuchtet. Auch das komplementäre Verhältnis der Sparpropaganda und Sparwerbung zum Antisemitismus steht im Fokus. Epochenübergreifend thematisiert die Ausstellung die Rolle der Sparerziehung für die Genese der deutschen Sparneigung ebenso wie das Verhältnis von Sparen und gesellschaftlichen wie wirtschaftlichen Krisen.

Dass die Ausstellung *Sparen – Geschichte einer deutschen Tugend* zustande kommen konnte, verdankt sich der Kooperation des Deutschen Historischen Museums mit der Berliner Sparkasse. Die Ausstellung wird erstellt im engen wissenschaftlichen Austausch mit den historischen Archiven der Berliner Sparkasse und des Deutschen Sparkassen- und Giroverbandes sowie in Zusammenarbeit mit der Study Group on Savings Banks History.

Wir danken allen Kolleginnen und Kollegen beider Häuser, die diese Ausstellung zu ihrem gemeinsamen Projekt gemacht haben. Besonderer Dank gebührt dem Kurator Robert Muschalla und der Projektleiterin Dorlis Blume, die mit tatkräftiger Unterstützung von Dr. Lydia-Rosía Dorn, Regina Gelbert, Melanie Huchler und Ann-Kristin Jürgensen am DHM, Kerstin Hüsken, Klaus-Dieter

Marten und Kai-Uwe Peter von der Berliner Sparkasse sowie Thorsten Wehber vom Deutschen Sparkassen- und Giroverband das Vorhaben in die Tat umgesetzt haben. Begleitet wurde die Ausstellungsvorbereitung von einem engagierten Fachbeirat bestehend aus Prof. Dr. Christian Duve, Prof. Dr. Horst Gischer, Christian von der Heydt, Prof. Dr. Birgit Klein und Prof. Dr. Dr. h.c. Jürgen Kocka.

Die Gestaltung der Ausstellung lag in den Händen von Nadine Rasche und Werner Schulte. Sie haben ein „Design für alle" entwickelt, das den Besucherinnen und Besuchern unabhängig von ihren Voraussetzungen die aktive Teilhabe an den Ausstellungsinhalten ermöglicht. Die inhaltliche und didaktische Ausarbeitung dafür übernahm der Fachbereich Bildung und Vermittlung am DHM, insbesondere Christin Noll, Friedrun Portele-Anyangbe, Maike Schimanowski, Martin Steinbrück und Brigitte Vogel. Diesen Katalog hat Quentin Walesch gestaltet. Abschließend gilt unser Dank allen Leihgebern sowie den Autorinnen und Autoren der hier vorgelegten Publikation und Ilka Linz für die engagierte Betreuung der Katalogarbeit.

Johannes Evers und Kai Uwe Peter

VORWORT

Die Berliner Sparkasse entstammt – wie viele Sparkassen in Deutschland – dem Geist der Aufklärung. Sie wurde im Jahr 1818, also vor genau 200 Jahren, vom Magistrat der Stadt gegründet, um „den hiesigen Einwohnern Gelegenheit zu geben, ihre kleinen Ersparnisse zinsbar und sicher unterzubringen, und ihnen dadurch behilflich zu sein, sich ein Kapital zu sammeln, welches sie bei Verheiratungen, Etablierung eines Gewerbes, im Alter oder in Fällen der Not benützen können".

Aufklärerisch war das, weil es auf die Mündigkeit der Bürgerinnen und Bürger zielte. Indem sie zu Sparerinnen und Sparern wurden, konnten sie erstmals ihre Zukunft eigenverantwortlich planen; sie konnten Vorsorge treffen für ihre Vorhaben wie für die Wechselfälle des Lebens; sie konnten etwas wagen und etwas absichern.

Seitdem blieb die Berliner Sparkasse immer ein fester Bestandteil unserer Stadt, über alle Höhen und Tiefen, über allen Glanz und alle Schrecken der Berliner wie der deutschen Geschichte hinweg: der Aufstieg Berlins zu einer wirtschaftlichen und politischen europäischen Metropole, der Erste Weltkrieg, die „Roaring Twenties", das Zerbrechen der Weimarer Republik und der Aufstieg des Nationalsozialismus, die Verheerungen des Zweiten Weltkriegs, der Wiederaufbau, die deutsche Teilung (die Mauer zerschnitt auch die Berliner Sparkasse in Ost und West), die Wiedervereinigung, die Berliner Bankenkrise um das Jahr 2000 und nun der Wandel Berlins zu einer weltoffenen, kulturell lebendigen und wagemutigen Gründerstadt. All das hat die Berliner Sparkasse miterlebt.

Diese Beständigkeit über alle historischen Brüche hinweg zeigt sich im aktuellen Berliner Sparkassengesetz. Demnach obliegt der Berliner Sparkasse „die Förderung des Sparens und die Befriedigung des örtlichen Kreditbedarfs, insbesondere des Mittelstands und der wirtschaftlich schwächeren Bevölkerungskreise". Das beschreibt in moderner Sprache genau denselben Zweck wie vor 200 Jahren.

Wie hat die Berliner Sparkasse diese wechselvolle Geschichte in dieser Solidität überdauert? Indem sie sich immer wieder erneuert hat, indem sie jeweils in ihrer Zeit aufgeschlossen war für den Wandel und das Moderne.

Und wie blicken wir auf die Zukunft der Berliner Sparkasse? Die Berliner Sparkasse wird sich weiter wandeln, der Entwicklung der Gesellschaft, der Stadt, für die sie arbeitet, folgen, ihr manchmal auch vorausgehen. Aktuell gilt es, sich der rasch fortschreitenden Digitalisierung zu stellen. Dazu wird die Berliner Sparkasse ihr Verständnis des öffentlichen Auftrags erweitern, um den Bürgerinnen und Bürgern Berlins sichere und selbstbestimmte Finanzgeschäfte in der digitalen Welt zu bieten.

Zugleich wird sie dem Geist ihrer Gründung und ihren Werten treu bleiben, indem sie in bester aufklärerischer Tradition auch in Zukunft für Sicherheit und Verlässlichkeit, für den guten persönlichen Rat und damit für eine moderne Mündigkeit der Berlinerinnen und Berliner in finanziellen Entscheidungen steht.

Wir freuen uns ganz besonders, dass die Ausstellung „Sparen – Geschichte einer deutschen Tugend" des Deutschen Historischen Museums in Kooperation mit der Berliner Sparkasse entstand und diese gesellschaftlichen Fragen in unserem Jubiläumsjahr aufgreift.

Johannes Evers
Vorsitzender des Vorstands der Berliner Sparkasse

Kai Uwe Peter
Direktor der Berliner Sparkasse

Robert Muschalla

EINLEITUNG

Sparsamkeit ist für viele Menschen in Deutschland selbstverständlich. Der wiederholte, beinahe vollständige Verlust der Sparvermögen im 20. Jahrhundert hat der deutschen Sparneigung ebenso wenig ein Ende bereiten können, wie es später die langwierige Niedrigzinsphase infolge der 2007 einsetzenden Wirtschaftskrise vermochte.

Das Sparen in Deutschland scheint sich bereits seit Langem habitualisiert zu haben. Ausgehend von dieser Beobachtung soll dieser Band – wie die Ausstellung, die er begleitet – die Geschichte des (institutionalisierten) Sparens in Deutschland in den Blick nehmen, um so zu einem besseren Verständnis des Sparverhaltens der Menschen in Deutschland beizutragen.

Die Entwicklung der Sparinstitutionen in Deutschland hebt an in der Zeit der Spätaufklärung. Im Zuge einer beträchtlichen Zunahme der Bevölkerung seit der Mitte des 18. Jahrhunderts und in Anbetracht einer Wirtschaftsentwicklung, die zunächst nicht mit dem Bevölkerungswachstum Schritt halten konnte, entstand eine drückende Massenarmut. Jürgen Kocka geht in seinem Text der Frage nach, wie diese Entwicklung mit dem Entstehen der frühen Sparkassen verbunden ist.

Anders als die kommunalen Sparkassengründungen in nachnapoleonischer Zeit waren die meisten frühen Sparkassen private Initiativen. Die weltweit erste Sparkasse entstand im Jahr 1778 in Hamburg. Eine aufklärerische Sozietät, die bald als „Patriotische Gesellschaft“ bekannt werden sollte, hatte sie als Institution der Armenfürsorge ins Leben gerufen.

Anlass für die Etablierung der Spareinrichtung war die in Hamburg wie in anderen deutschen Städten unübersehbare Armut großer Bevölkerungsteile. Grundlegend war aber auch der in der Aufklärung verbreitete Armutsbegriff. Ausgehend von der Reformation hatte er sich im Kontrast zu dem Armutsverständnis des christlichen Mittelalters herausgebildet. Armut wurde in der Aufklärung endgültig nicht mehr als gottgewolltes Schicksal verstanden, dem es mit Almosen zu begegnen galt. Die frühen Sparkassengründer betrachteten den Fleiß und die Sparsamkeit des Einzelnen als Weg aus der Abhängigkeit von Almosen, die sie nicht als Gegenmittel, sondern als Quelle der Armut verstanden. Das sozialreformerische Wirken dieses Kreises gipfelte in Hamburg im Jahre 1788 entsprechend in der Gründung der Allgemeinen Armenanstalt, die andernorts bald zum Vorbild für die Einrichtung ähnlicher Anstalten wurde. Diese Institution diente zum einen der Versorgung der Armen, zum anderen aber auch ihrer Erziehung zu gewissenhafter Arbeit. Thorsten Wehber stellt in seinem Essay zur Verbreitung des Spar- und Sparkassengedankens im 18. und 19. Jahrhundert fest, dass auch die frühen Sparkassen vor allem als Erziehungsinstitutionen zur Verbürgerlichung der Unterschichten zu verstehen sind.

Die Verbreitung des Sparkassengedankens nahm allerdings erst nach den napoleonischen Kriegen ab 1815 mit dem zunehmenden Engagement der Kommunen an Fahrt auf. Hierfür dürfte, wie Dieter Ziegler in seinem Beitrag über die Rolle der Spareinlagen für die soziale und wirtschaftliche Entwicklung in der Hochindustrialisierung feststellt, neben den sozialpolitischen Zielsetzungen der Kommunen vor allem ihr Kreditbedürfnis ausschlaggebend gewesen sein. Die Sparvermögen bei den nun in der Regel kommunalen Sparkassen versetzten die öffentliche Hand in die Lage, die Infrastruktur instand zu setzen und zu erweitern und so die Grundlage für die zunehmende Industrialisierung in Deutschland zu schaffen.

Mit den wirtschaftlichen Verhältnissen änderten sich auch die gesellschaftlichen. Die „Soziale Frage“, die Anlass für die frühen Sparkassengründungen gewesen war, entwickelte sich mehr und mehr zu einer „Arbeiterfrage“.

Karl Marx identifizierte die Sparsamkeit in seinem Hauptwerk *Das Kapital* als eine Kardinaltugend des Kapitalismus. Auch die Gegner der sich formierenden Arbeiterbewegung erkannten deren affirmativen Charakter. Es kam, wie Sandra Maß in ihrem Essay zur Sparbewegung im letzten Drittel des 19. Jahrhunderts feststellt, zu einer Politisierung der Sparsamkeit. Das Sparen sollte nicht nur dabei helfen, die Arbeiter finanziell für Notzeiten mit eigenen Mitteln auszustatten, es sollte sie auch an den gesellschaftlichen Status quo binden. Die Verantwortung für die Vorsorge gegen Armut wurde dabei abermals an den Einzelnen zurückverwiesen.

Gerd Hardach führt in seinem ersten Text über das Sparen für den Krieg 1914 bis 1918 aus, wie das Sparen im Ersten Weltkrieg für die Kriegsfinanzierung in Dienst genommen wurde. In seinem zweiten Beitrag beschreibt er den beinahe vollständigen Verlust der Spareinlagen in der aus dem verlorenen Krieg und seiner Finanzierung resultierenden Inflation in den ersten Jahren der Weimarer Republik.

Das nach der Währungsreform 1923/24 einsetzende „Sparwunder", das schnelle Wiederanwachsen der Sparvermögen, deutet darauf hin, dass die Erziehung der Deutschen zum Sparen zu diesem Zeitpunkt schon zu einer Habitualisierung geführt hatte. Hierauf konnten die Nationalsozialisten nach der „Machtergreifung" aufbauen.

Johannes Bähr weist in seinem Essay darauf hin, dass den zwölf Jahren nationalsozialistischer Herrschaft eine Sonderstellung in der Spargeschichte zukommt, da das Sparen in keiner anderen Epoche in vergleichbarer Weise in den Dienst der Politik gestellt wurde.

Das Sparen fügte sich nahtlos in die antisemitische Ideologie der Nationalsozialisten ein. Die Sparguthaben wurden als das Ergebnis vermeintlich guter „schaffender" Arbeit einem konstruierten raffenden „jüdischen Finanzkapital" entgegengesetzt. „Arbeiten und Sparen gehören zusammen" heißt es auf zeitgenössischem Werbematerial. Diese Verbindung war – wie beschrieben – bereits in der Gründungsphase der ersten Sparkassen in der Spätaufklärung sichtbar. Mit der Politisierung und Nationalisierung der Begriffe im ausgehenden 19. Jahrhundert bekamen sie einen anderen Charakter. Auch scheint sich der in dieser Zeit eskalierende Antisemitismus in einem komplementären Verhältnis zum nationalisierten Arbeitsbegriff und der politisierten Sparsamkeit zu befinden. War diese Konstellation also auch im Kaiserreich schon erkennbar, so wurde sie unter den Nationalsozialisten zur offiziellen Ideologie. Die Wirtschaftspolitik dieser Zeit folgte bei ihrer Indienstnahme des Sparens allerdings nicht den skizzierten ideologischen Grundlinien, sondern hatte die „geräuschlose“ Rüstungsfinanzierung zum Ziel.

Die abermalige Niederlage im Krieg und die Währungsreformen 1948 in beiden Teilen des Landes sorgten das zweite Mal in verhältnismäßig kurzer Folge für den Verlust eines Großteils der Sparvermögen.

Die Deutschen begannen, so stellt es Günther Schulz in seinem Essay zum Sparen und zu den Sparinstitutionen seit 1945/48 fest, dennoch direkt nach der Währungsreform wieder mit dem Sparen.

Selbstredend wurde das Sparverhalten der Deutschen in der Folgezeit beeinflusst durch die sich nun immer intensiver entwickelnde Konsumgesellschaft sowie durch die Verbreitung von Konsumentenkrediten, aber auch durch die Rentenreformen, die auf das Sparmotiv der Altersvorsorge einwirkten. Heute gewinnt das Sparen für das Alter allerdings wieder an Bedeutung. Axel Börsch-Supan und Tabea Bucher-Koenen zeichnen in ihrem Text die Auswirkungen des demografischen Wandels – als Legitimationsgrundlage der jüngsten Rentenreformen – auf das Sparverhalten der Deutschen nach.

Generell scheinen sich bestimmte Muster erhalten zu haben. Davon zeugt nicht zuletzt das Sparverhalten der Deutschen in der Niedrigzinsphase seit 2007. Manches wurde durch die zugrundeliegende Finanzkrise sogar wieder verstärkt sichtbar, so etwa das Misstrauen vieler Menschen in Deutschland gegen die Finanzindustrie, welches zu einer Konjunktur des Hortens beiträgt, wie Carl-Ludwig Thiele dies in seinem Aufsatz beschreibt.

Deutlicher tritt das Spezifische der deutschen Spargeschichte noch heraus, wenn man sich vergleichend diejenige Großbritanniens anschaut.

Joanna Innes beschreibt in ihrem Essay deren Ausgangssituation und skizziert dabei ein verändertes Verständnis von Armenfürsorge, wie es sich auch auf den Britischen Inseln seit der Frühen Neuzeit entwickelte.

Der Text von Michael Moss verrät, dass auch die frühen Sparkassengründungen im Vereinigten Königreich Parallelen zu Deutschland erkennen lassen. Von einer auf den ersten Blick vergleichbaren Ausgangssituation führte die Entwicklung im 19. und 20 Jahrhundert dann allerdings zu einem gänzlich unterschiedlichen Sparverhalten heute. Gleiches gilt für die USA, berichtet Sheldon Garon in seinem Essay und geht der Frage nach, wie der „amerikanische Sparkollaps" zu begründen sei.

Offenbar liegen tief verwurzelte kulturelle Unterschiede zugrunde, die es nahelegen, den Blick über den engeren ökonomischen Zusammenhang des Sparens hinaus zu weiten. Heike Gfrereis hat dies in ihrem Text getan und nach Spuren des Sparens in der deutschen Literatur gesucht. Sie entdeckt eine vielsagende Abwesenheit des Sparens, vor allem des institutionalisierten, in der Literatur.

Bis heute ist Sparen in Deutschland selten Gegenstand von Reflexion. Wie eingangs festgestellt, ist Sparsamkeit für viele Menschen in Deutschland selbstverständlich. Nicht nur wegen der zunehmenden Kritik an der deutschen Sparneigung aus dem Ausland erscheint es dennoch ratsam, sich mit dieser aus verschiedenen Perspektiven auseinanderzusetzen.

Vor allem wegen des hier angedeuteten Zusammenhangs der deutschen Spartradition mit der Entwicklung der Arbeitsethik, aber auch mit dem Antisemitismus als deren komplementäre Ideologie erscheint eine nähere Betrachtung lohnenswert. Diese muss in Teilen im Rahmen der Ausstellung und ihrer Begleitpublikation ein Desiderat bleiben. Der Herausgeber hofft jedoch, dass die Essays in diesem Band – für die er den Autoren zu großem Dank verpflichtet ist – dazu beitragen können, Fragen aufzuwerfen und erste Antworten zu geben.

Jürgen Kocka

DIE FRÜHEN SPARKASSEN IM GESELLSCHAFTLICHEN UMBRUCH DES 19. JAHRHUNDERTS

Ausbau und Eigenarten der frühen Sparkassen

Die ersten deutschen Sparkassen entstanden vereinzelt im norddeutschen Raum, so 1778 in Hamburg, 1786 in Oldenburg und 1791 in Kiel. Preußische Städte folgten etwas später, zuerst Berlin (1818) und Frankfurt/Oder (1822). 1840 zählte man in Preußen 85, in Sachsen 31 und in Hessen 20 Sparkassen. „Zur eigentlichen Gründungszeit wurden jedoch die Jahre 1840–1860. In diesen zwanzig Jahren wurden über 800 Sparkassen neu errichtet."[1] Die meisten entstanden auf städtisch-kommunaler Ebene, seit den 1840er Jahren aber zunehmend auch mit regionalem Bezug, beispielsweise als Kreissparkassen. In Preußen existierten 85 Sparkassen im Jahr 1840 und 234 im Jahr 1850, 1860 bereits 471 und 932 im Jahr 1870. Im Kaiserreich beschleunigte sich ihre Zunahme weiter. 1900 zählte man in Preußen 1490, in Bayern 341, in Sachsen 283 und im gesamten Reich 2685 Sparkassen. Schneller noch wuchs die Zahl der Sparbücher. Die preußischen Sparkassen wiesen 278 000 Sparbücher für 1850, 2 209 000 für 1875 und 8 671 000 für 1900 nach. Rechnet man als Regelfall ein Sparbuch pro Sparer bzw. Sparerin, dann legten 1850 knapp 2 Prozent, 1875 schon fast 9 und 1900 etwa 25 Prozent der preußischen Bevölkerung Geld in den Sparkassen an.[2] Das war ein erhebliches Wachstum, das sich zwar im Kaiserreich noch einmal beschleunigte, aber auch in den ersten drei Vierteln des 19. Jahrhunderts zu beobachten war. Auf diese Zeit geht der folgende Beitrag vor allem ein.

In der Form, in der sie entstanden, waren die Sparkassen Kinder ihrer Zeit. Sie antworteten auf deren Probleme und benutzten dazu zeitspezifische soziale, politische und kulturelle Ressourcen. Um dies zu erläutern, sei auf drei Merkmale des damaligen Sparkassenwesens besonders hingewiesen.

Abb. 1 Sammelbüchse der Freiberger Hüttenknappschaft, 1546, Kat.-Nr. 15

Kollektives Sparen für Notzeiten in berufsständischen Organisationen gilt als eine Vorform des institutionalisierten Sparens.

Zum einen: Die ersten Sparkassen entstanden aus nicht-staatlichen, „privaten" Initiativen, mit starker Beteiligung des lokalen Bürgertums. Auch wenn in den folgenden Jahrzehnten, wie in Preußen schon seit 1818, die städtischen Gemeinden zu Hauptträgern der Sparkassenbewegung wurden, blieb das nicht-staatliche, bürgerschaftliche Engagement stark, denn über die gemeindliche Selbstverwaltung wirkten engagierte Bürger auf die entstehenden Stadtsparkassen ein. Diese handelten ihrerseits zwar wirtschaftlich, waren aber nicht primär auf Profit aus, sondern sie orientierten sich auch an Kriterien des städtischen Gemeinwohls. Erst allmählich griffen höhere staatliche Instanzen regulierend, anregend, zunehmend auch lenkend und mittragend in das sich ausdehnende Sparkassenwesen ein, auch um zu verhindern, dass der ländliche Raum vernachlässigt werde.[3]

Zum anderen: Elemente des Sparkassenprinzips waren älter und etwa im Zusammenhang mit Witwen- und Waisenkassen auch in früheren Jahrzehnten und in anderen Teilen Deutschlands, so auch in Süddeutschland, praktiziert worden. Ich denke an das Versicherungsprinzip, an das Einzahlen von Beiträgen mit der Erwartung von Zinsen und dem Ziel, damit für zukünftige Risikosituationen durch dann verfügbare Auszahlungen vorzusorgen. Neu war an den Sparkassen seit dem späten 18. Jahrhundert jedoch ihre dezidierte Ausrichtung auf die kleinen Leute, auf Menschen mit geringem Einkommen, die durch das Zurücklegen meist kleiner Beiträge für spätere Lebensstationen (z. B. Heirat und Haushaltsgründung) und Lebensrisiken (Arbeitslosigkeit, Krankheit, Verarmung, Alter) vorsorgen und durch das Ansparen eines kleinen Vermögens möglichst ihre Aufstiegschancen verbessern wollten, etwa die Chance, sich selbstständig zu machen und den Kindern eine nützliche Ausbildung zu verschaffen. In der Satzung der Neuruppiner Sparkasse von 1842 hieß es beispielsweise, sie beabsichtige, „insbesondere der dienenden Klasse Gelegenheit zu verschaffen, ihre Geldersparnisse, wenn solche auch höchst gering sind, mit völliger Sicherheit, Zinsen tragend, bei stets frei stehender Verfügung darüber, und unter möglichst vermiedener Bekanntwerdung des Ersparten, unterzubringen und sich so ein Kapital zu sammeln [...], welches bei Verheirathung, bei Etablierung eines Geschäfts, oder im Alter und in Fällen der Noth eine erwünschte Hülfe gewährt". Und im darauffolgenden Jahr verordnete die Bayerische Staatsregierung, dass nur Minderjährige, Dienstboten, Lehrlinge, Handwerksgesellen, Fabrikarbeiter und Tagelöhner Kunden der Sparkassen sein dürften. Für die Einlagen wurden Obergrenzen festgelegt.[4] Auch wenn die tatsächliche Entwicklung anders verlief: Gegründet wurden die Sparkassen als Instrumente zur Absicherung der kleinen Leute gegen Armut und andere Lebensrisiken, zur Verbesserung ihrer Zukunftschancen und zur Integration in die entstehende bürgerliche Gesellschaft.

Drittens: Man glaubt zu wissen, dass sich diese Erwartungen der Gründungsphase nicht umfassend erfüllt haben. Vor allem haben zahlungskräftigere Kunden ihr Geld in den Sparkassen angelegt: Handwerksmeister und Händler, Gewerbetreibende, Bauern, Beamte und Angestellte, also vornehmlich selbstständiger Mittelstand und finanzstärkere Arbeitnehmer. Dagegen haben die Sparkassen die ärmsten Schichten nicht erreicht. Aber der Befund ist gemischt, soweit ihn die für die frühen Jahrzehnte sehr ungenauen Statistiken überhaupt zu erheben erlauben. Immerhin stellte sich bei der Untersuchung mehrerer Fallbeispiele heraus, dass im zweiten Drittel und im dritten Viertel des 19. Jahrhunderts Sparer aus unteren Einkommens- und Gesellschaftsschichten 40 bis 50 Prozent der Gesamtheit der Einleger ausgemacht haben, darunter sehr viele Dienstboten, Arbeiter, Handwerksgesellen, auch Soldaten und kleine Beamte. Ihre Einlagen waren in der Regel nicht hoch, umfassten eher ein paar hundert Taler, Gulden oder später Mark, seltener ein paar Tausend. Aber insgesamt wird geschätzt, dass sie 20 bis 30 Prozent aller Sparkasseneinlagen bereitstellten. Zwar war es nur eine Minderheit der kleinen Bauern und kleinen Gewerbetreibenden, der Dienstboten, Arbeiter und anderen Arbeitnehmer, die hinreichend Einkünfte bezogen, um davon zurückzulegen und überdies bereit waren, dies in Form von Sparbüchern zu tun (statt das Geld in der Schatulle oder unter dem Kopfkissen zu horten), aber diese Minderheit war nicht klein, man hat sie auf 8 bis 15 Prozent der in Frage kommenden Kategorien und Berufsgruppen geschätzt. Dies lässt sich allerdings in dieser Deutlichkeit erst für das dritte Jahrhundertviertel, für die 1850er, 1860er und 1870er Jahre sagen, als die Zahlen der Sparer und damit auch die Zahlen der Sparer aus den unteren Schichten stark anwuchsen.[5]

Ein Jahrhundert der Knappheit

Die Sparkassen entstanden in einer Zeit extremer Armut, die sich vom späten 18. Jahrhundert bis zur Mitte des 19. Jahrhunderts verschärfte und erst seitdem sehr allmählich abgemildert und teilweise überwunden wurde. Sehr große Teile der Bevölkerung – um 1800 etwa die Hälfte, um 1850 sogar zwei Drittel – zählten zu einer in sich vielgestaltigen Unterschicht, in der das Leben durch Armut oder Verarmungsgefahr, durch große Unsicherheit, ausgeprägte Abhängigkeit, relativ begrenzte Lebenschancen und oft auch durch mindere Rechtsstellung geprägt war. Zu dieser Unterschicht gehörten um 1850 das landwirtschaftliche und das häusliche Gesinde; landwirtschaftliche Tagelöhner und Handarbeiter, teils mit landwirtschaftlichem Kleinstbesitz, teils mit besonderer Kontraktbindung an Gutshöfe und Bauern; die große Zahl sonstiger Arbeiter, Tagelöhner und Gehilfen, die oft zwischen Landwirtschaft

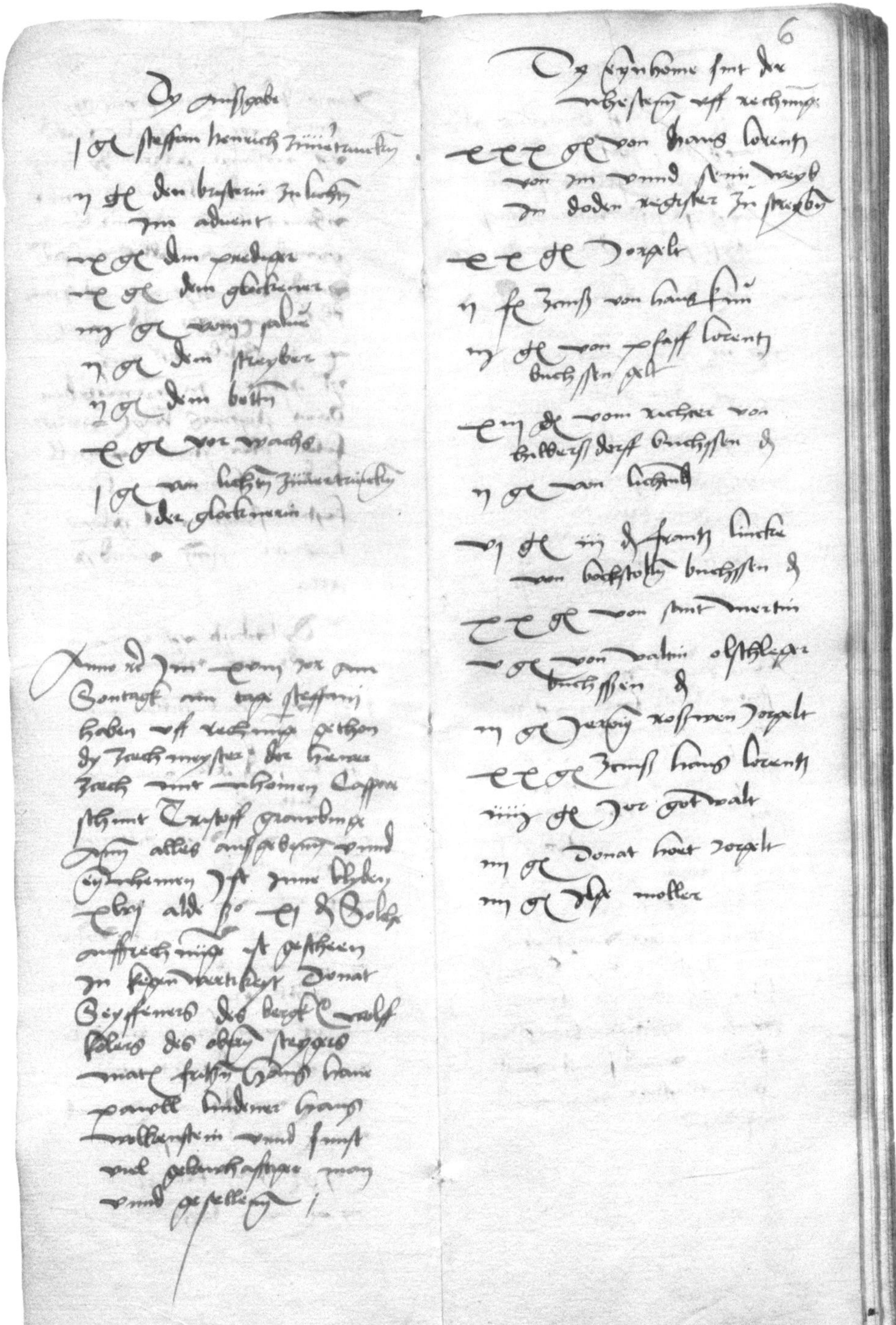

Abb. 2 Rechnungsbuch der Freiberger Knappschaft unter anderem mit Einahmen aus Sammelbüchsen, 1518–1604, Kat.-Nr. 16

und Gewerbe hin- und herwechselten oder beides zugleich betrieben; die große Masse der Heimarbeiter, die etwa im Textilbereich bei sich zu Hause arbeiteten, aber für überregionale Märkte produzierten; die Handwerksgesellen; die Manufaktur-, Fabrik- und Bergarbeiter, die noch eine kleine, aber schnell wachsende Minderheit darstellten; Krämer, Höker und viele Schankwirte, Soldaten, Bettler, Landstreicher und unterstützungsabhängige Arme. Vor allem in den periodisch sich einstellenden, meist durch schlechte Ernten oder kriegerische Auseinandersetzungen bedingten Wirtschaftskrisen – so 1770–1772, 1792/93, immer wieder zwischen 1800 und 1817, am dramatischsten 1846/47 – wurde aus Armut offene Not, gekennzeichnet von steigenden Nahrungsmittelpreisen, wirtschaftlicher Stockung, anschwellender Arbeitslosigkeit, massenhaftem Hunger, zunehmender Sterblichkeit, verschobenen Eheschließungen und bisweilen auch Unruhen.

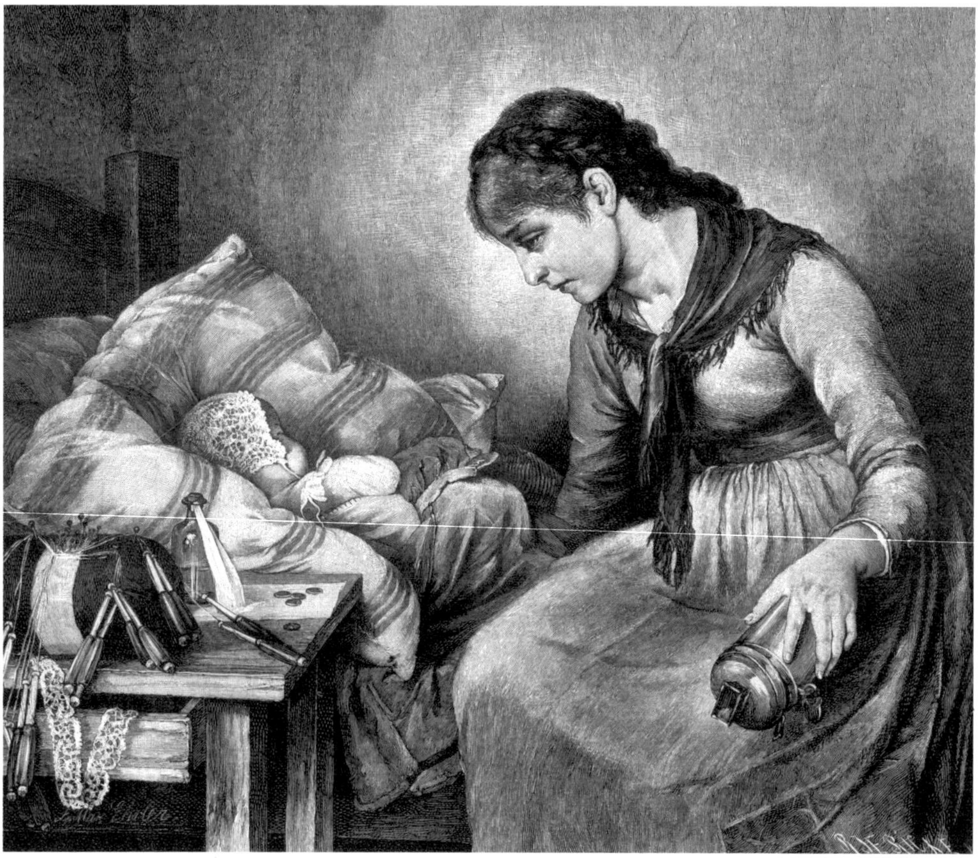

Abb. 3 *Der Sparpfennig*, Holzstich nach einem Gemälde von Luise Max-Ehler, nach 1890

Für die um sich greifende Massenarmut jener Jahrzehnte wurde ein neuer Ausdruck geprägt: Pauperismus. 1844 hieß es im *Brockhaus*: „Der Pauperismus ist da vorhanden, wo eine zahlreiche Volksclasse sich durch die angestrengteste Arbeit höchstens das nothdürftigste Auskommen verdienen kann, auch dessen nicht sicher ist, in der Regel schon von der Geburt an und auf Lebenszeit solcher Lage geopfert ist, keine Aussichten der Änderung hat, darüber immer tiefer in Stumpfsinn und Rohheit versinkt, den Seuchen, der Branntweinpest und viehischen Lastern aller Art, den Armen-, Arbeits- und Zuchthäusern fortwährend eine immer steigende Zahl von Rekruten liefert und dabei immer noch sich in reißender Schnelligkeit ergänzt und vermehrt."[6]

Vor allem resultierte die Massenarmut jener Jahrzehnte aus der Diskrepanz zwischen dem seit Mitte des 18. Jahrhunderts beschleunigten Bevölkerungswachstum und der dahinter zurückbleibenden Wirtschaftsentwicklung. Verschärft wurde sie durch die Auswirkungen der auf Fabrik, Maschinen und Lohnarbeit fußenden Industrialisierung, die – überall unter kapitalistischem Vorzeichen – seit dem 18. Jahrhundert in England Gestalt annahm und seit dem frühen 19. Jahrhundert auch im westlichen Kontinentaleuropa Fuß fasste. Sie begann im noch weitgehend agrarisch geprägten Deutschland ganz allmählich, machte aber schon mit billigen Importen dem Handwerk und vor allem der Heimarbeit zerstörerische Konkurrenz, vor allem im großen Textilbereich. Die rechtlich-politischen Veränderungen im Zuge der Reformen des frühen 19. Jahrhunderts – darunter die Gewerbefreiheit und der Abbau nicht nur feudaler Zwänge, sondern auch mancher herkömmlichen sozialen Absicherung (etwa im gutswirtschaftlichen Bereich oder im lange zünftigen Handwerk) – waren dafür verantwortlich, dass diese sozialökonomischen Spannungen in voller Härte in Erscheinung traten, das Leben prägten und wahrgenommen wurden.

Schließlich hatte auch damals Armut viel mit Verteilung zu tun. Die wirtschaftshistorische Forschung zeigt, dass die Leistungskraft und das Gesamtprodukt der deutschen Wirtschaft zwischen 1815 und 1850 insgesamt schneller wuchsen als die Bevölkerung. Rechnerisch und pro Kopf sind die Deutschen im Zeitalter des Pauperismus also nicht ärmer geworden. Der gehobene Bedarf erlitt keine Einbrüche. Sicherlich, es wurde gesamtwirtschaftlich gespart und investiert, auch als Voraussetzung zukünftig beschleunigten Wachstums. Aber trotzdem gilt, dass die einen reicher wurden, während andere verarmten oder arm blieben. Der wachsende Reichtum der früher an Handel, Gewerbe und Landwirtschaft, jetzt zudem an der Fabrikindustrialisierung verdienenden Kapitalbesitzer und Unternehmer war sehr sichtbar. Er wurde in der breiten Bevölkerung mit Argwohn betrachtet. Armut per se hat nur selten zu kollektivem Protest oder sozialen Bewegungen geführt. Aber in Verbindung mit Ungleichheitserfahrungen, wachsenden Ansprüchen und neuen politischen Möglichkeiten hat sie zur Entstehung von Protesten beigetragen, die sich in den 1840er Jahren trotz aller staatlichen Verbote als Streiks äußerten. Sie erreichten im Aufstand der schlesischen Weber von 1844 einen ersten, öffentlich viel beachteten Höhepunkt, spielten in der Revolution von 1848/49 eine Rolle und trugen seit den 1840er Jahren zur Entstehung der sozialistischen Arbeiterbewegung bei.[7]

Das Sparen der kleinen Leute seit der Industrialisierung

Die deutschen Staaten, die seit 1815 im Deutschen Bund locker zusammengefasst waren, reagierten vor allem mit Verboten, zugleich mit ersten sozialpolitischen Maßnahmen, so mit dem gesetzlichen Verbot der Kinderarbeit in Fabriken und Bergwerken (z. B. 1839 in Preußen) wie mit der Reform der Armenfürsorge, die aber primär von den Gemeinden organisiert wurde. In den schlimmsten Jahren des Pauperismus waren in den gewerbereichen großen Städten zwischen einem Fünftel und der Hälfte der Einwohnerschaft zeitweise von öffentlicher Armenfürsorge abhängig. In Teilen des Bürgertums grassierte Revolutionsfurcht, es entstanden aber auch Bemühungen um soziale Reform. Sozial engagierte Wirtschafts- und Bildungsbürger bemühten sich über ihre Vereine, in kirchlichen Einrichtungen, in den Gemeinden und über das Schulwesen um die Ausbreitung bürgerlicher Lebensgrundsätze auch in die Unterschicht hinein, um die Erziehung und Bildung der Arbeiter und um, wie es hieß, „das Wohl der arbeitenden Klassen“ durch kleine Schritte sozialer Politik.[8] Die bürgerliche Unterstützung der entstehenden Sparkassen gehört in diesen Zusammenhang.

Dass diese Bemühungen keinen größeren Erfolg haben konnten, wird klar, wenn man bedenkt, dass in jenen Jahrzehnten in (städtischen) Arbeiterhaushalten circa zwei Drittel der Ausgaben auf Nahrung entfielen, während dieser Anteil sich in Bürgerhaushalten nur auf 50 Prozent und weniger belief. Die Grundbedürfnisse (Nahrung, Kleidung, Wohnung, Heizung und Beleuchtung) verschlangen über

Abb. 4 Heimsparbüchse Nr. 58 der Sparkasse Gonsdorf (Erzgeb.), 1912, Kat.-Nr. 9

90 Prozent der Ausgaben der Arbeiterhaushalte, denen also für sonstige, individuell zu entscheidende Zwecke nur sehr wenig übrig blieb und denen es selbst in normalen Jahren sehr schwer fallen musste, Mittel für die Zukunftsvorsorge zurückzulegen. Umso weniger waren sie dann auf die Krisen vorbereitet, die sich im Lebenslauf und mit schwankender Wirtschaftskonjunktur einstellten.[9]

Trotzdem wurde auch in den unteren Schichten gespart, vor allem durch jüngere, ledige Personen im Hinblick auf spätere Lebensphasen. Von den Dienstmädchen ist das bekannt. Meist vom Lande aus kleinen Verhältnissen stammend, arbeiteten sie für einige Jahre in Haushalten der Mittel- und Oberschicht. Wenngleich sie nur sehr knappen Geldlohn verdienten, legten sie oft Teile davon zurück, um eine Mitgift anzusparen und damit ihre späteren Heiratschancen zu verbessern. Auch als Knecht konnte man etwas zurücklegen, um später in die Fabrik zu gehen, eine Familie zu gründen und es mit

Glück zu einem bescheidenen Vermögen zu bringen. Aus der württembergischen Textilindustrie ist bekannt, dass Fabrikarbeiter bei ihrer Heirat ein kleines oder sehr kleines Vermögen besaßen – meist zwischen 50 und 500 Mark –, das sie als Ledige angespart hatten. Bei der Heirat nutzte man es, um Möbel, Hausrat, Wäsche, Kleidung und auch Schmuckstücke anzuschaffen, die in späteren Krisensituationen oder bei beginnender Altersarmut versetzt und veräußert wurden. Und wer sich nach langen Gesellenjahren in seinem Handwerk selbstständig zu machen hoffte, brauchte dazu ein in der Regel bescheidenes Kapital. Dieses konnte auf verschiedene Weisen zusammengebracht werden, doch das systematische Sparen kleiner Beträge über mehrere Jahre hinweg gehörte meistens dazu.[10]

So erklärt sich, dass das Angebot der früheren Sparkassen bei einer Minderheit der infrage kommenden Unterschichtsangehörigen auf Resonanz stieß. Und diese Minderheit wuchs. Denn seit den 1830er/1840er Jahren kam auch in Deutschland die

Abb. 5 Schalterraum der Berliner Sparkasse im Mühlendammgebäude, nach einer Zeichnung von Albert Kiekebusch, 1894

Industrialisierung mit Fabriken, Maschinen, Eisenbahnen und Lohnarbeit, mit erheblichem Produktivitätszuwachs und raschem Wirtschaftswachstum in Gang. Seit den 1850er Jahren bewirkte sie, dass sich der jahrzehntelange Rückgang der Realeinkommen auch in den unteren Schichten nicht fortsetzte, die Massenarmut des Pauperismus an ihr Ende kam und – wenngleich zunächst zögernd und nicht in allen Bevölkerungsgruppen gleichmäßig – die Realeinkommen wuchsen. Die damit verbundene Verbesserung des Lebensstandards setzte sich, wenn auch durch Krisenjahre unterbrochen, bis zum Ersten Weltkrieg fort. Damit wuchsen die Spielräume, in denen Sparen möglich war. Es passt ins Bild, dass der Ausbau des Sparkassenwesens zwar schon in vorindustrieller Zeit begann, aber sich erst mit der Industrialisierung auf breiter Front durchsetzte. Damit verschob sich allerdings die Bedeutung der Sparkassen in den Gemeinden. Ihre wirtschaftliche Funktion als Träger von Investitionen für den Ausbau der Infrastruktur und für andere Projekte der Städte wurde wichtiger als ihre soziale Funktion als Mittel der Integration der kleinen Leute in die bürgerliche Gesellschaft. Doch die beiden Funktionen schlossen sich nicht aus. Ihre Verbindung definierte das Profil der Sparkassen auch in den folgenden Jahrzehnten.

1 Kristina Hübener, „Geschichte und Entwicklung der brandenburgischen Sparkassen im 19. und zu Beginn des 20. Jahrhunderts. Ein Überblick", in: dies. et al. (Hg.), *Bankgeschäfte an Havel und Spree. Geschichte – Traditionen – Perspektiven*, Potsdam 2000, S. 191–214, Zitat S. 194.

2 Zahlen nach Heinrich Höpker (Hg.), *Die deutschen Sparkassen, ihre Entwicklung und ihre Bedeutung*, Berlin 1924, S. 80.

3 Vgl. Friedrich-Wilhelm Henning, *Handbuch der Wirtschafts- und Sozialgeschichte Deutschlands*, Bd. 2, Paderborn 1996, S. 250f. und 608f. zur Stärke der „privaten" Initiativen im ersten Drittel des 19. Jahrhunderts. Zum allmählichen Eingreifen staatlicher Instanzen in die zumeist städtische Entwicklung am Beispiel Brandenburgs: Hübener, *Geschichte*, bes. S. 198ff.

4 Vgl. die Neuruppiner Satzung bei Hübener, *Geschichte*, S. 193; zu Bayern: Henning, *Handbuch*, Bd. 2, S. 610.

5 Dies vor allem nach Josef Wysocki, *Untersuchungen zur Wirtschafts- und Sozialgeschichte der deutschen Sparkassen im 19. Jahrhundert*, Stuttgart 1980, Teil 3 und statistischer Anhang, bes. S. 78, 87–89, 99–102.

6 Brockhaus, *Allgemeine deutsche Real-Encyklopädie für gebildete Stände*, 1846, Bd. 11, S. 15, hier zit. nach Jürgen Kocka, *Arbeiterleben und Arbeiterkultur. Die Entstehung einer sozialen Klasse*, Bonn 2015, S. 86; dort S. 37ff., 83–139 zur Armut und zum Auskommen der Unterschichten jener Jahrzehnte.

7 Vgl. Christina von Hodenberg, *Aufstand der Weber. Die Revolte von 1844 und ihr Aufstieg zum Mythos*, Bonn 1997; Jürgen Schmidt, *Brüder, Bürger und Genossen. Die deutsche Arbeiterbewegung zwischen Klassenkampf und Bürgergesellschaft 1830–1870*, Bonn 2018.

8 Vgl. Jürgen Reulecke, *Sozialer Frieden durch soziale Reform. Der Centralverein für das Wohl der arbeitenden Klassen*, Wuppertal 1983.

9 Genauer in Ernst Engel, „Die vorherrschenden Gewerbszweige in den Gerichtsämtern mit Beziehung auf die Productions- und Consumptionsverhältnisse des Königreichs Sachsen", in: *Zeitschrift des Statistischen Bureaus des Königlich Sächsischen Ministeriums des Innern*, 3, 1857, S. 129–182.

10 Zum häuslichen Gesinde: Kocka, Arbeiterleben, S. 43–47; vom Knecht zum Fabrikarbeiter und Hausbesitzer: Gerhard Schildt, *Tagelöhner, Gesellen, Arbeiter. Sozialgeschichte der vorindustriellen und industriellen Arbeiter in Braunschweig 1830–1880*, Stuttgart 1986, S. 246; zu den württembergischen Arbeitern: Peter Borscheid, *Textilarbeiterschaft in der Industrialisierung. Soziale Lage und Mobilität in Württemberg (19. Jahrhundert)*, Stuttgart 1978, S. 502ff., 529, 380; Heilwig Schomerus, *Die Arbeiter der Maschinenfabrik Esslingen. Forschungen zur Lage der Arbeiterschaft im 19. Jahrhundert*, Stuttgart 1977, S. 234f., 242, 258f.; vom Gesellen zum selbstständigen Geschäft: Kocka, *Arbeiterleben*, S. 240–242.

Septem misericordiæ opera.
In æs incisa Florentiæ sub inuentâ incidendi artem, cuius Archetypu
Romæ in Musæo F. Gualdi Ariminen. Milit. S. Stephani asseruatur, et VRBANO VIII. P. M.
LVCI REDDITA

Abb. 6 Francesco Rosselli, *Die Predigt des Marco da Montegallo*, Florenz um 1485, Hamburger Kunsthalle, Kupferstichkabinett, Kat.-Nr. 12

Die Armenfürsorge gehört noch heute zum Selbstverständnis des Franziskanerordens. Als dessen Mitglied predigte Marco da Montegallo (1425–1496) seit 1458 vor allem in Oberitalien. Hier propagierte er die Gründung des Monte di Pietà (Berg der Barmherzigkeit), einer vom Orden geführten Leihkasse, die gegen Pfand auch an Notleidende kleinere Geldsummen verlieh. Dezidiert war das Unternehmen gegen den jüdischen Geldverleih mit Zins gerichtet, um den jüdischen Kreditgebern, denen die Ausübung der meisten anderen Berufe durch die christliche Obrigkeit untersagt war, eine weitere wirtschaftliche Lebensgrundlage zu entziehen.

Zusammen mit dem Künstler Francesco Rosselli entwickelte Marco da Montegallo um 1485 das Bildprogramm des Kupferstichs. Er selbst wird als Mönch im Redegestus auf der Kanzel gezeigt. Zentral im Bild wie in seiner Predigt ist der Monte di Pietà. Von dem symbolischen Berg aus Münzen wird den Bedürftigen gegeben. Er ist Mittelpunkt einer christlichen Ordnung der italienischen Stadtgesellschaft, umgeben von Darstellungen der sieben Werke der Barmherzigkeit und überfangen von der himmlischen Sphäre Gottes. Marco da Montegallo erläutert die Funktion des Monte di Pietà auch in seiner Schrift *Tabula della salute* (Kat.-Nr. 13), in der er wirtschaftliche Überlegungen zu Geldverkehr und Kreditwesen eng mit einer christlich-heilsgeschichtlichen Weltanschauung verknüpft. Dem Text fügt der Autor eine Holzschnittillustration samt Beschreibung bei, welche die Darstellung des Kupferstichs in vereinfachter Form wiederholt.

Die frühe Institution des Monte di Pietà war Ausgangs- und Referenzpunkt der europäischen Sparkassenidee. Explizit bezieht sich Hugues Delestre 1611 bei seinem Entwurf einer französischen Sparkasse auf das italienische Vorbild (Kat.-Nr. 18). Noch 1933 wird der Monte di Pietà in einer von dem NS-Ideologen Gottfried Feder herausgegebenen Schrift als Wurzel des Sparkassenwesens aufgegriffen (Kat.-Nr. 112). LRD

Literatur:
Giuseppe Capriotti, *Lo Scorpione sul petto. Iconografia antiebraica tra XV e XVI secolo alla periferia dello Stato Pontifico*, Rom 2014, Kap. 2, S. 21–27; Philine Helas, „Die Predigt in der Weltlandschaft. Zur Agitation von Fra Marco da Montegallo für den Monte di Pietà in einem Stich von Francesco Rosselli (ca. 1485)", in: *Marburger Jahrbuch für Kunstwissenschaft*, 31, 2004, S. 105–144; Walter L. Strauss et. al., *The Illustrated Bartsch*, Bd. 24, New York 1980, XIII.88.7; Fra Marco da Montegallo, *La Tabula della salute*, Florenz 1494, Kap. X–XIII; Helmut Nicolai, „Nationalsozialismus und Sparkassen", in: Gottfried Feder (Hg.), *Sparkassen und Nationalsozialismus. Führende Nationalsozialisten zur Sparkassenfrage*, Berlin 1933, S. 3.

Thorsten Wehber

DIE VERBREITUNG DES SPAR- UND SPARKASSENGEDANKENS IN DEUTSCHLAND IM 18. UND 19. JAHRHUNDERT

Institutionen zu schaffen, mit deren Hilfe Menschen Rücklagen für Notzeiten bilden können, ist eine sehr alte Idee. Pläne für solche Einrichtungen wurden bereits 1611 in Frankreich (Hugues Delestre: *Le Premier Plant du Mont de Piété François consacré à Dieu*) und 1697 in England (Daniel Defoe: *An Essay Upon Projects*) entwickelt.[1] In Deutschland publizierte Johann Heinrich Gottlob von Justi 1761 in seinem Buch *Die Grundfeste zu der Macht und Glückseligkeit der Staaten* den Gedanken, in jeder großen Stadt eine „Manufaktur-Armen-Casse" einzurichten. In sie sollten alle Arbeiter wöchentlich eine kleine Geldsumme einzahlen.[2]

Diese Pläne entstanden vor dem Hintergrund, dass in der frühen Neuzeit stets große Teile der Bevölkerung arm oder armutsgefährdet waren. Missernten, Wirtschaftskrisen und die häufigen Kriege stellten die europäischen Gesellschaften immer wieder vor existenzielle Herausforderungen. Dass in der zweiten Hälfte des 18. Jahrhunderts ein starkes Bevölkerungswachstum einsetzte, verschärfte die Situation. Denn Landwirtschaft, Handel und Gewerbe konnten längst nicht allen Menschen ein stetiges und sicheres Einkommen geben.

Das 18. Jahrhundert war aber auch das Zeitalter der Aufklärung. Aufgeklärte Philosophen wie Immanuel Kant sahen im Menschen ein vernunftbegabtes Wesen, das prinzipiell in der Lage ist, aufgrund seiner rationalen Einsichten und gemäß seinen Interessen

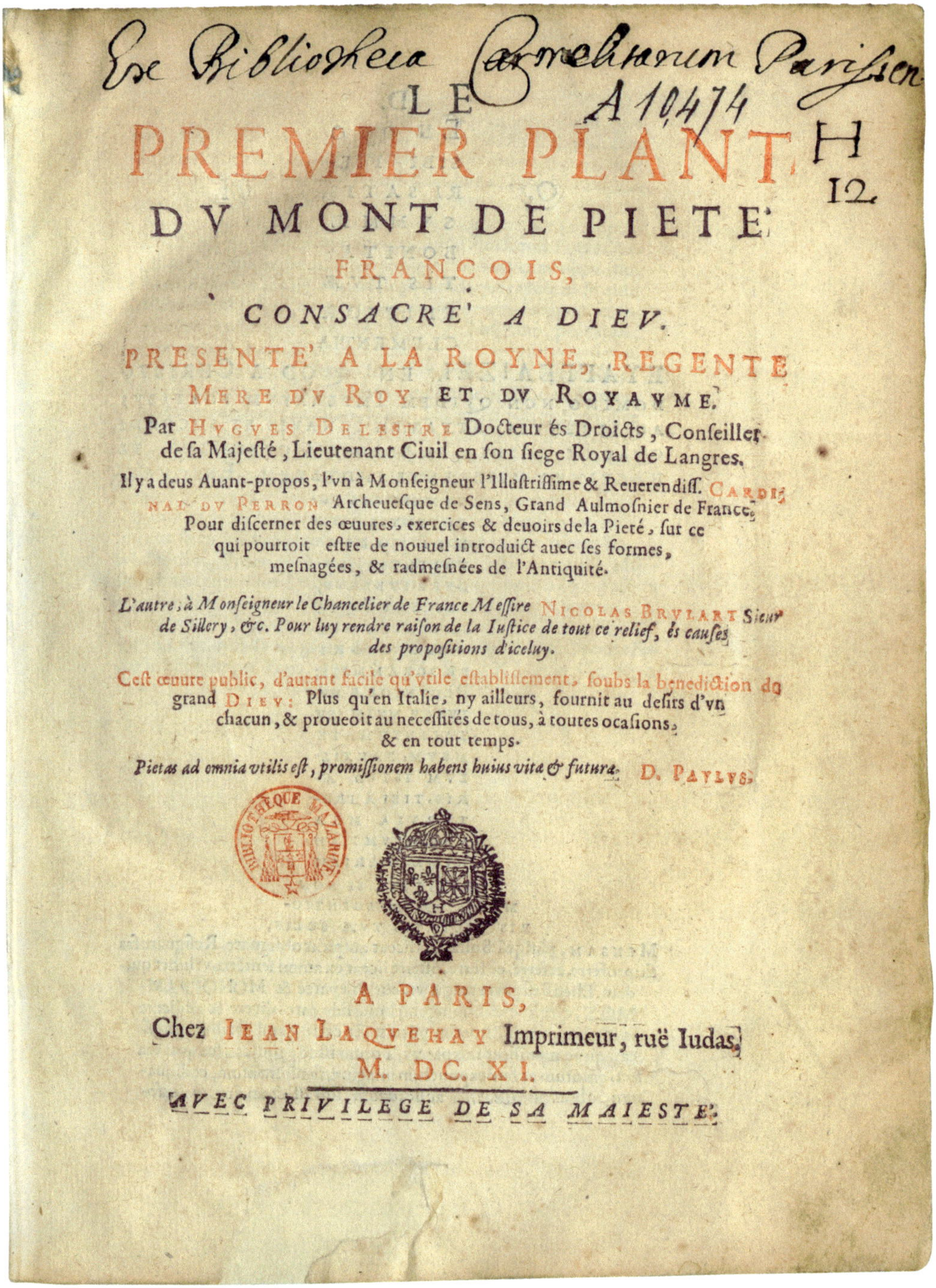

LE
PREMIER PLANT
DV MONT DE PIETE'
FRANCOIS,
CONSACRE' A DIEV.
PRESENTE' A LA ROYNE, REGENTE
MERE D'V ROY ET DV ROYAVME.

Par HVGVES DELESTRE Docteur és Droicts, Conseiller de sa Majesté, Lieutenant Ciuil en son siege Royal de Langres.

Il y a deus Auant-propos, l'vn à Monseigneur l'Illustrissime & Reuerendiss. CARDINAL DV PERRON Archeuesque de Sens, Grand Aulmosnier de France. Pour discerner des œuures, exercices & deuoirs de la Pieté, sur ce qui pourroit estre de nouuel introduict auec ses formes, mesnagées, & radmesnées de l'Antiquité.

L'autre, à Monseigneur le Chancelier de France Messire NICOLAS BRVLART *Sieur de Sillery, &c. Pour luy rendre raison de la Iustice de tout ce relief, ès causes des propositions d'iceluy.*

Cest œuure public, d'autant facile qu'vtile establissement, soubs la benediction du grand DIEV: Plus qu'en Italie, ny ailleurs, fournit au desirs d'vn chacun, & proueoit au necessités de tous, à toutes ocasions, & en tout temps.

Pietas ad omnia vtilis est, promissionem habens huius vitæ & futuræ. D. PAVLVS.

A PARIS,
Chez IEAN LAQVEHAY Imprimeur, ruë Iudas.
M. DC. XI.
AVEC PRIVILEGE DE SA MAIESTE'.

Abb. 7 Hugues Delestre, *Le Premier Plant du Mont de Piété François consacré à Dieu*, Erster Entwurf zur Einrichtung einer Sparkasse in Frankreich nach dem Vorbild des italienischen Monte di Pietà, 1611, Kat.-Nr. 18

selbstbestimmt und selbstverantwortlich zu handeln. Damit er dies auch wirklich tun kann, müssen freilich die sozioökonomischen Verhältnisse entsprechend gestaltet sein. Viele der Zirkel und Sozietäten, in denen sich aufgeklärte Bürger, Adlige und Geistliche organisierten, widmeten sich deshalb auch der praktischen Verbesserung der wirtschaftlichen und sozialen Zustände in ihren Gemeinwesen.

Dazu gehörte die 1765 in der Freien Reichsstadt Hamburg entstandene Gesellschaft zur Beförderung der Künste und nützlichen Gewerbe („Patriotische Gesellschaft"). Sie gründete 1778 eine „Allgemeine Versorgungs-Anstalt", zu deren diversen Vorsorgeeinrichtungen auch eine als „Ersparungs-Classe" bezeichnete Sparkasse gehörte. Über ihren Zweck hieß es in der Satzung:

„Die Ersparungs-Classe dieser Versorgungs=Anstalt ist zum Nutzen geringer fleissiger Personen beyderley Geschlechts, als Dienstboten, Tagelöhner, Handarbeiter, Seeleute etc. errichtet, um ihnen Gelegenheit zu geben, auch bey Kleinigkeiten etwas zurückzulegen, und ihren sauer erworbenen Noth= oder Braut= Pfennig sicher zu einigen Zinsen belegen zu können, wobey man hoffet, daß sie diese ihnen verschaffte Bequemlichkeit sich zur Aufmunterung gereichen lassen mögen, um durch Fleiß und Sparsamkeit dem Staate nützlich und wichtig zu werden."[3]

Diese wenigen Zeilen enthalten Grundprinzipien, die allen Sparkassen im späten 18. und frühen 19. Jahrhundert gemeinsam waren:

- Sparkassen waren Einrichtungen insbesondere für Menschen mit geringen und prekären Einkommen, ausdrücklich für Männer und Frauen.

- Sie nahmen schon kleine Geldbeträge als Einlage an und verzinsten diese.

- Sie versprachen ihren Sparern die Sicherheit des eingezahlten Kapitals, d. h. die Gewähr, dass die Ersparnisse vollständig und mitsamt den aufgelaufenen Zinsen zurückgezahlt werden.

Im damaligen, noch unterentwickelten Finanzsystem stellte die „Ersparungs-Classe" eine Innovation dar. Erstmals gab es eine Institution, die von Verarmung bedrohten Grenzexistenzen die Möglichkeit zur individuellen finanziellen Vorsorge bot.

Der Schluss der zitierten Passage („wobey man hoffet ...") ist für das Verständnis der frühen Sparkassen nicht weniger zentral als die aufgezählten Prinzipien. Den Gründern ging es nicht nur um den unmittelbaren materiellen Nutzen, den die Einleger aus ihren Ersparnissen ziehen sollten. Fast noch wichtiger waren die erhofften Wirkungen auf den Charakter, die Wertvorstellungen und die Lebensweise der Sparer. Durch Einübung der bürgerlichen Tugend der Sparsamkeit, die sowohl Selbstbeschränkung als auch vorausschauende Planung erforderte, sollten diese zum sozialen Aufstieg befähigt werden. Die frühen Sparkassen verstanden sich somit vor allem als Erziehungsinstitutionen, welche die Emanzipation der Unterschichten und deren Integration in die entstehende bürgerliche Gesellschaft bezweckten.[4]

Die Gründung der „Ersparungs-Classe" wurde durch den intensiven Gedanken- und Wissensaustausch zwischen aufgeklärten Intellektuellen sowie den vielerorts bestehenden gemeinnützigen Sozietäten weit über Hamburg hinaus bekannt.[5] Dennoch blieb ihre Ausstrahlung begrenzt. Die erste am Hamburger Muster orientierte Sparkasse entstand 1786 im Herzogtum Oldenburg. 1796 folgte eine Sparkasse in Kiel, die seit 1799 über eine mit ihr verbundene „Leihkasse" auch Kredite vergab. 1801 kam es zur Gründung von Sparkassen in Altona und Göttingen. Die Letztere ist historisch bedeutsam, weil erstmals eine Stadtgemeinde für die Einlagen bürgte. 1808 schließlich wurde in Darmstadt durch den Großherzog von Hessen die erste Sparkasse südlich des Mains errichtet. Eine Anzahl von Sparkassenprojekten in anderen deutschen Städten kam über das Planungsstadium nicht hinaus.[6] Auch in der Schweiz entstanden gegen Ende des 18. Jahrhunderts Sparkassen, die möglicherweise von den Gründungen in Hamburg und Oldenburg inspiriert waren.[7]

Die Durchsetzung der Sparkassenidee in Deutschland gelang erst ab 1815 nach dem Sturz Kaiser Napoleons I., mit dem eine von Kriegen und tiefgreifenden politischen Veränderungen geprägte

Epoche endete. Auch danach war die wirtschaftliche Lage in vielen Regionen schwierig. 1816/17 führten katastrophale Wettereignisse, verursacht durch den Ausbruch des indonesischen Vulkans Tambora, in großen Teilen West- und Süddeutschlands zu einer Hungerkrise und Massenarmut. Zu den sozialpolitischen Reformvorhaben, die danach in Angriff genommen wurden, gehörte auch die Gründung von Sparkassen.[8] Das herausragende Beispiel dafür war die Errichtung der Württembergischen Sparkasse durch Königin Katharina Pawlowna von Württemberg im Jahr 1818. Anregungen fand die Königin nicht nur in Deutschland und der Schweiz, sondern vor allem auch in Großbritannien, wo sich die Sparkassen damals rasant verbreiteten.[9]

Das britische Vorbild beflügelte die Sparkassenbewegung auf dem Kontinent generell. Wirksam war es vermutlich auch, als 1818 in Berlin die erste Sparkasse auf preußischem Boden gegründet wurde.[10] Dabei nutzte der Berliner Magistrat die neuen Freiheiten,

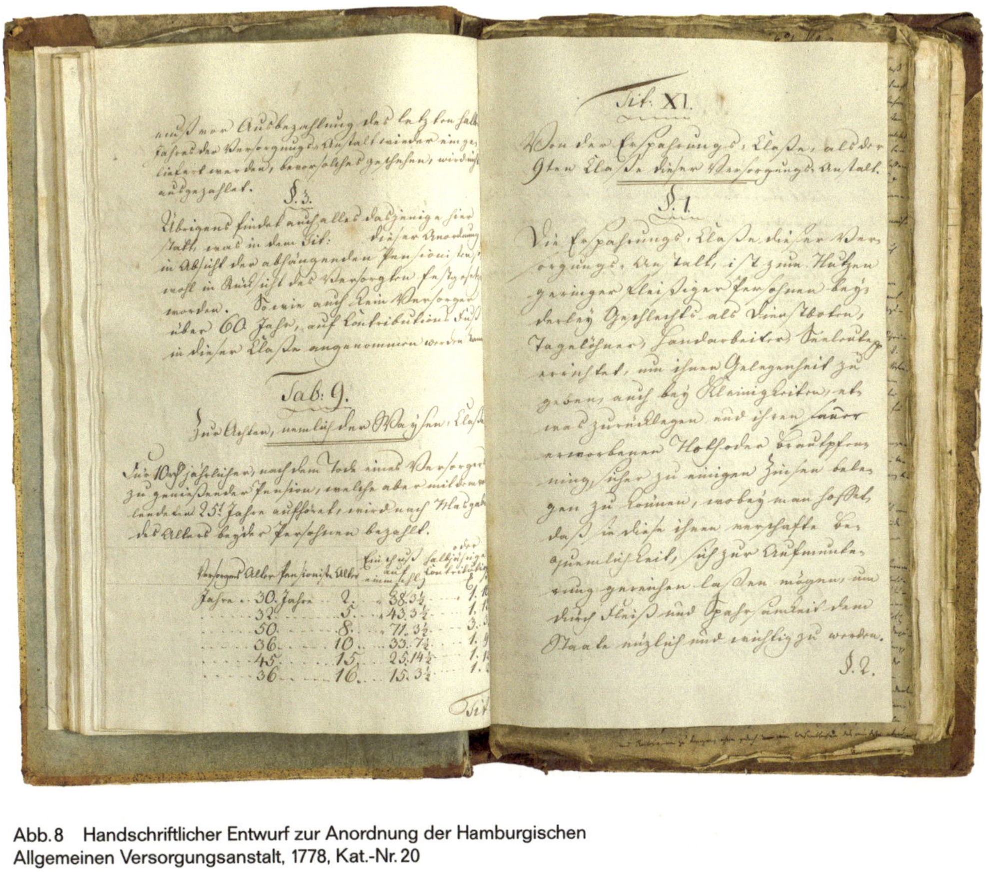

Abb. 8 Handschriftlicher Entwurf zur Anordnung der Hamburgischen Allgemeinen Versorgungsanstalt, 1778, Kat.-Nr. 20

welche die Städteordnung von 1808 den Kommunen für die Gestaltung ihrer inneren Verhältnisse gab. Auf der Basis der kommunalen Selbstverwaltung und teilweise nach dem Muster des Berliner Instituts entstanden in den folgenden Jahren Sparkassen in allen preußischen Provinzen.[11] Auch in Staaten, in denen die Städte

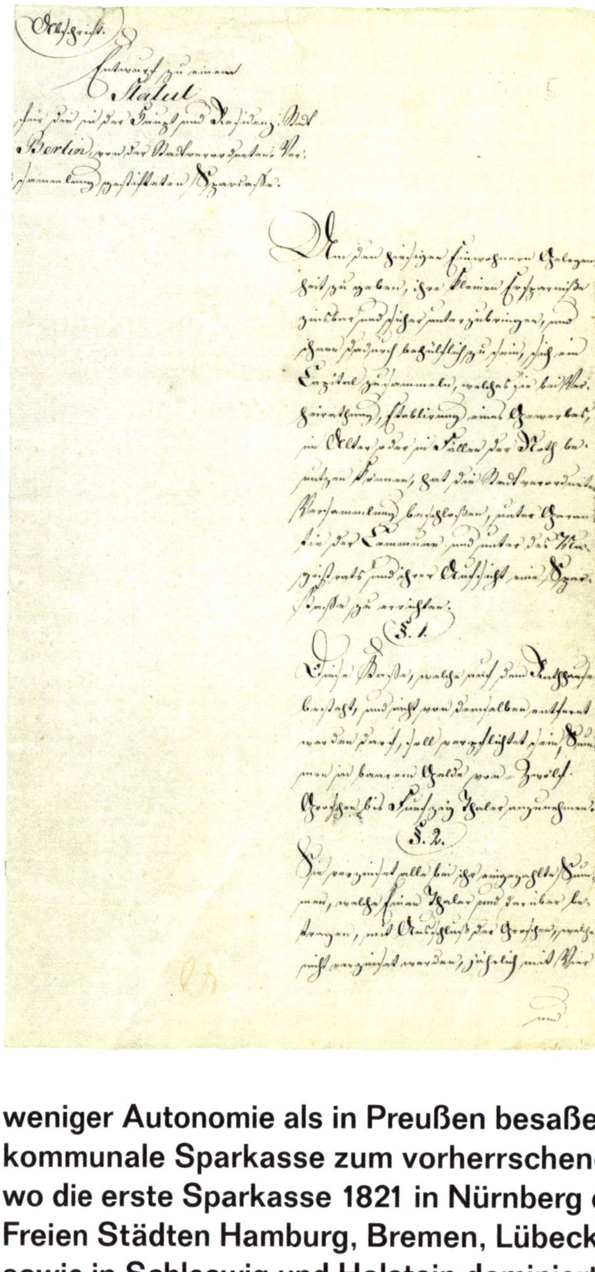

Abb. 9 „Entwurf zu einem Statut für die in der Haupt- und Residenz-Stadt Berlin von der Stadtverordneten-Versammlung gestifteten Sparcasse", Berlin, 31. Januar 1819, Kat.-Nr. 26

weniger Autonomie als in Preußen besaßen, entwickelte sich die kommunale Sparkasse zum vorherrschenden Typus, so in Bayern, wo die erste Sparkasse 1821 in Nürnberg eröffnet wurde. In den Freien Städten Hamburg, Bremen, Lübeck und Frankfurt am Main sowie in Schleswig und Holstein dominierten hingegen die von privaten Gesellschaften gegründeten und garantierten Sparkassen.

Von wenigen Ausnahmen abgesehen, blieben Sparkassen zunächst ein Phänomen der mittleren und größeren Städte. Die Landbevölkerung konnte sie nur nutzen, wenn sie in deren Nähe lebte oder diese zum Beispiel an den Markttagen besuchte. Die erste preußische Kreissparkasse wurde 1831 in Thüringen errichtet.

Eine erste – noch sehr lückenhafte – Zählung der in den Staaten des Deutschen Bundes (ohne Österreich und Herzogtum Schleswig) vorhandenen Sparkassen ergab für 1836 die Zahl von 281 Instituten. Davon bestanden unter anderem 80 in Preußen, 62 in Bayern, 32 in Württemberg und 29 in den Herzogtümern Holstein und Lauenburg.[12]

In Preußen widmeten staatliche Stellen den Sparkassen Mitte der 1830er Jahre erhöhte Aufmerksamkeit. Als Resultat einer landesweiten Enquete erließ König Friedrich Wilhelm III. am 12. Dezember 1838 ein „Reglement, die Einrichtung des Sparkassenwesens betreffend".[13] Darin wurden allgemeine Vorschriften für die Errichtung, den Geschäftsbetrieb und die Beaufsichtigung kommunaler Sparkassen kodifiziert. Ein zentrales Anliegen, das die Regierung mit dem Reglement verfolgte, war die Sicherheit der bei den Sparkassen angelegten Kapitalien und damit der Schutz der Sparer. Auch Bayern setzte 1843 eine „Verordnung betreffend die Grundbestimmungen der Sparkassen" in Kraft. Diese zwang jedoch die bayerischen Sparkassen in ein sehr viel engeres rechtliches Korsett als die preußische Regulierung, die den Instituten viele Freiräume ließ.

Das Sparkassenreglement hatte einen großen Anteil daran, dass die Zahl der Sparkassen im größten deutschen Einzelstaat nach 1840 steil anstieg. 1850 gab es in Preußen bereits 234 Institute, 1860 hatte sich ihre Zahl auf 471 verdoppelt, und 1900 bestanden 1490 Sparkassen.[14] Im Jahr 1900 existierten im gesamten Deutschen Reich 2685 Sparkassen.[15]

Diese Zahlen spiegeln zweifellos den großen Erfolg wider, den die Institution Sparkasse im 19. Jahrhundert hatte. Schon die Zeitgenossen stellten sich aber die Frage, ob die Sparkassen ihrem ursprünglichen Zweck gerecht wurden, die ärmeren Bevölkerungsschichten zum Sparen zu motivieren. Die Antwort darauf ist durchaus ambivalent.

Abb. 10 Ludwig Eduard Lütke, Berliner Rathaus mit Gerichtslaube und Uhrenturm, zugleich erster Sitz der Berliner Sparkasse, 1827, Kat.-Nr. 24

Zunächst ist festzuhalten, dass die Sparkassen die „Bettelarmen" nicht erreichten, also alle, die ihren Lebensunterhalt nicht selbst bestreiten und folglich auch nicht sparen konnten. Deren Zahl war aber gerade in der ersten Hälfte des 19. Jahrhunderts noch sehr hoch.

Anders sah es bei den „Unbemittelten" aus, den Menschen mit einem mehr oder weniger regelmäßigen Einkommen wie Handwerksgesellen, Dienstboten und Tagelöhnern. Das war die Zielgruppe, die schon die Hamburger „Ersparungs-Classe" von 1778 im Blick hatte und die auch in vielen anderen Sparkassensatzungen genannt wurde. Sie bildete zwar bei allen Sparkassen eine der größten Kundengruppen, aber in der Regel nicht die Mehrheit der Sparer. Das lag jedoch nicht – wie viele bürgerliche Gründer und Förderer der Sparkassen glaubten – an fehlender Einsicht oder am Unwillen zu sparen, sondern an der mangelnden Sparfähigkeit der unteren Einkommens- und Gesellschaftsschichten. Schätzungen gehen davon aus, dass von deren Gesamtheit nur „rd. 10% die Bildung von nachhaltigen Ersparnissen gelang".[16] Dennoch trugen diese Sparer einen Anteil von 20 bis 30 Prozent zum Mittelaufkommen der Sparkassen bei.[17]

Das Gros der Kunden wie auch der Einlagen stammte allerdings aus dem sogenannten Mittelstand, also der breiten Schicht von selbstständigen Handels- und Gewerbetreibenden, Landwirten, Beamten, Lehrern, Geistlichen etc. Dies galt bereits für die Sparkassen zu Beginn des 19. Jahrhunderts. Deren Satzungen sollten zwar häufig wohlhabendere Kunden fernhalten, indem sie die soziale Zielgruppe eng definierten und die Höhe der Einlagen pro Sparer stark begrenzten. Solche Vorkehrungen hatten aber in der Regel wenig Erfolg.

Verfechter eines Ideals, das die Sparkassen primär als Instrumente der Sozialpolitik betrachtete, mochten die Öffnung für die Mittelschicht als Abkehr von den ursprünglichen Prinzipien verurteilen. Es ist jedoch zweifelhaft, ob die Sparkassen sich so erfolgreich entwickelt hätten, wenn sie eine Einrichtung für die ärmeren Bevölkerungsschichten geblieben wären. Bayern, das seine Institute durch die Verordnung von 1843 in diese Nische zwang, erkaufte das mit einer relativen Stagnation des Sparkassenwesens.[18]

Die Diskussionen um die Aufgaben und das Selbstverständnis der Sparkassen, die insbesondere nach der Reichsgründung 1871 geführt wurden,[19] hatten durchaus Folgen. Einerseits blieb es zwar dabei, dass die Sparkassen Einrichtungen für alle Bevölkerungsschichten waren. Andererseits bemühten sich viele von ihnen, gerade der Arbeiterschaft das Sparen zu erleichtern. Dahinter standen auch politische Motive, galt doch die „Sparkasseneinlage" als „ein Damm gegen kommunistische Gelüste und revolutionäre Gedanken, wie sie in denen auftauchen, welche nichts zu verlieren haben."[20] Es wurden beispielsweise die Öffnungszeiten ausgeweitet, Zweig- und Annahmestellen außerhalb der Stadtzentren und in den Dörfern eröffnet und die Mindesteinzahlung herabgesetzt.[21]

In diesen Zusammenhang gehören auch viele Maßnahmen, die das „Kleinsparen", d. h. das Sparen schon kleinster Geldbeträge, fördern sollten. Die Schul- und Jugendsparkassenbewegung erhielt in dieser Zeit großen Auftrieb[22] und ebenso die sogenannten

Abb. 11 Sparbuch der Spar- und Leihkasse Plön für Anna Sophia Henriette Gleiß, 1826–1847, Kat.-Nr. 37

„Pfennigsparkassen". Vielerorts konnten die Menschen in Ladengeschäften Sparmarken erwerben, die sie, war eine bestimmte Summe erreicht, zur Eröffnung eines Sparkontos oder zur Einzahlung auf ein bestehendes Konto nutzen konnten. Nach 1900 wurden für diesen Zweck auch Sparautomaten aufgestellt. Sparkassen begannen nun auch, verschlossene „Heimsparbüchsen" auszugeben, mit denen ihre Kunden zuhause sparten – der Schlüssel blieb bei der Sparkasse. Manche Institute führten zudem einen „Abholdienst" ein, bei dem Sparkassenmitarbeiter die Ersparnisse direkt in der Wohnung des Kunden einsammelten.

Um die Wende zum 20. Jahrhundert hatte sich Deutschland zu einem Land der Sparkassen und der Sparerinnen und Sparer entwickelt. Bei 9127 Sparkassen und Sparkassenfilialen konnten die Menschen 1905 ihre Ersparnisse einzahlen.[23] Über 17 Millionen Sparkassenbücher waren ausgegeben.[24] Das bedeutete, dass mehr als ein Viertel der rund 60 Millionen Deutschen ein Sparkonto bei einer Sparkasse besaß. Der Einlagenbestand belief sich auf etwa 12,7 Milliarden Mark.[25]

Die deutschen Sparkassen waren dadurch auch zu einem wichtigen volkswirtschaftlichen Faktor geworden. Anders als in Großbritannien[26] beschränkten sie sich nicht darauf, die Spareinlagen in Staatspapieren anzulegen. Vielmehr hatten sie in der Regel ein breit gefächertes Kreditgeschäft aufgebaut. Es umfasste Darlehen an Privathaushalte, Handel, Handwerk, Industrie und Landwirtschaft ebenso wie Kredite an ihre Träger, die Kommunen.[27] Letztere profitierten auch von Überschüssen der Sparkassen, die beispielsweise dem Schul- und Gesundheitswesen und der sozialen Fürsorge zugutekamen.

Ist Sparen eine „deutsche Tugend"? Diese Frage mag jeder Besucher der Ausstellung im Deutschen Historischen Museum für sich beantworten. Dass der Spargedanke in Deutschland so tief verwurzelt ist, resultiert jedenfalls wesentlich aus der erfolgreichen Verbreitung der Sparkassen im 18. und 19. Jahrhundert.

1 Vgl. Günter Ashauer, *Von der Ersparungscasse zur Sparkassen-Finanzgruppe. Die deutsche Sparkassenorganisation in Geschichte und Gegenwart*, Stuttgart 1991, S. 31ff.

2 Martin Peters, *Sparen – Leihen – Vorsorgen. Die Gemeinnützigkeit der frühen Sparkassen 1760–1838*, Hamburg 2006, S. 30.

3 Zit. nach Josef Wysocki, *Untersuchungen zur Wirtschafts- und Sozialgeschichte der deutschen Sparkassen im 19. Jahrhundert* (Forschungsberichte der Gesellschaft zur Förderung der wissenschaftlichen Forschung über das Spar- und Girowesen e.V., Bd. 11), Stuttgart 1980, S. 198.

4 Vgl. Thorsten Wehber, „‚… die Emancipation des dritten Standes bis tief in die untern Classen vollenden'. Die ethische und gesellschaftspolitische Mission der frühen Sparkassen", in: Georg Fahrenschon/Johannes Wallacher (Hg.), *Ethik und Finanzwirtschaft*, Stuttgart 2015, S. 65–78.

5 Vgl. Franklin Kopitzsch, „Aufklärungssozietäten als Vermittler des Sparkassengedankens", in: Manfred Pix/Hans Pohl (Hg.), *Invention – Innovation – Diffusion. Die Entwicklung des Spar- und Sparkassengedankens in Europa* (Zeitschrift für bayerische Sparkassengeschichte, Beiheft 1), Stuttgart 1992, S. 77–90.

6 Adolf Trende, *Geschichte der deutschen Sparkassen bis zum Anfang des 20. Jahrhunderts*, Stuttgart 1957, S. 53 u. 57ff.

7 Kopitzsch, *Aufklärungssozietäten*, S. 79f.

8 Vgl. Thorsten Wehber, „Tambora und die Sparkassen – Regionale Wirkungen einer globalen Katastrophe", in: *Tambora. Ein Vulkan verändert Süddeutschland*, hrsg. vom Haus der Geschichte Baden-Württemberg, Ubstadt-Weiher 2017, S. 85–105.

9 Vgl. dazu den Beitrag von Michael Moss in diesem Band, S. 165–178.

10 Peters, *Sparen*, S. 63.

11 Vgl. Paul Thomes, „Die Diffusion der Sparkassen in Preußen", in: Pix/Pohl (Hg.), *Invention*, S. 187–205.

12 Carl August Freiherr von Malchus, *Die Sparcassen in Europa*. Vollständiger Nachdruck der Originalausgabe von 1838 mit einem Nachwort von Manfred Pix und Josef Wysocki (Sparkassen in der Geschichte, Abt. 2: Reprint, Bd. 4), Stuttgart 1994, S. 186 u. 191.

13 Vgl. Thorsten Wehber, „Das preußische Sparkassenreglement von 1838 – Individuelle finanzielle Vorsorge in kommunaler Regie", in: Dieter Lindenlaub et al. (Hg.), *Schlüsselereignisse der deutschen Bankengeschichte*, Stuttgart 2013, S. 90–104.

14 Heinrich Höpker, „Entwicklung und heutiger Stand der Sparkassen", in: ders., *Die deutschen Sparkassen, ihre Entwicklung und heutige Bedeutung*. Vollständiger Nachdruck der Originalausgabe von 1924 mit einer Einführung von Hans Pohl (Sparkassen in der Geschichte, Abt. 2: Reprint, Bd. 5), Stuttgart 1997, S. 78–86; S. 80.

15 Ebd.

16 Wysocki, *Untersuchungen*, S. 88.

17 Ebd.

18 Vgl. Ingo Krüger, „Geschichte der bayerischen Sparkassen", in: Wissenschaftsförderung der Sparkassen-Finanzgruppe e.V. (Hg.), *Regionalgeschichte der Sparkassen-Finanzgruppe*, Bd. 2 (Sparkassen in der Geschichte, Abt. 3: Forschung, Bd. 22), Stuttgart 2010, S. 295–340; S. 31f.

19 Wysocki, *Untersuchungen*, S. 167ff.

20 Étienne Laspeyres, „Sparkassen", in: Johann Caspar Bluntschli (Hg.), *Deutsches Staats-Wörterbuch*, Bd. IX, Stuttgart 1865, S. 599–608, S. 600.

21 Vgl. Ashauer, *Ersparungscasse*, S. 132, 113ff. u. 134.

22 Vgl. dazu den Beitrag von Sandra Maß in diesem Band, S. 123–136.

23 Ashauer, *Ersparungscasse*, S. 114.

24 Ebd., S. 123.

25 Ebd., S. 119.

26 Vgl. dazu den Beitrag von Michael Moss in diesem Band, S. 165–178.

27 Wysocki, *Untersuchungen*, S. 126ff.; Wehber, *Sparkassenreglement*, S. 100.

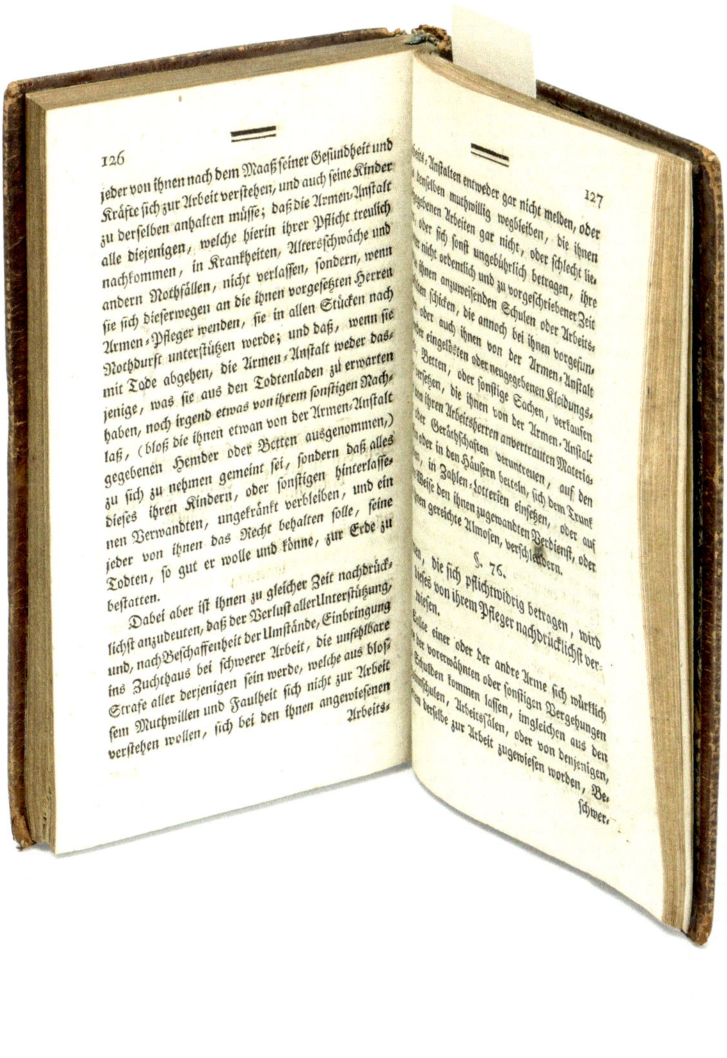
126
jeder von ihnen nach dem Maaß seiner Gesundheit und
Kräfte sich zur Arbeit verstehen, und auch seine Kinder
zu derselben anhalten müsse; daß die Armen-Anstalt
alle diejenigen, welche hierin ihrer Pflicht treulich
nachkommen, in Krankheiten, Altersschwäche und
andern Nothfällen, nicht verlassen, sondern, wenn
sie sich dieserwegen an die ihnen vorgesetzten Herren
Armen-Pfleger wenden, sie in allen Stücken nach
Nothdurft unterstützen werde; und daß, wenn sie
mit Tode abgehen, die Armen-Anstalt weder das-
jenige, was sie aus den Todtenladen zu erwarten
haben, noch irgend etwas von ihrem sonstigen Nach-
laß, (bloß die ihnen etwan von der Armen-Anstalt
gegebenen Hemder oder Betten ausgenommen,)
zu sich zu nehmen gemeint sei, sondern daß alles
dieses ihren Kindern, oder sonstigen hinterlasse-
nen Verwandten, ungekränkt verbleiben, und ein
jeder von ihnen das Recht behalten solle, seine
Todten, so gut er wolle und könne, zur Erde zu
bestatten.
Dabei aber ist ihnen zu gleicher Zeit nachdrück-
lichst anzudeuten, daß der Verlust aller Unterstützung,
und, nach Beschaffenheit der Umstände, Einbringung
ins Zuchthaus bei schwerer Arbeit, die unfehlbare
Strafe aller derjenigen sein werde, welche aus bloß-
sem Muthwillen und Faulheit sich nicht zur Arbeit
verstehen wollen, sich bei den ihnen angewiesenen
Arbeits-
127
Anstalten entweder gar nicht melden, oder
denselben muthwillig wegbleiben, die ihnen
Arbeiten gar nicht, oder schlecht lie-
oder sich sonst ungebührlich betragen, ihre
nicht ordentlich und zu vorgeschriebener Zeit
ihnen anzuweisenden Schulen oder Arbeits-
schicken, die annoch bei ihnen vorgefun-
oder auch ihnen von der Armen-Anstalt
eingelösten oder neugegebenen Kleidungs-
Betten, oder sonstige Sachen, verkaufen
versetzen, die ihnen von der Armen-Anstalt
ihren Arbeitsherren anvertrauten Materia-
oder Geräthschaften veruntreuen, auf den
oder in den Häusern betteln, sich dem Trunk
in Zahlen-Lotterien einsetzen, oder auf
Weise den ihnen zugewandten Verdienst, oder
gereichte Almosen, verschleudern.
§. 76.
die sich pflichtwidrig betragen, wird
dieses von ihrem Pfleger nachdrücklichst ver-
wiesen.
Sollte einer oder der andre Arme sich würklich
der vorerwähnten oder sonstigen Vergehungen
Schulden kommen lassen, imgleichen aus den
schulen, Arbeitssälen, oder von denjenigen,
derselbe zur Arbeit zugewiesen worden, Be-
schwer-

Abb. 12 ***Vollständige Einrichtungen der neuen Hamburgischen Armenanstalt*****, hrsg. vom Hamburgischen Armen-Collegio, Hamburg 1788, Staatsbibliothek zu Berlin – Preußischer Kulturbesitz, Kat.-Nr. 23**

Als im Jahr 1788 die Hamburger Armenanstalt gegründet wurde, war die von der Patriotischen Gesellschaft errichtete Versorgungsanstalt mit ihrer „Ersparungs- Classe" gerade zehn Jahre alt. Beide Einrichtungen waren als Institutionen der Armenfürsorge von einem Kreis Hamburger Aufklärer um Johann Georg Büsch (1728–1800), einem Freund des Dichters Friedrich Gottlieb Klopstock (1724–1803), initiiert worden. Ihr von der Aufklärung maßgeblich geformtes Bild der Armut prägte auch die von ihnen gegründeten Einrichtungen. Der Einzelne sollte für sein Wohlergehen nach Kräften selbst Sorge tragen. Sparsamkeit und Fleiß fielen dabei eine zentrale Rolle zu. War die „Ersparungs-Classe" dazu gegründet worden, Teile des Arbeitslohns eigenverantwortlich für Notzeiten verzinst anzulegen, so sollte die Armenanstalt den vielen Armen der Stadt unter anderem Gelegenheit geben, ihr Auskommen durch Arbeit selbst zu verdienen. Almosen, wie sie im mittelalterlichen und frühneuzeitlichen Armenwesen üblich waren, galten als Quell der Armut, da sie angeblich zum Müßiggang verleiteten. Um die Bedürftigen in Arbeit zu bringen, wurde Arbeitsmaterial, wie etwa Flachs, zu günstigen Preisen abgegeben und das fertige Endprodukt, das Garn, zu einem vorteilhaften Preis wieder abgenommen.

So großzügig die Unterstützung für Arbeitswillige war, so scharf war die vorgesehene Strafe für vermeintlich Arbeitsunwillige. Ihnen drohte die Einweisung in das bereits 1611 gegründete Hamburger Werk- und Zuchthaus, wo sie harte Zwangsarbeit erwartete. Eltern waren angehalten, auch ihre Kinder arbeiten zu lassen. Glück ohne Verdienst widersprach der Arbeitsethik der Aufklärer.

Wie eng die Verbindung zwischen den beiden Institutionen der Armenfürsorge war, zeigte sich, nachdem die „Ersparungs-Classe" infolge der Eroberung Hamburgs durch das napoleonische Frankreich liquidiert werden musste, was sich bis in die 1820er Jahre hinzog. Im Jahr 1827 gründete der langjährige Präses der Hamburger Armenanstalt, Senator Amandus Augustus Abendroth (1767–1842), zusammen mit anderen Exponenten des großen Armen-Collegiums, dem obersten Gremium der Armenanstalt, eine neue Sparkasse: die bis heute bestehende Hamburger Sparkasse. RM

Literatur:
Caspar von Voght, *Über die Hamburgische Armen-Anstalt v. J. 1788 bis 1794*, aus dem Englischen übersetzt von J. J. Eschenburg (1796), 2. Aufl., Lüneburg 1832.

Dieter Ziegler

DIE ROLLE DER SPAREINLAGEN FÜR DIE SOZIALE UND WIRTSCHAFTLICHE ENTWICKLUNG IN DER HOCHINDUSTRIALISIERUNG

Wenn man in der deutschen Sprache ein bedeutungsgleiches Wort für „Bank“ verwenden will, benutzt man meist den Begriff „Kreditinstitut“. Dieses Synonym zum ursprünglich italienischen Wort *banco*, das lediglich den Tresen bezeichnet, an dem der Geldwechsler seinen Geschäften nachging, deutet auf die wichtigste Zuschreibung hin, die wir mit einer Bank verbinden: die Kreditfunktion.
Bis in das 19. Jahrhundert hinein arbeiteten Bankiers überwiegend mit eigenen Mitteln und nahmen nur von wenigen Personen, oftmals ausschließlich von Verwandten, und dann nur in großen Summen sogenannte Depositen an. Depositen wurden verzinst, um einen Anreiz zu schaffen, damit der Einleger dem Bankier einen Teil seines liquiden Vermögens anvertraute. Auf diese Weise konnte der Bankier sein Wechsel- und Kreditgeschäft über seine eigenen finanziellen Möglichkeiten hinaus ausweiten. Die Depositen waren eine Voraussetzung, um das Kreditgeschäft zu erweitern, wenn es zu einer gesteigerten Kreditnachfrage kam.

Der Begriff „Sparkassen“ deutet im Gegensatz zum „Kreditinstitut“ auf eine andere geschäftliche Zuschreibung hin, die wir mit diesem Institut verbinden oder die zumindest im 19. Jahrhundert damit verbunden wurde. Denn erst zu Beginn des 20. Jahrhunderts begannen sich Sparkassen und Banken in ihren Geschäftsfeldern einander anzugleichen, sodass heute eine Sparkasse selbstverständlich auch als Kreditinstitut angesehen werden kann. Das ist an sich nicht verwunderlich, denn ebenso wie die Hereinnahme von verzinslichen Einlagen im 19. Jahrhundert zu einer Selbstverständlichkeit im

Bankwesen wurde, waren die Sparkassen gezwungen, die Zinsen zu erwirtschaften, die sie an ihre Sparer ausschütteten.

Zu Beginn des 19. Jahrhunderts hatte der weit überwiegende Teil der Bevölkerung keine Möglichkeit, seine Ersparnisse bei einem Institut einzulegen und dafür Zinsen vergütet zu bekommen. Die Ersparnisse der städtischen und ländlichen Unterschichten waren zu klein und damit uninteressant für die damals bereits bestehenden Banken. Ersparnisse wurden deswegen irgendwo versteckt zu Hause gehortet. Da die umlaufende Geldmenge in fast allen deutschen Staaten zu dieser Zeit ausschließlich aus Münzen bestand, entzogen die „Sparstrümpfe" dem Geldkreislauf Zahlungsmittel und verknappten auf diese Weise den Geldumlauf. Die Hortung von Zahlungsmitteln konnte auch nicht durch die Ausgabe von Banknoten kompensiert werden, da die meisten deutschen Staaten privaten Banken die Ausgabe von Banknoten untersagten und sich auch selbst lange Zeit scheuten, eine Notenbank zu errichten.[1] Die Auflösung dieser Horte und die Zuführung der gehorteten Münzen in den Geldkreislauf, wie es die Sparkonten ermöglichten, waren wichtige volkswirtschaftliche Funktionen der Sparkassen, als wegen des

Abb. 13 Oscar Gräf, *Begräbnis eines Arbeiters*, um 1900, Kat.-Nr. 38

erhöhten Zahlungsmittelbedarfs der einsetzenden Industrialisierung die umlaufenden Münzen knapp wurden.[2]

Nach den verheerenden Napoleonischen Kriegen waren die Staaten des Deutschen Bundes finanziell ausgeblutet und benötigten ebenso wie Landkreise, Städte und Gemeinden dringend Kredit, um den Investitionsstau der Kriegsjahre abzubauen. Die Sparkassenidee, die in einigen Städten wie Oldenburg, Kiel oder Göttingen[3] bereits praktisch erprobt war, bot deshalb eine hervorragende Möglichkeit, die öffentliche Hand mit den notwendigen Mitteln auszustatten, um Brücken, Straßen und öffentliche Gebäude instand zu setzen, zu ertüchtigen oder auch neu zu errichten. Insbesondere die Verkehrswege waren – etwa verglichen mit Frankreich oder Großbritannien – in einem geradezu erbärmlichen Zustand. Auch wenn die Gründung der ersten Sparkassen aufgrund einer philanthropischen Grundüberzeugung der Initiatoren erfolgt war, spielte bei zahlreichen Sparkassengründungen des frühen 19. Jahrhunderts das öffentliche Kreditbedürfnis eine Hauptrolle.[4]

Um die Sicherheit der Spareinlagen nicht zu gefährden, wurden die Möglichkeiten der Sparkassen, die ihnen zufließenden Gelder anzulegen, durch entsprechende Bestimmungen in der Sparkassensatzung stark eingeschränkt. Neben dem öffentlichen Kredit sahen die Satzungen in der Regel auch eine Anlagemöglichkeit in Hypothekendarlehen vor. Die Gesamtsumme der den Sparkassen nach ihrer Gründung zufließenden Gelder übertraf allerdings meist die Erwartungen der Gründer. Denn obwohl die Einkommen der Unterschichten grundsätzlich so niedrig waren, dass davon nach Abzug der Aufwendungen für Essen und Trinken, Miete und Heizenergie nicht viel zum Sparen übrigblieb, lösten die meisten Familien ihre „Sparstrümpfe" auf und brachten die gehorteten Münzen zur Sparkasse. Das waren zwar im Einzelfall eher kleine Beträge, aber in der Summe war es oftmals mehr, als die Sparkassen anlegen konnten, wenn sie sich an die Vorgaben ihrer Satzungen hielten. Die Vorgaben wurden deshalb in Einzelfällen durchaus unterlaufen, um die Spareinlagen in der angekündigten Höhe verzinsen zu können.[5]

In manchen Fällen waren die Sparkassen zunächst nur als Sammelstellen von Spareinlagen gegründet worden. Sie reichten diese einfach an die Staatsschuldenverwaltung weiter und bekamen dafür

Zinsen vergütet,[6] die vergleichsweise hoch, aber immer noch unter dem Zinssatz lagen, den der kreditnehmende Staat im Falle einer Anleihebegebung gewähren musste, um die Anleihe erfolgreich auf dem Kapitalmarkt platzieren zu können. Sparkasseneinlagen dienten in diesen Fällen zum einen der Umschuldung der während der Kriegszeit aufgelaufenen Staatsschulden, zum anderen dem bereits erwähnten Ausbau der Verkehrsinfrastruktur. Die 1820er und 1830er Jahre waren die Zeit des ersten Straßenbaubooms in Deutschland. Die größeren Staaten verbanden mit diesen als „Chausseen“ bezeichneten Kunststraßen ihre (oftmals neuen) Landesteile untereinander und mit den größeren Handelsplätzen in den Nachbarstaaten, während die kleineren Staaten versuchten, an das staatsübergreifende Straßennetz angeschlossen zu werden, um nicht vom Fernhandel abgeschnitten zu werden. Auch wenn der Straßenbau aus der Rückschau nur eine zweitrangige Verkehrsinfrastrukturleistung darstellte – angesichts der in den 1840er Jahren Fahrt aufnehmenden Industrialisierung und im Vergleich zum Eisenbahnbau –, sollte seine Bedeutung für die Frühindustrialisierung nicht unterschätzt werden.[7] Zum Gründungszeitpunkt des Zollvereins im Jahr 1834 gab es in den deutschen Staaten ohnehin noch keine Eisenbahnen. (Fern-)Straßen wurden aber im Unterschied etwa zu Großbritannien und den USA in Deutschland, von wenigen Ausnahmen abgesehen, durch den jeweiligen Staat und nicht durch private Investoren errichtet. Da der Straßenbau zu dieser Zeit in der Regel nicht aus dem laufenden Etat finanziert werden konnte, ergänzten so die Sparkasseneinlagen die Anleihefinanzierung über den Kapitalmarkt.

Die größte Bedeutung als öffentlicher Kreditnehmer besaßen allerdings nicht die Staaten, sondern die Landkreise und Kommunen. Mit der Industrialisierung steigerte sich auch deren Finanzbedarf. Das rasante Wachstum der Städte stellte die Kommunen vor völlig neue Aufgaben. Man spricht in diesem Zusammenhang von einem Übergang der hoheitlichen Kommunalverwaltung auf eine kommunale Leistungsverwaltung. Die Kommunen engagierten sich zwar kaum für den Bau öffentlicher oder auch nur öffentlich geförderter Wohnungen, aber um den Wildwuchs des Städtewachstums in geordnete Bahnen zu lenken, mussten Fluchtlinienpläne, die Vorläufer der heutigen Bebauungspläne, erstellt und deren Einhaltung überwacht werden. Zur Beleuchtung der Straßen und später zur Versorgung von Gewerbe und Haushalten mit Energie wurden Gaswerke errichtet oder bereits bestehende private Gaswerke kommunalisiert. Aus hygienischen Gründen wurden eine Wasserversorgung und eine Abwasserentsorgung sowie eine Müllabfuhr erforderlich, deren Betrieb auf Dauer nicht privaten Unternehmen überlassen wurde, sondern die als kommunale Regiebetriebe gegründet und betrieben wurden. Gegen Ende des 19. Jahrhunderts folgten städtische Elektrizitätswerke und im Falle von größeren Städten elektrische Straßenbahnen sowie auf dem Land sogenannte Kleinbahnen. Angesichts des rasanten Tempos und der weitgehenden Nichtberücksichtigung privater Investoren sprachen die Zeitgenossen in diesem Zusammenhang von „Munizipalsozialismus“[8]: Die kommunalen Wirtschaftsbetriebe durften zwar mit geringen Überschüssen betrieben werden, in der Regel arbeiteten sie aber nicht gewinnorientiert. Ihre Errichtung erforderte deshalb erhebliche Mittel, die trotz der vergleichsweise guten finanziellen Ausstattung der Kommunen während des Kaiserreichs zunächst nur durch eine Kreditaufnahme, in der Regel bei der Sparkasse, aufgebracht werden konnten. Die Sparkassen waren insofern ein integraler Bestandteil des „Munizipalsozialismus“ im Zeitalter der Hochindustrialisierung. Neben den Investitionen in kommunale Wirtschaftsbetriebe investierten die Kommunen in Projekte, die nicht kostendeckend betrieben werden konnten. Man denke etwa an Rathäuser, Schulgebäude, Theater oder städtische Parks. Zur Finanzierung solcher Einrichtungen griffen die städtischen Kämmerer gern auch auf die Überschüsse ihrer Sparkassen zurück.[9]

Die größte Gruppe unter den Schuldnern der Sparkassen waren aber nicht die öffentlichen Kreditnehmer, sondern Privatpersonen. Sie fragten entweder Hypothekenkredit oder Personalkredit nach, wobei die Hypotheken bei den meisten Sparkassen den größten Posten unter den Aktiva stellten.[10] Die soziale Zusammensetzung der Kreditnehmer unterschied sich insofern von der der Mehrheit der Sparer, da die meisten kleinen Sparer kaum die Voraussetzungen für den Erwerb von Immobilien mitbrachten. Die Laufzeit von Hypothekenkrediten war in aller Regel zu lang, als dass private Kreditbanken ihren Kunden solche Kredite hätten anbieten können. Die Struktur der Passiva von Sparkassen unterschied sich insofern von den stark fluktuierenden Fremdmitteln der Kreditbanken, als Spareinlagen oder Teile davon nur vergleichsweise selten abgehoben wurden. Abgesehen davon, dass eine Immobilie meist eine sehr gute Sicherheit für die kreditgebende Sparkasse darstellte, wurde durch die längerfristige Festlegung der Mittel die Liquidität der Sparkassen nicht gefährdet. Im Übrigen gingen die Sparer davon aus, dass ihre Einlagen aufgrund der Gewährträgerhaftung sicher waren, sodass auch keine panikartigen Abhebungen, wie sie bei Kreditbanken gelegentlich vorkamen, zu befürchten waren. Insofern unterstützten die Gewährträger der Sparkassen, also die Kreise, Städte und Gemeinden, mittelbar auch den Wohnungsbau, selbst wenn Haushaltsmittel dafür in nennenswertem Umfang erst in der Weimarer Republik eingesetzt wurden.

Die Sparkassen finanzierten neben Wohngebäuden außerdem gewerblich genutzte Immobilien, selbst wenn ihnen die Industriefinanzierung, wie sie die Kreditbanken betrieben, aufgrund ihrer Satzungen nicht möglich war. Industrielle gehörten deswegen auch nicht zum Kundenkreis der Sparkassen – sehr wohl aber Handwerker und Kleingewerbetreibende, Groß- und Einzelhändler.[11] Für diese Kundengruppen kamen nicht nur Hypothekarkredite in Betracht, sondern auch Personalkredite. Die Laufzeit solcher Kredite war weitaus kürzer; sie konnten unter Umständen prolongiert werden, womit die Unternehmer Roh- und Hilfsstoffe (vor-)finanzieren oder die Löhne für ihre Arbeiter termingerecht auszahlen konnten. Solche Personalkredite wurden in der Regel als Darlehen auf Schuldschein oder Wechsel gegen Bürgschaft gewährt.

Obwohl die ersten Sparkassen und ihre Kunden einen eher städtischen Charakter besessen hatten, spielten Sparkassen durchaus auch auf dem Land eine Rolle. Denn parallel zur Industriellen Revolution durchlief auch die Landwirtschaft ihre Agrarrevolution. Durch die Agrarreformen im frühen 19. Jahrhundert angeregt investierten Groß- und Mittelbauern in erheblichem Umfang in ihren landwirtschaftlichen Besitz und erhöhten so Produktion und Produktivität. Immer weniger in der Landwirtschaft beschäftigte Arbeitskräfte mussten immer mehr in Gewerbe und Industrie beschäftigte Arbeitskräfte ernähren. Auch Bauern konnten, wenn ihre Betriebe eine gewisse Größe erreicht hatten, Hypothekarkredite von ihrer (meist Kreis-)Sparkasse bekommen und ihre Stallungen, Scheunen usw. ausbauen. Ebenso erforderte die Urbarmachung bisher ungenutzter Brachflächen durch Rodung und Entwässerung einen

Abb. 14 Bronzemedaille auf die Arbeiterschutzgesetzgebung von 1890, 1890, Kat.-Nr. 52

erheblichen Kapitalaufwand, der unter Umständen von der Sparkasse vorgeschossen wurde.[12]

Im Laufe der zweiten Hälfte des 19. Jahrhunderts ging die Bedeutung des Personalkredits tendenziell zugunsten von Hypothekendarlehen und Kommunalkrediten zurück. In Anbetracht der Qualität von Hypotheken als Kreditsicherheiten bzw. der Bonität der öffentlichen Hand als Kreditnehmer ist diese Verschiebung der Gewichte nicht überraschend, solange die gesamtwirtschaftliche Kreditnachfrage hoch war.[13] Es kam deswegen immer wieder zu Klagen des gewerblichen „Mittelstandes" und von Landwirten über die hohen Anforderungen an die Kreditsicherheiten, die die Sparkassen stellten. Auf Initiative liberaler und konservativ-christlicher Sozialreformer entstanden deshalb in vielen kleineren und mittelgroßen Städten sowie auf dem Land Kreditgenossenschaften, die sich der Kreditbedürfnisse dieser Kundengruppe annahmen.[14] Außerdem hatten sich in den größeren Städten mittlerweile private Aktienkreditbanken angesiedelt, die Kontokorrent- und Diskontkredite für mittlere und größere Unternehmen anboten, aber auch Personalkredite an mittelständische Unternehmer gewährten. So wurde die „Lücke" in der Kreditversorgung, die durch den Bedeutungsverlust des Personalkredits der Sparkassen aufgerissen worden war, wieder geschlossen. Allerdings war mit der Entstehung der Kreditgenossenschaften (Volksbanken und Raiffeisenkassen) auch eine Konkurrenz um die Spargroschen der „kleinen Leute" entstanden. Im Aktivgeschäft gingen sich Sparkassen, Kreditgenossenschaften und Kreditbanken zu dieser Zeit noch weitgehend aus dem Weg.

Am Ende des 19. Jahrhunderts war damit das „Drei-Säulen-Modell" des deutschen Bankensystems etabliert, das sich zu dieser Zeit noch durch eine weitgehende Arbeitsteilung auszeichnete.[15] Die Sparkassen waren die Banken der „kleinen Leute", deren Nachfrage nach Finanzdienstleistungen noch recht bescheiden war. Die Kreditgenossenschaften konzentrierten sich auf „mittelständische" Kunden und die Kreditbanken auf die Industrie und die wohlhabende Kundschaft. Allerdings kam es in Teilmärkten auch schon um die Wende zum 20. Jahrhundert zu Überschneidungen. So stammten die Hypothekarkreditnehmer überwiegend aus dem „Mittelstand", während die Kreditgenossenschaften auch Einlagen der „kleinen Leute" annahmen.[16] Außerdem waren im 19. Jahrhundert, parallel zu

Abb. 15 Arbeiter vor einem Sammelkasten der Krupp'schen Spareinrichtung in Essen, um 1905, Kat.-Nr. 43

den Aktienkreditbanken, die kein Hypothekarkreditgeschäft betreiben konnten, private Hypothekenbanken entstanden, die unter Umständen den Sparkassen in ihrem Aktivgeschäft Konkurrenz machten.

Die historische Forschung zur Industrialisierung der deutschen Staaten hebt in der Regel die große Bedeutung des Bankwesens für das schnelle Aufholen des Deutschen Zollvereins bzw. des Deutschen Reiches gegenüber anderen Staaten hervor, deren Industrialisierungsprozess früher eingesetzt hatte, etwa Großbritannien, Belgien oder Frankreich. Dabei wird häufig allein auf die privaten Kreditbanken, insbesondere auf die Berliner Großbanken geschaut, die sich in den sogenannten Führungssektoren der Industrialisierung wie dem Eisenbahnbau oder besonders kapitalintensiven Industrien wie dem Steinkohlenbergbau, der Eisen- und Stahl- sowie später auch der Chemie- und elektrotechnischen Industrie engagierten. Tatsächlich haben die Sparkassen zur Finanzierung dieser Industrien wenig beigetragen, sieht man einmal von staatlichen oder kommunalen Leistungen für die Verkehrsinfrastruktur

Abb. 16 Sparbüro der Krupp'schen Spareinrichtung in Essen, um 1910, Kat.-Nr. 44

ab, für die die Sparkassen einen wesentlichen Finanzierungsbeitrag geleistet haben dürften. Aber ohne die Errichtung von Arbeitersiedlungen, die nur im Ausnahmefall durch die Industrieunternehmen selbst erfolgte, und der dazugehörigen Infrastruktur wie Schulen, Straßen, Kanalisation, Gas- und Wasserversorgung wäre die rasche Urbanisierung als Nebenbedingung einer erfolgreichen Industrialisierung nicht möglich gewesen. Ähnliches gilt für das Handwerk, das die Gebäude errichtete und die Menschen mit Nahrungsmitteln und anderen Dingen des täglichen Bedarfs versorgte, sowie für die Landwirtschaft, deren Agrarrevolution ihrerseits eine Nebenbedingung der Industrialisierung war. Die Finanzierung von Landwirtschaft und Gewerbe war weit weniger spektakulär als eine erfolgreiche Aktienemission, aber der Anteil der Sparkassen an der Finanzierung der Nettoinvestitionen in der gesamten Volkswirtschaft lag in der zweiten Hälfte des 19. Jahrhunderts etwa auf demselben Niveau wie der Anteil der Kreditbanken, der allerdings deutlich stärker schwankte.[17]

1 Jörg Lichter, *Preußische Notenbankpolitik in der Formationsphase des Zentralbanksystems 1844 bis 1857*, Berlin 1999, S. 30ff.; Bernd Sprenger, *Das Geld der Deutschen*, 3. Aufl., Paderborn 2002, S. 148ff.

2 Josef Wysocki, „Sparkassenorganisation und Wirtschaftswachstum von den Anfängen bis 1914“, in: Jürgen Mura (Hg.), *Sparkassenorganisation und Wirtschaftswachstum*, Stuttgart 1994, S. 29.

3 Ernst Klein, „Von den Anfängen bis zum Ende des alten Reichs (1806)“, in: *Deutsche Bankengeschichte*, hrsg. im Auftrag des Instituts für bankhistorische Forschung, Frankfurt/M. 1982, Bd. 1, S. 300ff.; Adolf Trende, *Geschichte der deutschen Sparkassen*, Stuttgart 1957, S. 34ff.

4 Zum Wachstum der Zahl der Sparkassen und des Einlagenbestandes vgl. Helmuth Will, *Die Deutschen Sparkassen*, 2. Aufl., Stuttgart 1942, S. 100; Hans Pohl, „Das deutsche Bankwesen (1806–1848)“, in: *Deutsche Bankengeschichte*, hrsg. im Auftrag des Instituts für bankhistorische Forschung, Bd. 2, Frankfurt/M. 1980, S. 199.

5 Josef Wysocki, *Untersuchungen zur Wirtschafts- und Sozialgeschichte der deutschen Sparkassen im 19. Jahrhundert*, Stuttgart 2005, S. 126.

6 Zur bayerischen Staatstilgungskasse vgl. Trende, *Geschichte*, S. 135ff.; Günter Ashauer, *Von der Ersparungscasse zur Sparkassen-Finanzgruppe. Die deutsche Sparkassenorganisation in Geschichte und Gegenwart*, Stuttgart 1991, S. 92f.; Ingo Krüger, „Geschichte der bayerischen Sparkassen“, in: *Regionalgeschichte der Sparkassen-Finanzgruppe*, hrsg. von der Wissenschaftsförderung der Sparkassen-Finanzgruppe e.V., Bd. 2, Stuttgart 2010, S. 303; zur preußischen Provinzial-Hülfscasse vgl. Hans Pohl, *WestLB. Von der Hülfscasse von 1832 zur Landesbank*, Düsseldorf 1982, S. 19.

7 Dieter Ziegler, „Particularismes et Développement des Réseaux de Transport dans les États Allemands, 1815–1866“, in: Michèle Merger et al. (Hg.), *Les Réseaux Européens Transnationaux: XIXe–XXe Siècles. Quels Enjeux?*, Nantes 1995, S. 25f.; Uwe Müller, *Infrastrukturpolitik in der Industrialisierung. Der Chausseebau in der preußischen Provinz Sachsen und dem Herzogtum Braunschweig vom Ende des 18. Jahrhunderts bis in die siebziger Jahre des 19. Jahrhunderts*, Berlin 2000, S. 228ff.

8 Wolfgang R. Krabbe, „Munizipalsozialismus und Interventionsstaat. Die Ausbreitung der städtischen Leistungsverwaltung im Kaiserreich“, in: *Geschichte in Wissenschaft und Unterricht* 30, 1979, S. 265ff.; Jürgen Reulecke, *Geschichte der Urbanisierung in Deutschland*, Frankfurt/M. 1985, S. 123.

9 Wolfgang R. Krabbe, *Die deutsche Stadt im 19. und 20. Jahrhundert*, Göttingen 1989, S. 106f.

10 Wysocki, *Untersuchungen*, S. 128.

11 Zur Ausweitung des Kundenkreises der Sparkassen über die Unterschichten hinaus vgl. Wysocki, *Untersuchungen*, S. 77; Wysocki, *Sparkassenorganisation*, S. 26f.; Thorsten Wehber, „Das preußische Sparkassenreglement von 1838“, in: Dieter Lindenlaub et al. (Hg.), *Schlüsselereignisse der deutschen Bankengeschichte*, Stuttgart 2013, S. 96.

12 Wysocki, *Untersuchungen*, S. 129.

13 Ashauer, *Ersparniscasse*, S. 141f.

14 Horst Winkler, *Das Personalkreditgeschäft und die Liquiditätspolitik der Sparkassen*, Berlin 1934, S. 7; Arnd Holger Kluge, *Geschichte der Bankgenossenschaften. Zur Entwicklung mitgliederorientierter Unternehmen*, Frankfurt/M. 1991, S. 12ff.

15 Zur Arbeitsteilung im deutschen Bankwesen (im Vergleich zum britischen) vgl. Dieter Ziegler, „The Origins of the ‚Macmillan Gap‘: Comparing Britain and Germany in the Early Twentieth Century“, in: Philip L. Cottrell et al. (Hg.), *Finance in the Age of the Corporate Economy. The Third Anglo-Japanese Business History Conference*, Aldershot 1997, S. 184ff.

16 Ashauer, *Ersparniscasse*, S. 143; Wehber, *Sparkassenreglement*, S. 100.

17 Wysocki, *Untersuchungen*, S. 119.

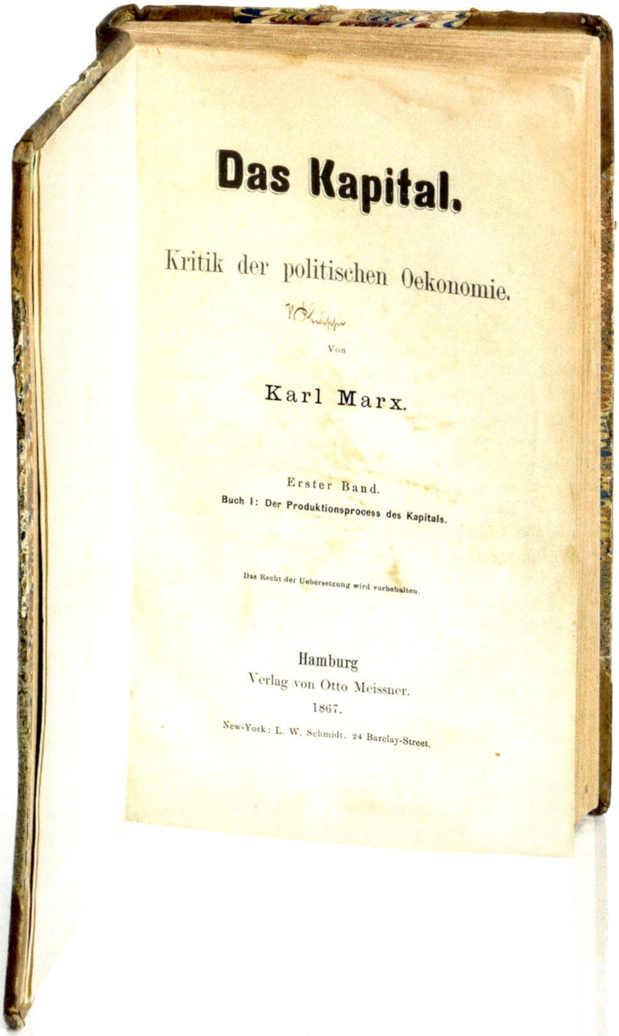
Das Kapital.
Kritik der politischen Oekonomie.
Von
Karl Marx.
Erster Band.
Buch I: Der Produktionsprocess des Kapitals.
Das Recht der Uebersetzung wird vorbehalten.
Hamburg
Verlag von Otto Meissner.
1867.
New-York: L. W. Schmidt. 24 Barclay-Street.

Abb. 17 Karl Marx, *Das Kapital. Kritik der politischen Oekonomie*, Erster Band. Buch 1: *Der Produktionsprocess des Kapitals*, Hamburg 1867, Deutsches Historisches Museum, Berlin, Kat.-Nr. 39

1867 veröffentlicht der Philosoph, Nationalökonom und Journalist Karl Marx (1818–1883) den ersten Band seines Hauptwerks *Das Kapital. Kritik der politischen Oekonomie*. Das Werk wurde bald nach Erscheinen zu einer zentralen Schrift für die deutsche Arbeiterschaft, die sich in den 1860er Jahren gerade politisch organisierte. Marx schreibt darin: „Der Schatzbildner opfert daher dem Goldfetisch seine Fleischeslust. Er macht Ernst mit dem Evangelium der Entsagung. Je mehr er producirt, desto mehr kann er verkaufen. Arbeitsamkeit, Sparsamkeit und Geiz bilden daher seine Kardinaltugenden, viel verkaufen, wenig kaufen, die Summe seiner politischen Oekonomie."

Ebenso wie Marx erkannten die politischen Gegner der erstarkenden Arbeiterbewegung den affirmativen Charakter der Sparsamkeit. Nicht nur als kapitalistische „Kardinaltugend" – für Marx die Voraussetzung für die Akkumulation von Kapital – war sie von Vorteil, um die bestehende Gesellschaftsordnung aufrechtzuerhalten, sondern ebenso als Mittel gegen den drohenden Umsturz. Wer Ersparnisse auf dem Sparbuch zu verlieren hat – so der Gedanke –, ist weniger empfänglich für eine Revolution.

Bereits 1847 notiert Marx in einem Manuskript zum Arbeitslohn mit Verweis auf die Lektüre der Schriften des radikalen Chartisten John Francis Bray (1809–1897), die Sparkassen seien die „goldene Kette, woran die Regierung einen großen Teil der Arbeiterklasse hält". RM

Literatur:

John Francis Bray, *Labour's Wrongs and Labour's Remedy: Or, The Age of might and the Age of Right*, Leeds 1839, S. 152;
Karl Marx/Friedrich Engels, „Arbeitslohn", in: dies., *Werke*, Bd. 6, Berlin 1959, S. 535–556, hier S. 540.

Gerd Hardach

SPAREN FÜR DEN KRIEG 1914 BIS 1918

Die Kriegsinflation

Die Welt des Sparens war in der Zeit des Kaiserreichs durch das langfristige Wachstum der Wirtschaft und stabile Währungsverhältnisse geprägt. Im August 1914 setzte mit dem Ausbruch des Ersten Weltkriegs eine Zeit der Unsicherheit ein. Der Krieg sollte nach den Versprechungen von Politik und Militär mit einem raschen Sieg Deutschlands und seiner Verbündeten enden. Diese Versprechungen wurden bald enttäuscht. Der Konflikt zog sich Jahr um Jahr hin, bis 1918 die militärische und wirtschaftliche Erschöpfung die „Mittelmächte" Deutschland, Österreich, die Türkei und Bulgarien zwang, um Frieden nachzusuchen.[1]

Die Kriegskosten waren gewaltig. Im letzten Friedensbudget von April 1913 bis März 1914 gab das Reich 3 Milliarden Mark aus. In den fünf Kriegshaushalten von April 1914 bis März 1919 betrugen die Ausgaben des Reiches insgesamt 159 Milliarden Mark.[2] Hinzu kamen beträchtliche Ausgaben der Bundesstaaten und der Gemeinden.

Nach den Plänen für die finanzielle Mobilmachung, die schon lange vor dem Krieg ausgearbeitet worden waren, sollte das Reich die Kriegsausgaben ausschließlich durch Kredite finanzieren. Nur die Ausgaben für die Verzinsung der Staatsschuld sollten durch Steuereinnahmen gedeckt werden.[3] Die Reichsbank gewährte der Regierung durch die Diskontierung von Reichschatzwechseln unbegrenzten Kredit. Die Goldwährung wurde suspendiert. Damit die Reichsbank sich auf die Kriegsfinanzierung konzentrieren konnte,

Abb. 18 Louis Oppenheim, Plakat zur achten Kriegsanleihe der Reichsbank, 1918, Kat.-Nr. 66

wurden als parallele Notenbanken Darlehnskassen eingerichtet. Sie sollten der Wirtschaft sowie den Bundesstaaten und Kommunen Kredit gewähren. Die Darlehnskassen gaben ein eigenes Geld aus, die Darlehnskassenscheine. Die Reichsbank konnte neben Gold und einem begrenzten Kontingent an Reichskassenscheinen auch die neuen Darlehnskassenscheine in ihre Währungsreserven aufnehmen; damit konnte sie ihr Geldangebot unbegrenzt ausdehnen.

Die kurzfristigen Schulden des Reiches bei der Reichsbank wurden in regelmäßigen Abständen durch die Ausgabe von Kriegsanleihen konsolidiert. Die erste Kriegsanleihe wurde im September 1914 ausgegeben. Seitdem folgten in jedem Kriegsjahr zwei Anleihen, eine „Frühjahrsanleihe“ im Februar/März und eine „Herbstanleihe“ im September/Oktober. Die neunte und letzte Kriegsanleihe gab es im September 1918.[4]

Eine Grenze erreichte die politisch bequeme Kreditfinanzierung der Kriegskosten, als die Steuereinnahmen nicht mehr genügten, um die Zinsen der explodierenden Staatsschulden zu bezahlen. Seit dem Sommer 1916 wurden daher neue Steuern eingeführt und bestehende Steuern erhöht. Durch die Kriegssteuern gelang es, das finanzpolitische Minimalziel zu erreichen und die steigenden Zinsen für die Staatsschulden durch Steuereinnahmen zu decken.[5]

Insgesamt finanzierte das Reich die Ausgaben in den Rechnungsjahren von 1914/15 bis 1918/19 zu 86 Prozent durch Kredite, nur zu 14 Prozent durch Steuern.[6] Zu den Defiziten des Reichshaushalts kamen erhebliche Defizite in den Haushalten der Bundestaaten und Kommunen. Die Bundesstaaten und die Kommunen sollten keine Anleihen begeben. Ihr Kreditbedarf wurde durch die Darlehnskassen gedeckt.[7] Ende Dezember 1918 waren die Schulden von Reich, Ländern und Gemeinden auf 160 Milliarden Mark gestiegen. Davon entfielen 135 Milliarden Mark auf das Reich und 25 Milliarden Mark auf Länder und Gemeinden.[8]

Die Finanzierung der Kriegsausgaben auf dem Kreditwege löste eine beträchtliche Kriegsinflation aus. Preiskontrollen und Devisenkontrollen sollten die Inflation bremsen, wurden aber nicht konsequent durchgeführt. Ausgehend vom Jahresdurchschnitt 1913 stieg der Index der Großhandelspreise bis November 1918 auf 234 Prozent.[9]

Hinter diesem ausgewiesenen Preisanstieg verbarg sich eine erhebliche zurückgestaute Inflation. Die tatsächliche Geldentwertung wurde deutlich an den hohen Preisen für Lebensmittel und andere wichtige Konsumgüter, die auf dem Schwarzen Markt gezahlt wurden.[10] Der Zwangskurs der Mark gegenüber dem Dollar wurde bis November 1918 auf 177 Prozent des Niveaus von 1913 festgesetzt.[11]

Die Reichsbank mahnte, dass die Regierung nach dem Krieg zu einer Finanz- und Währungspolitik der Stabilität zurückkehren sollte. Im Juni 1918 legte sie ein umfangreiches Memorandum zur Finanz- und Währungspolitik der Nachkriegszeit vor. Die Haushaltsdefizite müssten ausgeglichen werden. Eine solide Haushaltspolitik erfordere eine Reduzierung der Ausgaben und eine Steigerung der Steuereinnahmen. Die kurzfristigen Staatsschulden sollten aus eigenen Mitteln abgebaut werden; hohe Reparationszahlungen zur Schuldentilgung seien nicht zu erwarten. Nach der Stabilisierung der öffentlichen Haushalte könne die monetäre Expansion durch die Reichsbank und die Darlehnskassen eingestellt werden.[12] Die Regierung ging jedoch auf die Vorschläge der Reichsbank nicht ein. Es gab bis zum Ende des Krieges keinen Plan, die Inflation zu beenden.

Kriegsanleihen

Nach den Plänen für die finanzielle Mobilmachung sollten Haushalte, Unternehmen, Stiftungen und Vereine ihre Ersparnisse vor allem in Kriegsanleihen anlegen. Die Verzinsung der Kriegsanleihen betrug 5 Prozent bei einem Ausgabekurs von 98,50 Prozent und lag damit etwas über dem Vorkriegszins für Reichsanleihen. Für jede Anleihe wurde intensiv geworben, um eine breite Platzierung zu erreichen. In der Werbekampagne für die erste Kriegsanleihe vom September 1914 betonten Presseberichte, dass die Anleihe eine gute Kapitalanlage sei; die Verzinsung sei attraktiv, die Rückzahlung sicher. Wer sich nicht mit der Zeichnung beeile, könne dies später bereuen. Der Sieg sei nahe, und eine weitere Kriegsanleihe würde es vielleicht nicht mehr geben.[13]

Als der Krieg länger dauerte, änderte sich der Fokus der Propaganda. Im August 1915 betonte der Staatssekretär des Reichsschatzamtes

Karl Helfferich im Reichstag, es sei patriotische Pflicht, Kriegsanleihen zu zeichnen.[14] Später folgten dann martialische Zeitungsanzeigen und Plakate, auf denen ein Frontsoldat, mit Stahlhelm, Gewehr und Handgranate ausgerüstet, zur Zeichnung von Kriegsanleihen aufforderte.[15]

Abb. 19 Postkarte mit Aufforderung zur Zeichnung der neunten Kriegsanleihe, 1918, Kat.-Nr. 75

Vor dem Krieg wurden die Anleihen des Reiches von den Geschäftsbanken platziert. Um den Kriegsanleihen eine weite Verbreitung zu sichern, wurden sie aber von Anfang an dem Publikum auch durch die Sparkassen angeboten. Die Reichsregierung sagte zu, dass die Zusammenarbeit nicht auf die Kriegszeit beschränkt sein sollte, sondern dass die Sparkassen auch nach dem Krieg bei der Begebung von Anleihen des Reiches und der Bundesstaaten beteiligt werden sollten.[16] Seit der zweiten Kriegsanleihe vom März 1915 wurden auch die Genossenschaftsbanken an der Platzierung der Anleihen beteiligt.[17]

Die Sparkassen, die mit wenigen Ausnahmen im Besitz der Städte und Landkreise waren, und die Genossenschaftsbanken wurden in die Platzierung der Kriegsanleihen einbezogen, weil sie aufgrund ihrer Verwurzelung in der Region umfangreiche Spargelder an sich ziehen konnten.[18] Ende 1913 betrugen die Spareinlagen bei den Sparkassen 19,7 Milliarden Mark, bei den Genossenschaftsbanken 3,6 Milliarden Mark.[19] Sparkassen und Genossenschaftsbanken empfahlen ihren Kunden und Kundinnen, ihre Sparguthaben aufzulösen, um Kriegsanleihe zu zeichnen, und neue Ersparnisse in Kriegsanleihe anzulegen.[20] Die Preußische Regierung als Aufsichtsbehörde der Sparkassen betonte, die Kriegsanleihe sei „eine vorzügliche, mündelsichere Vermögensanlage für jedermann"[21].

Auch kleinste Beträge sollten für die Zeichnung der Kriegsanleihen mobilisiert werden. Im März 1917 wurden beim Feldheer „Kriegsanleihe-Sparkarten" eingeführt. Die Soldaten konnten von ihrem Wehrsold Sparmarken im Wert von 1 Mark bis 5 Mark erwerben. Die Heeresverwaltung überwies die Beträge an die gewünschte Sparkasse in der Heimat, die dann für jeweils 100 Mark Kriegsanleihestücke erwerben sollte.[22] Das Projekt der Kriegs-Sparkarten war aber ein Fehlschlag. Offenbar hatten die Soldaten andere Sorgen.[23]

Die Einbeziehung aller Bankengruppen und die massiven Propagandakampagnen, aber auch der Mangel an alternativen Anlagemöglichkeiten hatten zur Folge, dass eine große Beteiligung der Bevölkerung an den Kriegsanleihen erreicht wurde. Bei der ersten Kriegsanleihe gab es 1,2 Millionen Zeichnungen.[24] Danach stieg die Zahl der Zeichnungen bis zur sechsten Kriegsanleihe vom März 1917 auf 7,1 Millionen. Viele Haushalte, die nie zuvor Wertpapiere erworben hatten, legten ihr Geld in Kriegsanleihe an. Seitdem ging die Verbreitung der Kriegsanleihen wieder zurück; im September 1918 gab es nur noch 2,7 Millionen Zeichnungen. Trotz der breiten Beteiligung der Bevölkerung an den Kriegsanleihen kamen die Gelder allerdings vor allem von Unternehmen oder vermögenden

Privathaushalten, die große Beträge investierten. Vier Fünftel aller Zeichnungen entfielen auf kleine Beträge bis 1000 Mark; sie brachten aber nur 10 Prozent der Gesamtsumme ein. Auf große Beträge ab 100 000 Mark entfielen nur 0,2 Prozent der Zeichnungen, aber sie trugen 44 Prozent zu der Gesamtsumme bei.[25]

Die Rückzahlung der Kriegsanleihen war ein ungelöstes Problem. Die Reichsregierung verwies zunächst auf die üppigen Reparationen, die nach dem baldigen Sieg über die Alliierten zu erwarten seien.[26] Allerdings gab es schon seit der zweiten Kriegsanleihe

Abb. 20
Sparkarte für Kriegsanleihen des Deutschen Sparkassenverbandes, um 1917, Kat.-Nr. 61

Zweifel, ob die erwarteten Reparationen zu einer Tilgung der Kriegsanleihen ausreichen würden.[27] Nachdem der Schuldenberg weiter stieg, hieß es in der offiziellen Propaganda, dass nicht die zu erwartenden Reparationen, sondern die deutsche Wirtschaftskraft die Rückzahlung der Kriegsanleihen garantiere.[28] Konkrete Pläne für eine Tilgung der Kriegsanleihen gab es jedoch nicht. Die ungewissen Tilgungsaussichten haben das Vertrauen der Anleger in die Kriegsanleihen offenbar nicht erschüttert. Die Kurse der Anleihen im Freiverkehr, den es nach der Schließung der Börsen noch gab, waren sehr stabil. 1915 und 1916 betrug der Kurs der fünfprozentigen

Kriegsanleihe im Jahresdurchschnitt jeweils 99 Prozent, 1917 und 1918 war er mit 98 Prozent nur unwesentlich niedriger.[29]

Das Dilemma der Sparer

Der Krieg führte in Deutschland zu einer massiven Verarmung. Millionen von Männern wurden von ihren Arbeitsplätzen zum Militär eingezogen, viele starben oder wurden schwer verwundet. In den Industrien, die nicht kriegswichtig waren, wurden die Investitionen stark eingeschränkt, und es fehlte an Rohstoffen und Zwischenprodukten. Es wird geschätzt, dass das reale Nettosozialprodukt bis 1918 auf 71 bis 77 Prozent des Vorkriegsniveaus zurückging.[30] Trotz der realen Verarmung stieg das nominale Sozialprodukt aber durch die Kriegsinflation an. Da ein steigender Teil der reduzierten Produktion für die Kriegführung beansprucht wurde, konnten die steigenden Nominaleinkommen nicht für Konsumgüter verwendet werden. Die Haushalte bildeten daher in erheblichem Umfang unfreiwillige Ersparnisse. Das traditionelle Motiv der Spartugend wurde überlagert durch die neue Realität des Zwangssparens.

Trotz der Beteiligung weiter Bevölkerungskreise an den Kriegsanleihen blieb das traditionelle Sparbuch für Haushalte mit niedrigen oder mittleren Einkommen eine wichtige Anlage. Bis Ende 1918 stiegen die Spareinlagen bei den deutschen Sparkassen auf 31,8 Milliarden Mark. Die Zunahme der Sparguthaben war damit ähnlich groß wie die Summe, die von der Sparkassenkundschaft in Kriegsanleihen angelegt wurde.[31] Auch die Genossenschaftsbanken verzeichneten einen erheblichen Einlagenzuwachs.[32]

Um den bargeldlosen Zahlungsverkehr zu fördern, verbesserten die Kommunen die Zusammenarbeit ihrer Sparkassen. Die regionalen Girozentralen wurden vernetzt, indem im Oktober 1916 der Deutsche Zentral-Giroverband geschaffen wurde, der im Februar 1918 als zentrale Bankanstalt die Deutsche Girozentrale gründete.[33] Der bargeldlose Zahlungsverkehr setzte sich allerdings in der Bevölkerung nur langsam durch.[34] Viele Haushalte hielten als Liquiditätsreserve traditionell Bargeld, statt ihr Geld bei der Sparkasse anzulegen.[35] Aber manche Sparkassen zögerten auch, sich an dem neuen Geschäftszweig zu beteiligen. Am Ende des Krieges gab es immer

noch zahlreiche Sparkassen, die keinen bargeldlosen Zahlungsverkehr durch Scheck oder Giro anboten.[36] Die Sparkassenkundschaft wurde aufgefordert, die häuslichen Bargeldbestände aufzulösen, um Kriegsanleihen zu zeichnen. Bargeld zu Hause anzusammeln, sei töricht, zwecklos und schädlich, hieß es in der Zeitschrift des Sparkassenverbandes. „Klug, vorsichtig und nützlich handelt nur, wer sein ganzes Geld in Kriegsanleihe anlegt."[37]

Im Laufe des Jahres 1918 nahm angesichts der ungewissen Zukunft das Horten von Bargeld zu, unter Verzicht auf eine verzinsliche Anlage in Kriegsanleihen oder Sparkonten. Die Reichsbank stellte dazu fest: „Weite Kreise der Bevölkerung waren dazu übergegangen, Zahlungsmittel in immer größerem Umfange aufzuspeichern, ohne durch ein wirtschaftliches Bedürfnis dazu genötigt zu sein. Handel- und Gewerbetreibende, kleinere und größere Kapitalisten hoben namentlich seit etwa Anfang Oktober Guthaben bei Banken,

Abb. 21 Sparbüchsen in Form von Artilleriegeschossen und einer Fliegerbombe, „Lüttich, Antwerpen, Namur", „Die fleißige Berta" und „Deutscher Fliegergruß", 1914–1916, Kat.-Nr. 56–58

Bankfirmen, Sparkassen und Genossenschaften ab, um das bare Geld aufzubewahren."[38] Die Gründe für die Zunahme der Bargeldbestände waren nach Ansicht der Reichsbank „die Aufspeicherung von Papiergeld zur Verheimlichung oder zur Ermöglichung des Schleichhandels und zur Rüstung für die erwartete Friedenszeit, zu einem nicht geringen Teile aber auch die Thesaurierung aus Furcht vor stärkerer steuerlicher Heranziehung".[39]

Sparkassen und Genossenschaftsbanken legten die Spargelder zum größten Teil in Kriegsanleihen an. Indirekt trug die Bevölkerung daher auch mit ihren Sparkonten zur Kriegsfinanzierung bei, nicht viel anders als bei dem Erwerb von Kriegsanleihen.[40] Da die Anlage in Kriegsanleihen einen relativ guten Ertrag abwarf, nur einen geringen Verwaltungsaufwand erforderte und als sicher galt, lag die Verzinsung der Sparguthaben etwas über dem Vorkriegsniveau. Die meisten Sparkassen zahlten 4 Prozent Zinsen, manche auch mehr.[41]

Der Erste Weltkrieg stellte in Deutschland die Tugend des Sparens auf eine harte Probe. Trotz der realen Verarmung wurden große nominale Geldvermögen gespart. Der größte Teil der Vermögensbildung floss in Kriegsanleihen und Sparguthaben. Der Zinsertrag war nominal höher als vor dem Krieg. Tatsächlich herrschte aber eine Zinsillusion, denn real erlitten die Anleger erhebliche Verluste. Kriegsanleihen, Sparguthaben, Bargeldbestände und alle anderen Geldforderungen waren einer erheblichen Erosion durch die Kriegsinflation ausgesetzt.

Den wenigsten Sparern und Sparerinnen war bei Kriegsende aber bewusst, dass sie eine Phase sinkender Realzinsen erlebten. Viele nahmen an, dass nach dem Krieg die Kaufkraft der Mark und der Wechselkurs nach dem Standard der Vorkriegszeit wiederhergestellt werden würden. Erst in der Großen Inflation der Nachkriegsjahre wurde der Substanzverlust deutlich.

1 Michael Epkenhans, *Der Erste Weltkrieg 1914–1918*, Paderborn 2015.

2 Konrad Roesler, *Die Finanzpolitik des Deutschen Reiches im Ersten Weltkrieg*, Berlin 1967, S. 195–200.

3 Gerd Hardach, „Die finanzielle Mobilmachung in Deutschland 1914–1918", in: *Jahrbuch für Wirtschaftsgeschichte*, 56/2, 2015, S. 359–387.

4 *Verwaltungsbericht der Reichsbank für das Jahr 1918*, Berlin 1919, S. 11.

5 Roesler, *Finanzpolitik*, S. 187–194.

6 Roesler, *Finanzpolitik*, S. 197–199.

7 *Die Darlehnskassen des Reichs im Jahre 1918*. Bearbeitet im Buero der Hauptverwaltung der Darlehnskassen, Berlin 1919, S. 3.

8 Hardach, *Finanzielle Mobilmachung*, S. 374.

9 Statistisches Reichsamt, *Zahlen zur Geldentwertung in Deutschland 1914 bis 1923*. Sonderheft zu Wirtschaft und Statistik, 5. Jg., Sonderheft 1, Berlin 1925, S. 16.

10 Gerd Hardach, *Der Erste Weltkrieg* (Geschichte der Weltwirtschaft im 20. Jahrhundert, Bd. 2), München 1973, S. 123–132; Carl-Ludwig Holtfrerich, *Die deutsche Inflation 1914–1923. Ursachen und Folgen in internationaler Perspektive*, Berlin 1980, S. 76–92.

11 Statistisches Reichsamt, *Zahlen zur Geldentwertung*, S. 6.

12 *Reichsbank-Direktorium an den Reichskanzler*, 29. Juli 1918, Bundesarchiv Berlin (BArch) R 2/1894.

13 Reichsbank, Statistische Abteilung, *Kriegsanleihen*, BArch R 2501/539.

14 Karl Helfferich, *Rede zum Nachtrag zum Haushalt für 1915/16*, 14. August 1915. Verhandlungen des Reichstags. 13. Legislaturperiode, 2. Session. Bd. 306, Stenographische Berichte, S. 225–226.

15 „Helft uns siegen! Zeichnet die Kriegsanleihe", in: *Sparkasse*, 1. April 1917, S. 95.

16 H. Reusch, „Die Beteiligung der Sparkassen an der Kriegsanleihe", in: *Sparkasse*, 1. Oktober 1914, S. 359–360.

17 „Die Kreditgenossenschaften und die neue Kriegsanleihe", in: *Blätter für Genossenschaftswesen*, 20. Februar 1915, S. 87–89.

18 Gerd Hardach, „Zwischen Markt und Macht: Die deutschen Banken 1908–1934", in: Wilfried Feldenkirchen et al. (Hg.), *Wirtschaft, Gesellschaft, Unternehmen. Festschrift für Hans Pohl zum 60. Geburtstag*, 2 Bde., Stuttgart 1995, Bd. 2, S. 920–923.

19 Deutsche Bundesbank (Hg.), *Deutsches Geld- und Bankwesen in Zahlen 1876–1975*, Frankfurt/M. 1976, S. 63, 112.

20 „Rundschreiben des Deutschen Sparkassenverbandes vom 4. September 1914", in: Sparkasse, 15. September 1914, S. 341–342; Arnd Holger Kluge, *Geschichte der deutschen Bankgenossenschaften. Zur Entwicklung mitgliederorientierter Unternehmen*, Frankfurt 1991, S. 218.

21 *Der Preußische Innenminister an alle Sparkassen in Preußen*, 25. Februar 1915. Geheimes Staatsarchiv Preußischer Kulturbesitz XVI. HA Rep. 30 Nr. 174, Bd. 11.

22 „Vereinbarung mit der Heeresverwaltung über Kriegsanleihe-Sparkarten", in: *Sparkasse*, 15. Februar 1917, S. 45–48; „Einführung von Kriegsanleihe-Sparkarten beim Feldheer", in: *Sparkasse*, 15. März 1917.

23 F. A. Winkler, „Die deutschen Sparkassen und die Kriegsanleihe", in: Heinrich Höpker (Hg.), *Die deutschen Sparkassen, ihre Entwicklung und Bedeutung*, Berlin 1924, S. 106.

24 *Verwaltungsbericht der Reichsbank 1918*, Berlin 1918, S. 11.

25 Ebd.

26 Helfferich, *Rede zum Nachtrag zum Haushalt für 1915/16*, S. 222–226.

27 *Aufzeichnung über die vom Staatssekretär des Reichsschatzamtes veranlasste Besprechung von Finanzfragen des Reichs mit den einzelstaatlichen Finanzministern*, 14. Juli 1915, BArch R 2/41231.

28 Karl Helfferich, *Reichstagssitzung vom 16. März 1916*. Verhandlungen des Reichstags. 13. Legislaturperiode, 2. Session. Bd. 306, S. 775; Reichsbank, *Material zum Werbevortrag für die sechste Kriegsanleihe*, BArch R 2501/397; „Gemeinsame Erklärung von Reichsregierung und Reichsbank", in: *Sparkasse*, 1. November 1918, S. 253.

29 *Statistisches Jahrbuch für das Deutsche Reich 1920*, hrsg. vom Statistischen Reichsamt, Bd. 41, Berlin 1920, S. 116.

30 Albrecht Ritschl, „The Pity of Peace. Germany's Economy at War, 1914–1918 and beyond", in: Stephen Broadberry/Mark Harrison (Hg.), *The Economics of World War I*, Cambridge 2005, S. 44.

31 Deutsche Bundesbank (Hg.), *Deutsches Geld- und Bankwesen*, S. 63; Winkler, *Die deutschen Sparkassen*, S. 107, 110.

32 Deutsche Bundesbank (Hg.), *Deutsches Geld- und Bankwesen*, S. 65.

33 Hans Pohl, „Die Sparkassen vom Ausgang des 19. Jahrhunderts bis zum Ende des Zweiten Weltkriegs", in: Hans Pohl et al., *Wirtschafts- und Sozialgeschichte der deutschen Sparkassen im 20. Jahrhundert*, Stuttgart 2005, S. 81–83.

34 H. Reusch, „Die Zinspolitik der Sparkassen und die Banken", in: *Sparkasse*, 1. Juli 1917, S. 192.

35 L. Götting, „Zur Zinspolitik der Sparkassen", in: *Sparkasse*, 1. April 1917, S. 93–97.

36 H. Reusch, „Die nächsten Aufgaben der Sparkassen", in: *Sparkasse*, 15. Oktober 1918, S. 239–241.

37 „Aufruf des Sparkassenverbandes", in: *Sparkasse*, 1. April 1917, S. 97.

38 *Verwaltungsbericht der Reichsbank 1918*, S. 4.

39 Ebd.

40 Kluge, *Bankgenossenschaften*, S. 183; Winkler, *Die deutschen Sparkassen*, S. 110.

41 Götting, *Zinspolitik der Sparkassen*, S. 97.

Ich kenne keine Parteien mehr, kenne nur noch Deutsche!
Das deutsche Volk wird seine Feinde nicht nur mit dem Schwerte, sondern auch mit dem Gelde schlagen. Das wird die Kriegsanleihe beweisen.
Gr. H. Qu. 11. 9. 1916.
Stadt-Sparkasse zu Schwelm
riegsanleihe-
Sparbuch

Abb. 22 Kriegsanleihe-Sparbuch der Stadt-Sparkasse zu Schwelm, 1914–1918, Deutscher Sparkassen- und Giroverband e.V. Bonn, Sparkassenhistorisches Dokumentationszentrum, Kat.-Nr. 59

„Ich kenne keine Parteien mehr, kenne nur noch Deutsche." Dieses Zitat findet sich auf Seite 5 des Kriegsanleihe-Sparbuchs und stammt von Kaiser Wilhelm II. (1859–1941), der hier zusammen mit Generalfeldmarschall Paul von Hindenburg (1847–1934) in einem Doppelporträt unterhalb des Zitats abgebildet ist. Die Wendung stammt ursprünglich aus der Thronrede Wilhems II. vor den Abgeordneten des Reichstags am 4. August 1914 im Berliner Stadtschloss. Er wiederholte dort ein Motiv seiner berühmt gewordenen Balkonrede vom 1. August 1914, dem Tag, an dem er die Mobilmachung befohlen und Russland den Krieg erklärt hatte. Vom Balkon des Stadtschlosses sprach der Kaiser zu einer Menschenmenge, die sich, wie schon am Vortag, im gegenüberliegenden Lustgarten versammelt hatte. Der Aufruf zur nationalen Einheit galt vor allem der pazifistisch orientierten Sozialdemokratie.

Noch am 25. Juli hatte der Parteivorstand der SPD erfolgreich zum Massenprotest gegen den drohenden Krieg aufgerufen. Nun fügte man sich jedoch mehrheitlich dem Ansinnen des Kaisers und legte im sogenannten Burgfrieden einstweilig alle innenpolitischen Konflikte im Deutschen Reich bei. In der Reichstagssitzung am 4. August stimmte die SPD-Fraktion der Bewilligung der für die Kriegsführung erforderlichen Kriegskredite zu.

Die sozialdemokratische Partei konnte sich dabei auf ihren Gründer August Bebel (1840–1913) berufen. Dieser hatte schon Jahre vorher erklärt, dass er bereit sei, „die Flinte auf den Buckel zu nehmen und in den Krieg gegen Rußland zu ziehen". Er betrachte Russland als „Feind aller Kultur und aller Unterdrückten nicht nur im eigenen Lande, sondern auch als den gefährlichsten Feind von Europa" und speziell der Deutschen „auf den sich in erster Linie die deutsche Reaktion" stütze.

Die Bewilligung der Kriegskredite im Rahmen des Burgfriedens wie auch die massenhafte Beteiligung an den Kriegsanleihen, hier im Sparbuch mit einem Zitat Hindenburgs aus dem Jahr 1916 unter dem Doppelporträt beworben, waren die finanzielle Voraussetzung für die deutsche Kriegsanstrengung. Das Kriegsanleihe-Sparbuch zeugt davon, dass das Sparen ein weiteres Mal gegen die objektiven Interessen der Sparer in Dienst genommen wurde. RM

Literatur:
Verhandlungen des Deutschen Reichstags. Reichtagsprotokolle 1895–1918, 1914/18,1, online: www.reichstagsprotokolle.de/Blatt_k13_bsb00003402_00013.html (abgerufen am 19.12.2017);
Protokoll über die Verhandlungen des Parteitages der Sozialdemokratischen Partei Deutschlands. Abgehalten zu Essen vom 15. bis 21. September 1907, Berlin 1907, S. 255, online: http://library.fes.de/parteitage/pdf/pt-jahr/pt-1907.pdf (abgerufen am 19.12.2017).

Gerd Hardach

SPAREN IN DER WEIMARER REPUBLIK: INFLATION, STABILISIERUNG UND KRISE 1918 BIS 1932

Die Große Inflation

Als in der Novemberrevolution Befürchtungen vor einer Enteignung der Geldvermögen aufkamen, gab die Regierung der Volksbeauftragten am 1. Dezember 1918 in der Zeitschrift des Deutschen Sparkassen-Verbandes eine beruhigende Garantie ab: „Wir beabsichtigen nicht, eine Beschlagnahme von Bank- und Sparkassenguthaben, von Vorräten an Geld oder Banknoten oder Wertpapieren oder sonstigen offenen oder geschlossenen Depots vorzunehmen.“[1] Aber nicht die Sozialisierung, sondern die Inflation bedrohte die Ersparnisse. Sparkonten, Kriegsanleihen und andere Geldvermögen wurden entwertet.

Die Ursache der Inflation waren die Defizite in den öffentlichen Haushalten. Reich, Länder und Kommunen hatten, obwohl das deutsche Volkseinkommen real niedriger als vor dem Krieg war, erhebliche Ausgaben zu leisten, darunter die Zinsen für die öffentlichen Schulden, die Kosten der Demobilisierung, die Kriegsopferversorgung und die Aufwendungen für den Ausbau der Sozialpolitik.[2] Hinzu kamen die Reparationen, die Deutschland nach dem Vertrag von Versailles zu leisten hatte. Der Gesamtbetrag der Reparationen wurde von den Alliierten 1921 auf 132 Milliarden Goldmark festgelegt. Die Goldmark war eine Verrechnungseinheit, definiert nach der Vorkriegsparität von 4,20 Mark zu einem Dollar. Mit der Fixierung in Dollar wollten die Alliierten verhindern, dass Deutschland sich durch die Entwertung der Mark seinen Reparationsverpflichtungen entzog. Ein

Anteil von 50 Milliarden Goldmark sollte sofort fällig sein, mit einer jährlichen Tilgung von 1 Prozent und einer Verzinsung von 5 Prozent. Die Zahlungen sollten in 2 Milliarden Goldmark und einer Abgabe in Höhe von 26 Prozent des Wertes der deutschen Ausfuhr nach dem Stand von 1921 bestehen. Die gesamten Leistungen beliefen sich auf 3 Milliarden Goldmark im Jahr. Die jährlichen Raten für die Verzinsung und Tilgung der übrigen 82 Milliarden Goldmark sollten davon abhängen, wie sich Deutschlands wirtschaftliche Leistungsfähigkeit entwickelte.[3]

Die Regierung der Volksbeauftragten und die folgenden, rasch wechselnden parlamentarischen Regierungen wagten in den instabilen politischen Verhältnissen der Zeit nicht, die Steuererhöhungen und Ausgabenkürzungen durchzusetzen, die zu einer Stabilisierung der öffentlichen Finanzen notwendig gewesen wären. Sie setzten stattdessen die Finanzierung der Staatsausgaben durch Kredite fort, die schon im Krieg begonnen hatte. Der Anteil der Steuern an der Finanzierung der Staatsausgaben ging weiter zurück, und da bei der raschen Geldentwertung eine Begebung von Anleihen nicht mehr möglich war, wurden die Staatsausgaben immer mehr durch kurzfristige Reichsbankkredite finanziert. Die Inflation zeigte sich an einem beschleunigten Anstieg der Preise und einem Verfall des Wechselkurses der Mark. Bezogen auf das Vorkriegsniveau des Jahres 1913 stiegen bis Februar 1920 die Großhandelspreise auf 1700 Prozent, der Dollarkurs auf 2400 Prozent. Von März 1920 bis August 1921 gelang es, das Preisniveau und den Dollarkurs der Mark zu stabilisieren.[4] Bis dahin bot die Inflation auch Vorteile. Die drückenden Schulden von Reich, Ländern und Gemeinden wurden real entwertet, und die großzügige Liquiditätsversorgung der Wirtschaft mit niedrigen Zinsen förderten Produktion und Beschäftigung. Da die Inflation die Konjunktur stützte, war Deutschland von der Weltwirtschaftskrise 1920/21 nicht betroffen.[5]

Seit 1922 entglitt die Inflation jeder Kontrolle, und im Sommer 1923 wurde die Situation unhaltbar. Die Mark verlor ihre Funktion als Geld. Sie war als Wertmaßstab, Zahlungsmittel und Wertaufbewahrungsmittel nicht mehr brauchbar. Haushalte und Unternehmen gingen immer mehr zu einer Rechnung in „Goldmark" über. Der Äquivalenzbetrag in der entwerteten Papiermark wurde nach dem aktuellen Dollarkurs berechnet.[6]

Sparen wurde in der Inflation fast unmöglich. Die Zinsen glichen nicht annähernd die Geldentwertung aus. Geldvermögen wurden von Jahr zu Jahr, dann von Monat zu Monat, schließlich in der Hyperinflation 1923 von Tag zu Tag entwertet. Löhne und Gehälter wurden so schnell wie möglich für Konsumgüter ausgegeben. Man sprach von einer „Flucht in die Sachwerte".

In der Spätphase der Inflation, als sich die Geldentwertung beschleunigte, setzte sich immer mehr die Goldmarkrechnung für Anleihen und auch für Sparkonten durch.[7] Es wurden auch wertbeständige Anleihen angeboten, die in Sachwerten definiert waren. Beliebt waren Roggenanleihen und Weizenanleihen; es gab auch Kohleanleihen und Kalianleihen. Einzelne Sparkassen boten Sparkonten in Roggeneinheiten an. Die Konten wurden in Zentnern Roggen geführt. Bei Einzahlungen oder Auszahlungen wurde aber nicht ein Sack Roggen über den Sparkassenschalter gereicht, sondern die Roggenmenge wurde zum Tagespreis in Papiermark umgerechnet.[8]

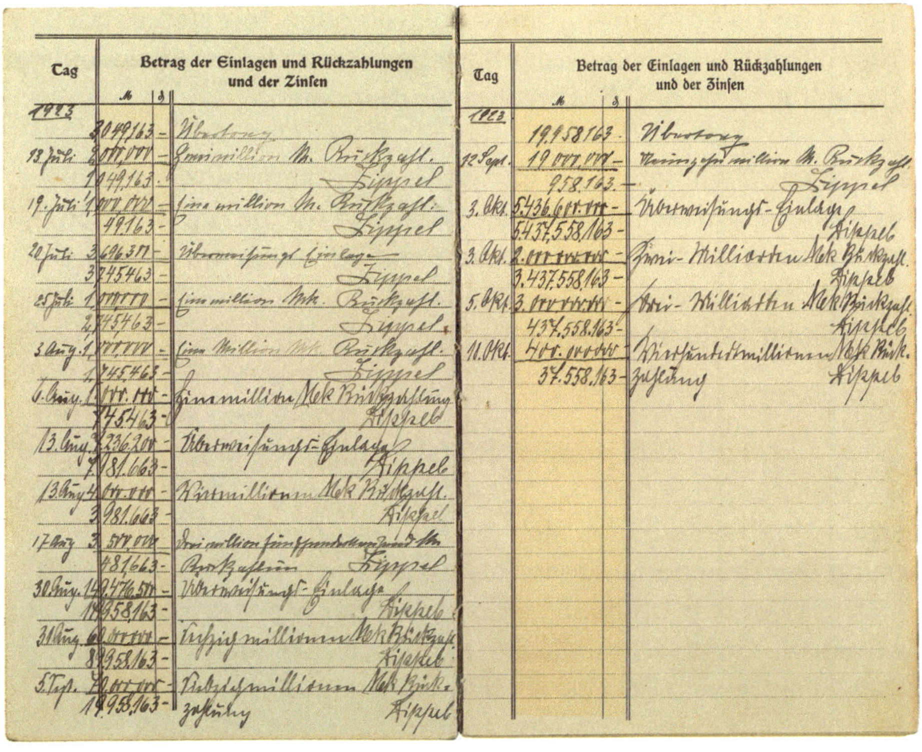

Abb. 23 Sparbuch der städtischen Sparkasse zu Görlitz mit Eintragungen aus der Inflationszeit, 1922/23, Kat.-Nr. 90

Das traditionelle Geschäftsmodell der Sparkassen, Sparguthaben zu verwalten und die Zinsen durch Hypothekenkredite, Kommunaldarlehen und andere langfristige Anlagen zu verdienen, brach als Folge der beschleunigten Geldentwertung völlig zusammen. Wenn überhaupt Geld angelegt wurde, waren es eher Giroguthaben als Sparguthaben.[9]

Die Krise des Sparens erfasste auch die Lebensversicherungen. Das Ziel der Lebensversicherungen, die von privaten Versicherungsunternehmen und öffentlich-rechtlichen Versicherungsanstalten angeboten wurden, war es, in vielen Jahren ein Kapital aufzubauen, aus dem nach dem Übergang in den Ruhestand eine Rente finanziert werden sollte. Nominal stieg das Volumen der Lebensversicherungen durch die Inflation enorm an. Real traten aber eine Reduzierung und schließlich eine völlige Entwertung der Verträge ein.[10]

Manche Haushalte legten ihr Geld in Aktien an, um sich vor der Geldentwertung zu schützen. Die Sparkassen kamen den Wünschen der Kundschaft entgegen und nahmen die Vermittlung von Wertpapieren in ihr Leistungsprogramm auf. Sie näherten sich damit weiter dem Profil regionaler Geschäftsbanken an.[11] Die Aktienanlage war aber mit erheblichen Kursrisiken verbunden.

Vorteilhaft war die Inflation für Immobilienbesitzer, wenn sie den Erwerb ihrer Immobilie mit Krediten finanziert hatten, denn durch die Geldentwertung wurden ihre Schulden getilgt. Auch die landwirtschaftlichen Betriebe wurden entschuldet, und Unternehmen konnten mit billigem Geld investieren.[12]

Die relative Stabilisierung

Im Oktober 1923 entschloss sich die Reichsregierung zu einer Sanierung der Finanzen und einer Stabilisierung der Währung. Da man nicht sicher war, ob die Stabilisierung der Mark erfolgreich sein würde, wurde als Parallelwährung die „Rentenmark" eingeführt. Der Name leitete sich daraus ab, dass die neue Währung in ein Rentenpapier einlösbar war, eine fünfprozentige Goldmarkanleihe des Reiches. Die Rentenmark sollte der Rechnungswährung Goldmark entsprechen. Sie war nur als Binnenwährung vorgesehen, das gesetzliche Zahlungsmittel blieb die Mark. Die wichtigste Aufgabe war daher, das Vertrauen in die Mark wiederherzustellen. Deren Stabilisierung gelang im November 1923 bei einem Dollarkurs von 4,2 Billionen Mark. Eine Rentenmark entsprach daher einer Billion Papiermark. Mit scharfen Sparmaßnahmen in den öffentlichen Finanzen und einer restriktiven Währungspolitik der Reichsbank gelang es, sowohl die Mark als auch die Rentenmark stabil zu halten.

Im Dawes-Plan von 1924 wurde ein Kompromiss im Streit um die Reparationen erreicht. Die jährlichen Raten sollten bis 1928/29 auf 2,5 Milliarden Goldmark steigen. Das bedeutete im Vergleich zu der Reparationsforderung, die von den Alliierten 1921 festgelegt worden war, eine deutliche Entlastung. Allerdings sollte die Zahlungsdauer, und damit der Gesamtbetrag der Reparationen, erst später festgelegt werden. Der Reparationskompromiss ermöglichte Deutschland den Anschluss an den Goldstandard, der nach dem Weltkrieg wieder errichtet wurde. Im Oktober 1924 führte das Deutsche Reich die Reichsmark als neue Währung ein, mit einer Parität von 4,20 Reichsmark zu einem Dollar. Der Umrechnungskurs betrug daher eine Billion Mark oder eine Rentenmark zu einer Reichsmark. Im Unterschied zum Goldstandard der Vorkriegszeit gab es in Deutschland aber keinen Goldumlauf mehr, sondern nur eine verbindliche Gold- und Devisenreserve der Reichsbank.[13]

Nach der Einführung der Reichsmark zeigte sich die enorme Erosion des Sparens, die durch die Große Inflation eingetreten war. Ende 1924 betrugen die Spareinlagen im deutschen Bankensystem 770 Millionen Reichsmark; das entsprach nur 3,3 Prozent der Spareinlagen von 1913. Den größten Marktanteil hatten mit 76 Prozent aller Spareinlagen nach wie vor die Sparkassen; auf die Genossenschaftsbanken entfielen 24 Prozent.[14]

Ab 1925 wurden bescheidene Aufwertungen der Geldvermögen beschlossen. Für private Anlagen reichten die Aufwertungssätze von 12,5 Prozent für Sparguthaben bis zu 15 Prozent für Hypotheken. Für Staatsanleihen, einschließlich der Kriegsanleihen, wurde mit Rücksicht auf die schwierige Finanzlage des Reiches nur ein sehr geringer Aufwertungssatz von 2,5 Prozent zugestanden.[15] Für die in Lebensversicherungen angesparten Gelder galt eine Aufwertung von 14,5 Prozent.[16]

Das „Sparwunder“

Die Währungsreform von 1923/24 schuf die Grundlage für eine wirtschaftliche Stabilisierung der Weimarer Republik. Produktion und Beschäftigung nahmen zu. 1926 gab es eine kurze Rezession, aber im folgenden Jahr setzte sich der Aufschwung fort. 1927 übertraf das reale Nettosozialprodukt pro Kopf in Deutschland erstmals das Vorkriegsniveau von 1913.[17] Wenn man dennoch vorsichtig von einer „relativen“ wirtschaftlichen Stabilisierung spricht, verweist man damit auf ungelöste Probleme: Die Arbeitslosigkeit war hoch, es gab bittere Verteilungskämpfe zwischen Kapital und Arbeit, und das Reparationsproblem war zwar aufgeschoben, aber nicht gelöst.

Die Reichsbank verfolgte eine deflationäre Politik, um den Wechselkurs der Reichsmark zu stabilisieren und den Reparationstransfer zu gewährleisten. Das hohe deutsche Zinsniveau zog ausländische Kredite an, zu einem großen Teil aus den USA. Trotz eines Importüberschusses konnte Deutschland regelmäßig die Reparationsverpflichtungen des Dawes-Plans erfüllen. Die Devisen für den Reparationstransfer wurden nicht durch Exporte verdient, sondern kamen durch die Kapitalimporte ins Land. Die Reparationszahlungen förderten die internationale Entspannungspolitik der Weimarer Republik. Am Ende hatte Deutschland aber die politischen Verpflichtungen der Reparationen in private Verpflichtungen gegenüber den ausländischen Kreditgebern eingetauscht.[18]

Nach der Stabilisierung der Währung wurde wieder in erheblichem Umfang gespart.[19] Die Optionen der Geldanlage waren wie schon in der Zeit des Kaiserreichs sozial segmentiert. Für Haushalte mit kleinem bis mittlerem Einkommen blieb das Sparbuch die bevorzugte Anlage. Die Sparer der deutschen Sparkassen kämen „fast ausschließlich aus allen Teilen des Mittelstandes und der Arbeiterschaft“, nicht aber aus der Schicht der Industriellen und Großkaufleute, hieß es in einer zeitgenössischen Analyse.[20]

Die Sparkassenwerbung verbreitete nach wie vor den Mythos vom Sparpfennig, der mit der nötigen Geduld zu einem Vermögen wachse. Der Deutsche Sparkassen- und Giroverband empfahl für die Sparkassenwerbung zwar auch neue Medien wie die Filmreklame, als bevorzugtes Werbemittel vor allem für das Kleinsparen galt aber nach wie vor die Heimsparbüchse, die von den Sparkassen an die Kundschaft verteilt wurde. Weit über ihre wirtschaftliche Funktion hinaus, Kleinstbeträge zur Anlage auf einem Sparkonto zu sammeln, galt die Spardose als ein erzieherisches Instrument, um die Tugend des Sparens im Volk zu verbreiten. Damit der Sparer oder die Sparerin nicht in Versuchung gerieten und vorzeitig auf den Inhalt zugriffen, wurde der Schlüssel in der Regel in der Sparkasse verwahrt, wo die gefüllte Spardose geleert wurde.[21]

Ein Sparkassenexperte beschrieb 1926 anschaulich die doppelte Funktion der Spardose als Geldsammel- und Erziehungsinstrument: „Auf dem Tisch des kleinen Mannes aufgestellt, ermahnt sie ihn immer und immer wieder, beizeiten einen Notpfennig fürs Alter, für Krankheitsfälle u. a. zu sparen. Der strebsame Sparer wird sich bemühen, zu jedem Termin, an dem er seine Büchse leeren lässt, immer einen höheren Betrag als ‚letztesmal' zu sparen."[22] Die Firma Hinkel empfahl den Sparkassen, eine „Spar-Uhr" an die Kundschaft zu verteilen. Die Uhr musste einmal am Tag aufgezogen werden. Um sie aufzuziehen, musste vorher ein Geldstück eingeworfen werden. In einer Anzeige werden ein Vater und seine kleine Tochter gezeigt, die eine Münze in die Sparuhr steckt. Dazu heißt es: „Das Glück im Winkel, durch die Spar-Uhr von Hinkel."[23] Die Genossenschaftsbanken förderten im Wettbewerb mit den Sparkassen das Kleinsparen. Sie verteilten Spardosen und boten Sparhefte an, in die man Sparmarken einkleben konnte.[24]

Die Geschäftsbanken kritisierten heftig, dass die Sparkassen ihr Angebot ausweiteten und sich zu regionalen Universalbanken entwickelten.[25] Im Gegenzug versuchten sie, in den traditionellen Sparkassenmarkt einzudringen, und boten Sparkonten an, auch für Kleinsparer, die sie bisher nicht als attraktive Kundschaft angesehen hatten. Die Werbung der Geschäftsbanken folgte der Sparkassenthese, dass auch kleine Beträge auf die Dauer zu stattlichen Vermögen führen würden. Ein Werbeprospekt der Deutschen Bank zeigt ein junges Paar, im Vordergrund ist ein Banksparbuch zu sehen. Der Mann erklärt seiner Frau, die aufmerksam zuhört: „Und wenn wir monatlich nur 10 RM sparen, so wird es mit Zins u. Zinseszins doch ein Kapital!"[26] Die Darmstädter und Nationalbank, bekannt unter dem Kurznamen Danatbank, reimte: „Lass Dein Spargeld nicht im Schrank – Gib's auf Zins zur Danatbank."[27]

Nur vier Jahre nach der Stabilisierung waren die Spareinlagen im deutschen Bankensystem Ende 1928 auf 9,6 Milliarden Reichsmark angewachsen; das entsprach 41 Prozent des Niveaus von 1913. Emil Hoffmann, Direktor der Berliner Stadtbank und der Sparkasse der Stadt Berlin, nannte die starke Zunahme der Spareinlagen seit der Stabilisierung ein „Sparwunder".[28] Den größten Teil der Spareinlagen zogen mit 75 Prozent weiterhin die Sparkassen an sich. Auf die Genossenschaftsbanken entfielen 21 Prozent. Die Geschäftsbanken hatten im Wettbewerb um die Gunst der Sparer immerhin einen Marktanteil von vier Prozent erreichen können.[29] Die Sparzinsen betrugen in den Jahren 1926 bis 1928 im Durchschnitt aller Bankengruppen 5 Prozent.[30]

Zwar waren die Sparkonten der Inbegriff des „Sparwunders", aber große Sparbeträge flossen auch in Wertpapiere, in Anleihen von Reich, Ländern und Gemeinden, Pfandbriefe, Industrieobligationen und Aktien. Es waren vor allem Haushalte der Oberschicht und der oberen Mittelschicht, die ihre Ersparnisse in Wertpapieren anlegten. Sie machten zwar nur einen kleinen Teil der Bevölkerung

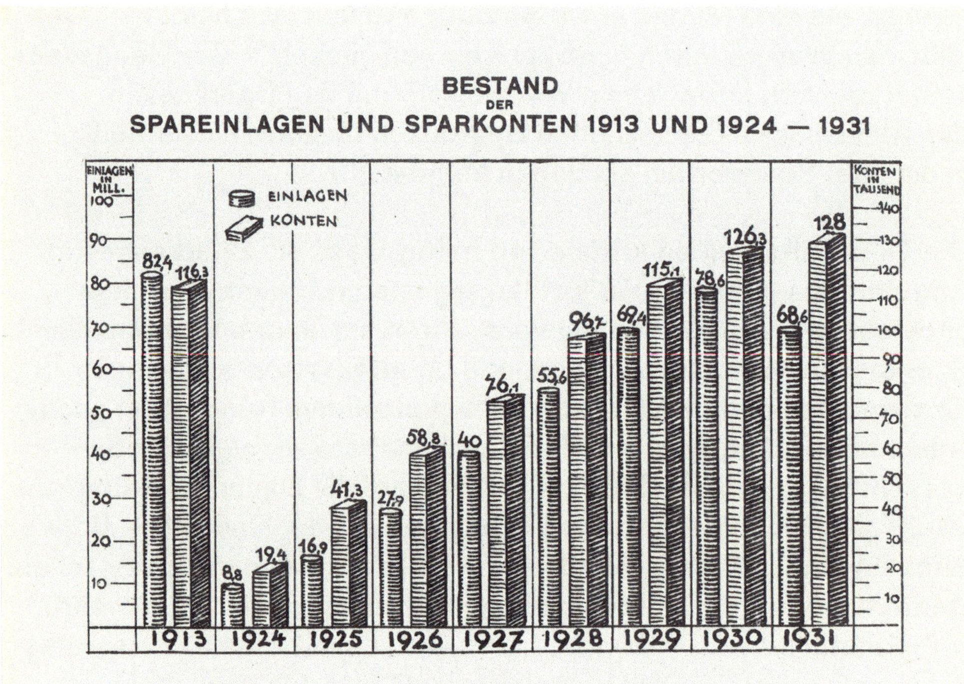

Abb. 24 Spareinlagen und Sparkonten bei der Sparkasse der Hauptstadt Hannover, aus dem Geschäftsbericht 1931, Kat.-Nr. 93

aus, aber da sie nicht nur ein hohes Einkommen, sondern auch eine hohe Sparquote hatten, kam ein erhebliches Kapital zusammen. Vor dem Krieg war das Wertpapiersparen sehr viel umfangreicher als die Anlage in Sparkonten und Lebensversicherungen gewesen. Fast zwei Drittel der Ersparnisse wurden 1913 in Wertpapiere investiert. In den Zwanzigerjahren war das Verhältnis nahezu umgekehrt. Der Grund für das veränderte Sparverhalten war der Wandel der Einkommensstruktur. Der Anteil der Kapitaleinkommen am Volkseinkommen war geringer als vor dem Krieg, und die Einkommensverteilung war insgesamt gleichmäßiger.[31]

Bei der Geldanlage in Aktien gab es auch in den wirtschaftlich relativ stabilen Jahren der Weimarer Republik ein erhebliches Kursrisiko, mit einem raschen Wechsel von Hausse und Baisse.[32] Ein zeitgenössischer Ratgeber verwies warnend auf den Börsenspruch: „Es wird nicht geläutet." An der Börse würden weder der Beginn einer Hausse, noch der Beginn einer Baisse angezeigt.[33] 1927 erreichten die Aktienkurse im Durchschnitt mit 204 Prozent des Nominalwerts einen Höchststand. Danach bröckelten die Kurse bereits wieder ab, 1928 betrug der höchste Stand nur noch 170 Prozent des Nominalwerts.[34]

Das Vertrauen in die wiedergewonnene Stabilität von Währung und Wirtschaft zeigte sich auch darin, dass neue Lebensversicherungen abgeschlossen wurden. Die Lebensversicherung war eine sehr langfristige Sparanlage, die in der Regel erst nach Jahrzehnten Erträge bringen sollte.[35] Insgesamt trug in den Jahren 1924 bis 1928 das Kontensparen 51 Prozent zur gesamten privaten Geldkapitalbildung bei, das Wertpapiersparen 38 Prozent, Lebensversicherungen 10 Prozent und das damals noch neue Bausparen ein Prozent.[36] Eine Sparoption für Haushalte mit höherem Einkommen war die Geldanlage in Immobilien. Sie war aber aufgrund der hohen Zinsen und der Wohnungsbewirtschaftung weniger attraktiv als vor dem Krieg.[37]

Das „Sparwunder" in der Phase der relativen Stabilisierung zeigt, dass die schlechten Erfahrungen in der Zeit des Krieges und der Inflation erstaunlich wenig Einfluss auf das langfristige Sparverhalten der Bevölkerung hatten. In einem zeitgenössischen Kommentar hieß es, der „Sparsinn" sei im deutschen Volk niemals erloschen; in der Inflationszeit habe es nur an sinnvollen Anlagemöglichkeiten gefehlt.[38] Offenbar war das Sparen in weiten Teilen der Bevölkerung eine habituelle Verhaltensweise, die durch wirtschaftliche Fluktuationen nur vorübergehend verdrängt wurde.

Vom Aufschwung zur Weltwirtschaftskrise

Der starke Aufschwung der deutschen Wirtschaft im Jahr 1927 hatte sich bereits 1928 abgeschwächt. 1929 trat eine Rezession ein, mit einem Rückgang von Produktion und Beschäftigung. Der New Yorker Börsenkrach vom 24. Oktober 1929 verschärfte die Krise in der Weltwirtschaft, auch in Deutschland. Reichskanzler Heinrich Brüning betrieb seit März 1930 eine prozyklische Konjunktur. Die Senkung von Löhnen und Preisen sollte eine Konjunkturwende herbeiführen.[39]

In der Krise brach der Kreislauf von Reparationen und Auslandskrediten, der die wirtschaftliche Stabilität der Weimarer Republik seit 1924 gestützt hatte, zusammen. Im Young-Plan wurde 1929 der Gesamtbetrag der Reparationen festgelegt. Die Zahlungen sollten bis 1989 dauern. Der Gegenwartswert der späten Reparationsraten war gering, wenn man sie mit dem üblichen Zinssatz diskontierte. Der Barwert der Reparationsleistungen wurde auf insgesamt 37 Milliarden Reichsmark veranschlagt. Die extrem lange Zahlungsdauer führte in Deutschland aber zu heftigen Protesten. Deutschland hatte die Reparationen mit geliehenem Geld bezahlt. Die ausländischen Kreditgeber vertrauten auf den Goldstandard. Seit dem Ende der Zwanzigerjahre sorgte der hohe Stand der Auslandsverschuldung aber für Besorgnis um die Sicherheit der Kredite. Der New Yorker Börsenkrach erschütterte vollends das Vertrauen in den internationalen Kapitalmarkt. Es wurde deutlich, dass Deutschland nicht gleichzeitig den Transfer der Reparationen und die Rückzahlung der Auslandskredite gewährleisten konnte. Auf Vorschlag des amerikanischen Präsidenten Herbert Hoover wurde im Juni 1931 ein Moratorium für politische Schulden vereinbart.[40]

In der Sparkassenwerbung war im Krisenjahr 1929 die Welt noch in Ordnung. Ein Werbeplakat aus der Zeit zeigt einen älteren Herrn, der seinem erwachsenen Sohn die Hand auf die Schulter legt und ihm rät: „Trage jeden entbehrlichen Pfennig auf die Sparkasse – und

Du gelangst zu Wohlstand.“ Im Hintergrund ist ein schmuckes Einfamilienhaus zu sehen, das offenbar die Belohnung für die Sparpfennige ist.[41] Tatsächlich ließ sich das Publikum die Freude am Sparen zunächst nicht verderben. Ende 1930 erreichten die Spareinlagen bei Sparkassen, Genossenschaftsbanken und Geschäftsbanken zusammen einen Höchststand von 14, 3 Milliarden Reichsmark.[42]

Die Bankenkrise

Im Juli 1931 brach eine Bankenkrise aus, die das deutsche Bankensystem für einige Wochen lähmte und zu einem erheblichen Vertrauensverlust in alle Finanzinstitute führte. Die Bankenkrise hatte mehrere Ursachen. Nach zwei Krisenjahren war eine Erschütterung des Finanzsystems im Grunde unausweichlich. Viele Unternehmen erlitten empfindliche Verluste, nicht selten kam es zur Zahlungsunfähigkeit. Banken, die den Aufschwung mit Investitionskrediten gefördert hatten, gerieten durch die Insolvenz ihrer Schuldner selbst in Schwierigkeiten. Hinzu kamen desaströse wirtschaftspolitische Fehler. Die Regierung verschärfte die Krise durch ihre prozyklische Politik. Die Reichsbank hielt starrsinnig an ihrer Restriktionspolitik fest, um den Goldstandard zu verteidigen, der ohnehin nicht mehr zu retten war, und verweigerte dem Bankensystem die dringend benötigte Liquidität.[43]

Abb. 25 Polizisten vor dem geschlossenen Hauptgebäude der Sparkasse der Stadt Berlin am Mühlendamm, 14./15. Juni 1931, Kat.-Nr. 99

Betrogene! Sparer!

Mittelständler, Bauern und Arbeiter!

Der Staat von Weimar hat Euch um alle Eure Ersparnisse betrogen. Recht und Gesetz haben die Regierungsparteien gebeugt, Treu und Glauben haben sie zunichte gemacht.

Mit der **Lüge Mark ist gleich Mark** operierte Herr Dr. Hans Luther, während unter der Finanzministerschaft des **Juden** und **Sozialdemokraten** Hilferding

190000 000 000 000 000 000

(190 Trillionen)

Papiermark gedruckt wurden. So versank der gesamte deutsche Sparbesitz und das gesamte deutsche Betriebskapital im Strudel der **Hochinflation**.

Der Jude, die Schieber, das Bank- und und Finanz-Kapital triumphierten über die deutsche Arbeit

Gegen diesen größten Volksbetrug der Weltgeschichte, gegen diesen Raubzug der internationalen Finanzhyänen setzten sich allein die Nationalsozialisten zur Wehr, sobald sie im Mai 1924 in den Reichstag eingezogen waren.

Im Unterausschuß des Aufwertungsausschusses forderten sie seinerzeit durch ihren Abg. Feder eine **gestaffelte, sozial gerechte Aufwertung**. Nach dem Willen und Vorschlag der Nationalsozialisten sollten aus der Konkursmasse des Inflationsbetruges zunächst die **kleinen Sparer** bis zu 5000 Mark Sparguthaben **voll aufgewertet** werden. Dann sollten die fleißigen Mittelständler, die zwischen 5000 und 50000 Mark sich erarbeitet hatten, abgestuft von 90 bis 50 Prozent Aufwertung erhalten, während für größere Vermögen eine Abstufung von 40 bis 10 Prozent vorgesehen war.

Dagegen sollten **das Lumpengesindel, die Inflationsschieber und Gauner**, die durch betrügerische Anzeigen in den Tageszeitungen den armen deutschen Witwen, Waisen, Kriegsbeschädigten, Mittelständlern, Beamten und Angestellten oft mit wenigen Dollars Millionen und Abermillionen ihres Sparbesitzes abgeschwindelt haben, **völlig enteignet** werden.

Diese nationalsozialistischen Vorschläge

wurden von den vereinigten Sozialdemokraten, Demokraten, Zentrum, Wirtschaftsparteilern, Volkspartei und den — Deutschnationalen

niedergestimmt

und die Schandgesetze genannt „Aufwertungsgesetze“ wurden beschlossen

Abb. 26 Propagandaflugblatt der NSDAP zur Reichstagswahl am 14. September 1930 mit scharfer Polemik gegen die Finanzpolitik der Weimarer Republik, 1930, recto, Kat.-Nr. 103

Am 11. Juli 1931 teilte eine der damals vier Berliner Großbanken, die Darmstädter und Nationalbank, der Regierung mit, dass sie zahlungsunfähig sei. Einen Tag später erklärte eine weitere Großbank, die Dresdner Bank, ihre Zahlungsunfähigkeit. Um einen Zusammenbruch des Bankensystems abzuwenden, übernahm das Reich eine Garantie für die Einlagen der Großbanken. Dennoch kam es am 13. Juli 1931 zum Ansturm auf Geschäftsbanken, Sparkassen und Genossenschaftsbanken. Tausende von Kunden drängten sich vor den Kassenschaltern, um die Auszahlung ihrer Guthaben zu verlangen. Viele regionale Geschäftsbanken und Privatbanken, die nicht vom Staat gestützt wurden, und auch einige Genossenschaftsbanken gingen in Konkurs.[44]

Die Situation der Sparkassen war anders. Da die Kommunen für die Sparkassen hafteten, konnten die Spargelder nicht verlorengehen. Die Sparkassen hatten die Spareinlagen aber zu einem großen Teil

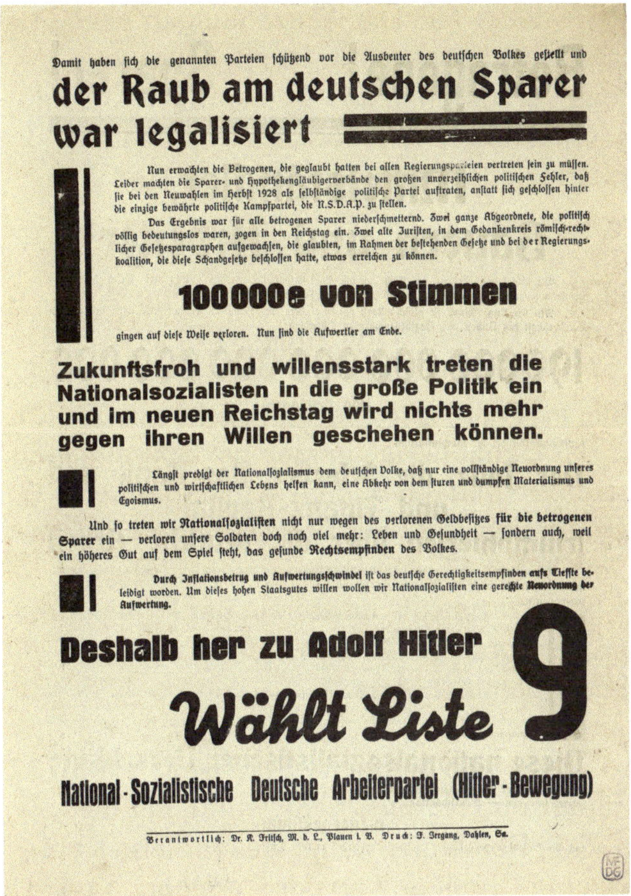

Damit haben sich die genannten Parteien schützend vor die Ausbeuter des deutschen Volkes gestellt und

der Raub am deutschen Sparer war legalisiert

Nun erwachten die Betrogenen, die geglaubt hatten bei allen Regierungsparteien vertreten sein zu müssen. Leider machten die Sparer- und Hypothekengläubigerverbände den großen unverzeihlichen politischen Fehler, daß sie bei den Neuwahlen im Herbst 1928 als selbständige politische Partei auftraten, anstatt sich geschlossen hinter die einzige bewährte politische Kampfpartei, die N.S.D.A.P. zu stellen.

Das Ergebnis war für alle betrogenen Sparer niederschmetternd. Zwei ganze Abgeordnete, die politisch völlig bedeutungslos waren, zogen in den Reichstag ein. Zwei alte Juristen, in dem Gedankenkreis römisch-rechtlicher Gesetzesparagraphen aufgewachsen, die glaubten, im Rahmen der bestehenden Gesetze und bei der Regierungskoalition, die diese Schandgesetze beschlossen hatte, etwas erreichen zu können.

100000e von Stimmen

gingen auf diese Weise verloren. Nun sind die Aufwertler am Ende.

Zukunftsfroh und willensstark treten die Nationalsozialisten in die große Politik ein und im neuen Reichstag wird nichts mehr gegen ihren Willen geschehen können.

Längst predigt der Nationalsozialismus dem deutschen Volke, daß nur eine vollständige Neuordnung unseres politischen und wirtschaftlichen Lebens helfen kann, eine Abkehr von dem sturen und dumpfen Materialismus und Egoismus.

Und so treten wir **Nationalsozialisten** nicht nur wegen des verlorenen Geldbesitzes **für die betrogenen Sparer** ein — verloren unsere Soldaten doch noch viel mehr: Leben und Gesundheit — sondern auch, weil ein höheres Gut auf dem Spiel steht, das gesunde **Rechtsempfinden** des Volkes.

Durch Inflationsbetrug und Aufwertungsschwindel ist das deutsche Gerechtigkeitsempfinden **aufs Tiefste** beleidigt worden. Um dieses hohen Staatsgutes willen wollen wir Nationalsozialisten eine gerechte **Neuordnung der Aufwertung.**

Deshalb her zu Adolf Hitler

Wählt Liste 9

National-Sozialistische Deutsche Arbeiterpartei (Hitler-Bewegung)

Verantwortlich: Dr. K. Fritsch, M. d. L., Plauen i. V. Druck: J. Jergang, Dahlen, Sa.

Abb. 27 Propagandaflugblatt der NSDAP zur Reichstagswahl am 14. September 1930 mit scharfer Polemik gegen die Finanzpolitik der Weimarer Republik, 1930, verso, Kat.-Nr. 103

langfristig in Hypothekenkrediten und Kommunaldarlehen angelegt, sodass sie nicht über die liquiden Mittel verfügten, um bei dem Ansturm der Kunden und Kundinnen die verlangten Auszahlungen zu leisten. In einigen Regionen, namentlich im Rheinland und in Westfalen, wurde die Lage der Sparkassen durch ähnliche Engpässe bei den Girozentralen verschärft, bei denen die Sparkassen einen Teil ihrer Liquiditätsreserven angelegt hatten. Die Rheinische Landesbank und die Westfälische Landesbank hatten die Gelder, die sie in ihrer Funktion als Girozentralen erhielten, in erheblichem Umfang als Kommunalkredite ausgeliehen. Sie konnten ihren Mitgliedssparkassen daher die Liquiditätsreserven nicht kurzfristig auszahlen.[45]

Die Reichsregierung erklärte den 14. und 15. Juli zu Bankfeiertagen, an denen keine Bank- oder Börsengeschäfte stattfinden durften. Am 15. Juli 1931 wurde der Goldstandard suspendiert und eine Devisenbewirtschaftung eingeführt. Ab dem 16. Juli nahmen die

Kreditinstitute ihre Tätigkeit wieder auf. Die Auszahlungen blieben zunächst noch auf kleine Beträge beschränkt. Durch die staatliche Intervention kehrte das Vertrauen in das Bankensystem bald zurück. Im August 1931 konnten Geschäftsbanken, Sparkassen und Genossenschaftsbanken wieder den uneingeschränkten Zahlungsverkehr aufnehmen.

Die Bankenkrise vom Juli 1931 verschärfte die allgemeine Wirtschaftskrise. Von 1928 bis zum Tiefpunkt der Krise 1932 ging in Deutschland das reale Nettosozialprodukt um 24 Prozent zurück. Die Arbeitslosenquote stieg im Jahresdurchschnitt 1932 auf 33 Prozent.[46] Unter dem Einfluss der Bankenkrise gingen die Spareinlagen in Sparkassen, Genossenschaftsbanken und Geschäftsbanken 1931 auf 13,2 Milliarden Reichsmark und 1932 auf 13,0 Milliarden Reichsmark zurück.[47] Aktionäre, die in der Phase der relativen Stabilisierung auf steigende Kurse gesetzt hatten, erlitten in der Krise herbe Verluste. 1932 fielen die Aktienkurse im Durchschnitt auf einen Tiefstand von 48 Prozent des Nominalwerts.[48]

Als Folge der Bankenkrise wurde das deutsche Bankwesen 1931/32 reorganisiert. Die Darmstädter und Nationalbank wurde mit der Dresdner Bank fusioniert. Das Reich übernahm wesentliche Beteiligungen an der neuen Dresdner Bank und an der Commerz- und Privatbank. Die dritte Berliner Großbank, die Deutsche Bank, wurde durch eine Beteiligung der Deutschen Golddiskontbank, einer Tochtergesellschaft der Reichsbank, gestützt.[49] Die Reichsregierung verpflichtete mit der Notverordnung vom Oktober 1931 die Länder zu einer einheitlichen Sparkassenreform. Die kommunalen Sparkassen sollten von der Verwaltung der Städte und Landkreise getrennt werden und in eigenständige Institute umgewandelt werden. Die kommunale Trägerschaft und die Gewährträgerhaftung der Städte und Landkreise blieben aber bestehen.[50]

Die Erfahrungen in der Zeit der Weimarer Republik bestätigen, dass das Sparen für die meisten privaten Haushalte eine Grunddisposition war, die schon Kindern und Jugendlichen als Tugend vermittelt wurde und entsprechend positiv besetzt war. Die Erosion der Ersparnisse in Krieg und Inflation und der Rückgang der Realeinkommen in der Weltwirtschaftskrise haben das Sparen nur vorübergehend beeinträchtigt.

1 *Sparkasse*, 1. Dezember 1918, S. 285.

2 Carl-Ludwig Holtfrerich, *Die deutsche Inflation 1914–1923. Ursachen und Folgen in internationaler Perspektive*, Berlin 1980, S. 126–135.

3 Carl Bergmann, *Der Weg der Reparation. Von Versailles über den Dawesplan zum Ziel*, Frankfurt/M. 1926, S. 88–105.

4 Statistisches Reichsamt, *Zahlen zur Geldentwertung in Deutschland 1914 bis 1923*. Sonderheft zu Wirtschaft und Statistik, 5. Jg., Sonderheft 1, Berlin 1925, S. 5.

5 Holtfrerich, *Die deutsche Inflation*, S. 193–217.

6 Ebd., S. 307–311.

7 „Wertbeständige Spareinlagen", in: *Sparkasse*, 28. Februar 1923, S. 81f.

8 Marquardt, „Wertbeständige Anlagemöglichkeiten", in: *Sparkasse*, 7. Februar 1923, S. 48–50; Laue, „Eine mündelsichere Festmarksparkasse der Stadt Zoppot", in: *Sparkasse*, 30. Januar 1923, S. 38–39.

9 Künzer, „Die deutschen Sparkassen an der Jahreswende", in: *Sparkasse*, 3. Januar 1924, S. 1–2.

10 Peter Borscheid, *Mit Sicherheit leben. Die Geschichte der deutschen Lebensversicherungswirtschaft und der Provinzial-Lebensversicherungsanstalt von Westfalen*, 2 Bde., Münster 1989, Bd. 1, S. 96–106.

11 Carl-Ludwig Holtfrerich, „Auswirkungen der Inflation auf die Struktur des deutschen Kreditgewerbes", in: Gerald Feldman/Elisabeth Müller-Luckner (Hg.), *Die Nachwirkungen der Inflation auf die deutsche Geschichte, 1924–1933*, München 1985, S. 187–209.

12 Holtfrerich, *Die deutsche Inflation*, S. 269–277.

13 Gerd Hardach, *Weltmarktorientierung und relative Stagnation. Währungspolitik in Deutschland 1924–1931*, Berlin 1976, S. 10–50.

14 Deutsche Bundesbank (Hg.), *Deutsches Geld- und Bankwesen in Zahlen 1876–1975*, Frankfurt 1976, S. 74, 102.

15 Holtfrerich, *Die deutsche Inflation*, S. 315–327.

16 Borscheid, *Mit Sicherheit leben*, S. 110.

17 Walther G. Hoffmann et al., *Das Wachstum der deutschen Wirtschaft seit der Mitte des 19. Jahrhunderts*, Berlin 1965, S. 172–174, 825–828.

18 Hardach, *Weltmarktorientierung*, S. 51–98; Albrecht Ritschl, *Deutschlands Krise und Konjunktur 1924–1934. Binnenkonjunktur, Auslandsverschuldung und Reparationsproblem zwischen Dawes-Plan und Transfersperre*, Berlin 2002.

19 Günther Keiser/Bernhard Benning, „Kapitalbildung und Investitionen in der deutschen Volkswirtschaft 1924 bis 1928", in: *Vierteljahrshefte zur Konjunkturforschung*, Sonderheft 22, Berlin 1931.

20 Fritz Vogt, „Der Kreis der Einleger", in: Heinrich Höpker (Hg.), *Die deutschen Sparkassen, ihre Entwicklung und Bedeutung*, Berlin 1924, S. 88.

21 Josef Hoffmann/Heinz Lüdicke, *Der Pfennig muß es bringen. Leitgedanken und Wege der Sparkassenwerbung*, Berlin 1926.

22 Hoffmann, „Sparkassen", in: *Handwörterbuch der Staatswissenschaften*, hrsg. von Ludwig Elster et al., 4. Aufl., Bd. 7, Jena 1926, S. 680.

23 *Sparkasse*, 1. Juli 1930.

24 Arnd Holger Kluge, *Geschichte der deutschen Bankgenossenschaften. Zur Entwicklung mitgliederorientierter Unternehmen*, Frankfurt/M. 1991, S. 206–210.

25 Hans Pohl, „Die Sparkassen vom Ausgang des 19. Jahrhunderts bis zum Ende des Zweiten Weltkriegs", in: Hans Pohl et al., *Wirtschafts- und Sozialgeschichte der deutschen Sparkassen im 20. Jahrhundert*, Stuttgart 2005, S. 92–98.

26 Lothar Gall et al., *Die Deutsche Bank 1870–1995*, München 1995, Bildteil, S. 218–219.

27 Johannes Bähr, „Die deutsche Bankenkrise 1931", in: Johannes Bähr/Bernd Rudolph, *Finanzkrisen 1931, 2008*, München 2011, S. 65.

28 Emil Hoffmann, *Vom Spartopf zur Sparkasse. Ein Kapitel vom Sparen und Bewahren*, Berlin 1928, S. 5.

29 Deutsche Bundesbank (Hg.), *Deutsches Geld- und Bankwesen*, S. 74, 76, 102, 102.

30 Deutsche Bundesbank (Hg.), *Deutsches Geld- und Bankwesen*, S. 261.

31 Alfred Kurz, *Strukturwandlungen am deutschen Rentenmarkt*, Berlin 1939, S. 116.

32 Eugen Blum, *Die deutschen Kreditmärkte seit der Stabilisierung*, Berlin 1929, S. 158–168.

33 Johann Schäfer, *Kapital- und Sparanlagen*, Berlin 1924 (Ratschläge für zweckmäßiges Sparen), S. 115.

34 Untersuchungsausschuß für das Bankwesen (Hg.), *Untersuchung des Bankwesens 1933*, Teil 2, Berlin 1934, S. 468.

35 Borscheid, *Mit Sicherheit leben*, S. 115–127.

36 Heinz Osthues, *Einkommensverhältnisse und private Geldkapitalbildung in Westdeutschland 1925–1953*, Berlin 1957, S. 163.

37 Paul Albus, *Die Finanzierung des Wohnungsbaus in Deutschland in der Zeitspanne von 1924 bis 1931 unter besonderer Berücksichtigung der Finanzierung durch die Kreditinstitute*, Würzburg 1935.

38 Künzer, „Die deutschen Sparkassen an der Jahreswende", in: *Sparkasse*, 3. Januar 1924, S. 2.

39 Jan-Otmar Hesse et al., *Die Große Depression. Die Weltwirtschaftskrise 1929–1939*, Frankfurt/M./New York 2014, S. 53–78.

40 Hardach, *Weltmarktorientierung*, S. 98–116.

41 Pohl, *Sparkassen*, S. 114.

42 Deutsche Bundesbank (Hg.), *Deutsches Geld- und Bankwesen*, S. 74.

43 Bähr, *Die deutsche Bankenkrise 1931*, S. 15–78.

44 Untersuchungsausschuß für das Bankwesen (Hg.), *Untersuchung 1933*, Teil 2, S. 9; Kluge, *Bankgenossenschaften*, S. 68–70.

45 Pohl, *Sparkassen*, S. 138–150.

46 Hesse et al., *Die Große Depression*, S. 55–56.

47 Deutsche Bundesbank (Hg.), *Deutsches Geld- und Bankwesen*, S. 74.

48 Untersuchungsausschuß für das Bankwesen (Hg.), *Untersuchung 1933*, Teil 2, S. 468.

49 Bähr, *Die deutsche Bankenkrise 1931*, S. 13–142.

50 Pohl, *Sparkassen*, S. 145–147.

Sparkassen-Rundschau
Belehrendes und Unterhaltendes
Diese Zeitschrift erscheint halbmonatlich und wird an den Sparkassen-Schaltern kostenlos abgegeben
Nummer 6
Mitte März
Jahrgang 1930
1 MARK 1924
DU
WÜNSCHST DIR EIN HAUS?
SPARE!

Abb. 28 Titelblatt der Kundenzeitschrift Sparkassen-Rundschau, Heft Nr. 6, Berlin 1930, Historisches Archiv des Ostdeutschen Sparkassenverbandes Berlin, Kat.-Nr. 108

Die Hyperinflation im Jahr 1923 traf die traditionellen Mittelschichten besonders hart. Deren Ersparnisse – zumeist als Altersvorsorge oder zur Absicherung der Ausbildung der Kinder vorgesehen – wurden entwertet. Damit verbunden drohte der soziale Abstieg. Viele Menschen der Mittelschicht machten hierfür das neue politische System verantwortlich. Als Reaktion entstanden kleinbürgerliche Selbsthilfegemeinschaften, wie etwa die ersten Bausparkassen. Ihre Sparmodelle zielten darauf ab, den Sparern durch kollektives Sparen eine individuelle Lösung ihres Wohnungsproblems zu ermöglichen. Die ersten beiden, bald erfolgreichen Bausparkassen waren die 1924 von Georg Kropp (1865–1943) in Wüstenrot gegründete Gemeinschaft der Freunde (GdF) und die 1925 von Ludwig Heilmann (1878–unbek.) initiierte Deutsche Bau- und Siedlungsgemeinschaft (DBS) in Darmstadt. Gründete Kropp die GdF aus einer christlichen Motivation heraus, so orientierte sich Heilmann in der Gründungszeit der DBS inhaltlich wie sprachlich an der antisemitischen Ideenwelt Gottfried Feders (1883–1941), dem „Wirtschaftsprogrammatiker" der NSDAP. Heilmann, der in den 1920er Jahren zeitweilig ebenfalls Mitglied der NSDAP war, galt der hohe Zins als Ursache der Wohnungsnot. Feder hatte schon 1919 das *Manifest zur Brechung der Zinsknechtschaft des Geldes* (Kat.-Nr. 114) veröffentlicht, dessen Titel Vorlage für einen der 25 Punkte im Parteiprogramm der NSDAP von 1920 wurde. Als Ursache gesellschaftlicher Probleme wurde hier die Zinspraxis eines vermeintlich raffenden „Großleihkapitals" identifiziert, dem die schaffende Arbeit entgegengesetzt sei – ein Grundmotiv des Antisemitismus. Heilmann vermied später im Geschäftsbetrieb der DBS jede offene Bezugnahme auf die NSDAP und Feder führte aber eine zinsfreie Darlehensvergabe bei der DBS ein. Sowohl Kropp als auch Heilmann verließen bald im Unfrieden die von ihnen gegründeten Bausparkassen.

Die Sparkassen reagierten auf diese Konkurrenz bei den nur in verhältnismäßig geringem Umfang verfügbaren langfristigen Spareinlagen zunächst auf der Ebene der lokalen Sparkassen, im Jahr 1929 dann mit der Gründung der öffentlichen Bausparkassen auf Länder- und Provinzebene. Die Ausgabe der *Sparkassen-Rundschau* vom März 1930 wirbt für das Bausparen bei den Sparkassen. RM

Literatur:

Martin L. Müller, *Bausparen in Deutschland zwischen Inflation und Währungsreform 1924–1948. Wohnungsbaufinanzierung im Spannungsfeld zwischen Staat und privaten und öffentlichen Bausparunternehmen*, München 1999.

Johannes Bähr

„DEIN SPAREN HILFT DEM FÜHRER." SPAREN IN DER ZEIT DES NATIONALSOZIALISMUS

In der Geschichte des Sparens in Deutschland nehmen die Jahre 1933 bis 1945 eine besondere Stellung ein. Zu keinem anderen Zeitpunkt wurde das Sparen so unmittelbar in den Dienst der Politik gestellt. Dies gilt nicht nur in Bezug auf die Wirtschafts- und Finanzpolitik, sondern auch für die ideologische Durchdringung der deutschen Gesellschaft und für Konsumversprechen der Partei- und Staatsführung. Behörden und Sparkassenverbände gaben das Sparen gern als Vertrauensbeweis für Hitler und seine Politik aus.[1]

In der Zeit des Nationalsozialismus nahmen die Spareinlagen stark zu, von 13 Milliarden Reichsmark im Jahre 1932 auf 97 Milliarden im Jahre 1944.[2] Dabei sind zwei Phasen voneinander zu unterscheiden. Bis zum Beginn des Zweiten Weltkrieges stieg das Sparvermögen in viel geringerem Maße an als während des Krieges. Dieser Beitrag möchte zeigen, wie sich das Sparen im „Dritten Reich" entwickelte und warum es für die Machthaber so wichtig war. Doch soll auch auf die Motive der Sparer eingegangen werden. Warum zahlten die Deutschen damals so viel Geld auf Sparkonten ein wie nie zuvor? Handelte es sich tatsächlich um eine politische Willensbekundung oder gab es andere Gründe?

Die Bedeutung des Sparens für das nationalsozialistische Regime

Schon im Frühjahr 1933 gelang es den Nationalsozialisten, die Sparwerbung in den Dienst ihrer Propaganda zu stellen. Das Sparen wurde nun zum Dienst an der Nation erklärt. Es sollte nicht länger nur individuellen Zielen der Sparer, der Absicherung gegen Risiken und der Erfüllung von Konsumwünschen, dienen. Damit einher ging die „Gleichschaltung" der Sparkassenorganisation, auf die knapp 80 Prozent aller Spareinlagen entfielen.[3] Als öffentlich-rechtliche Geldinstitute unterlagen die Sparkassen unmittelbar dem Zugriff der Politik, in ihren Leitungsgremien saßen nun einflussreiche Nationalsozialisten. Unter Hitlers Gefolgsleuten genoss das „bodenständige" Geschäftsmodell der Sparkassen große Sympathien. Das Gemeinnützigkeitsprinzip, dem die Sparkassen verpflichtet waren, konnten die Nationalsozialisten leicht mit ihrem Leitbegriff der „Volksgemeinschaft" verbinden. In der deutschen Tugend des Sparens sahen die Ideologen der Partei einen Gegenpol zum verhassten „Liberalismus" des „Finanzkapitals".[4]

Die Sparkassenorganisation stellte sich bereitwillig in den Dienst dieser Ideologie. Im Mai 1933 schrieb die *Deutsche Sparkassen-Zeitung*: „Spargedanke und Volksgedanke haben, vom erzieherischen Standpunkt aus gesehen, die große gemeinsame Triebkraft. Beide wollen durch Überwindung des Kleineren, des augenblicklich Lockenden, durch Opferung des Egoistischen einem größeren Zweck dienen, aus Verzicht und Opfer den großen Erfolg."[5] Noch im gleichen Jahr wurde der am 30. Oktober begangene Weltspartag in Nationaler Spartag umbenannt. Zum Spartag 1935 erklärte Reichswirtschaftsminister Hjalmar Schacht: „Sparen ist Pflichterfüllung für unser Volk, für uns selbst und für unsere Kinder."[6]

Die Werbung der Sparkassen und die offizielle Sparpropaganda beschränkten sich freilich nicht auf Appelle an die nationale Pflichterfüllung. Auch im „Dritten Reich" hatten die Sparer individuelle Ziele im Blick. Die Sparkassen warben daher weiterhin mit der Aussicht auf Konsum und Wohlstand. „Mit Sparen fängt Dein Wohlstand an!" stand auf den Sparbüchern, die 1937 von der Kieler Leih- und Sparkasse ausgegeben wurden.[7] Die Konsumorientierung der Sparer zeigte sich besonders deutlich, als die Sparneigung im zweiten Halbjahr 1936 vorübergehend zurückging und der Umsatz des Einzelhandels erheblich zunahm. Viele Sparer entschlossen sich damals in einer Art Torschlusspanik zu einem raschen Kauf, da der von Hitler im September 1936 verkündete Vierjahresplan eine Konzentration der Investitionen auf die Rüstungsindustrie vorsah.[8]

Nach Inkrafttreten des Vierjahresplans und Verkündung eines Preisstopps ging der Konsum zurück. Dem Sparen kam nun die Aufgabe zu, die überschüssige Kaufkraft der Bevölkerung abzuschöpfen. Die Aussicht auf Wohlstand wurde zu einem Versprechen für die weite Zukunft.

Abb. 29 Faltblatt „Deutsche Art bewahrt, Wer arbeitet und spart!“, um 1938, Kat.-Nr. 118

Seit 1935 hatte das Sparen bereits eine bedeutende Funktion für die Finanzierung eines der wichtigsten Ziele Hitlers: der Aufrüstung für einen Angriffskrieg. Reichswirtschaftsminister Schacht hatte für die Rüstungsfinanzierung ein Verfahren der „geräuschlosen“ Emission von Anleihen und Schatzwechseln des Reichs eingeführt. Sparkassen, Banken, Versicherungen und Sozialversicherungsträger waren gesetzlich verpflichtet, Einlagen ihrer Kunden in Staatspapieren anzulegen. Je mehr die Spareinlagen zunahmen, umso mehr Kapital konnte durch „geräuschlose“ Emissionen in die Rüstungsfinanzierung fließen.[9] Zugleich wurde der Kauf von Aktien und Immobilien reglementiert; der Transfer von Kapital ins Ausland war schon seit der Bankenkrise von 1931 genehmigungspflichtig. Den Sparkassen blieben durch diese Kapitallenkung immer weniger Möglichkeiten, die hereinströmenden Spargelder rentabel anzulegen, da ihr Kreditgeschäft stagnierte. Um die Zinsen zu erwirtschaften, mussten sie einen zunehmend größeren Teil der Spareinlagen in Staatspapieren anlegen, mit denen dann die Aufrüstung finanziert wurde. 1939 lag der Bestand an Staatspapieren in den deutschen Sparkassen bereits bei 24 Prozent der Bilanzsumme und rund 30 Prozent der Spareinlagen.[10]

Abb. 30 Sparkarte der Bank der Jüdischen Selbstverwaltung im Ghetto Theresienstadt, März 1945, Kat.-Nr. 143

Die Bank wurde im Ghetto Theresienstadt zu Propagandazwecken eingerichtet.

Das Verfahren der „geräuschlosen" Rüstungsfinanzierung hatte seinen Hintergrund in den Erfahrungen aus dem Ersten Weltkrieg. Damals waren die Deutschen mit viel patriotischer Werbung dazu gebracht worden, Kriegsanleihen zu zeichnen, die schließlich wertlos wurden. Hitler und Schacht rechneten damit, dass die Bevölkerung nach dieser Erfahrung nicht bereit war, ihre Ersparnisse erneut in Anleihen für die Rüstungs- und Kriegsfinanzierung zu investieren. Die „geräuschlose" Rüstungsfinanzierung vollzog sich daher hinter dem Rücken der Bevölkerung. Die Sparer erfuhren nicht, in welchem Umfang ihre Einlagen in Staatsanleihen angelegt wurden und waren auch über das Ausmaß der Staatsverschuldung nicht im Bild. Sie zahlten im Glauben ein, dass ihre Spareinlagen bei den Sparkassen und Banken in guten Händen waren.

Diese Erwartung konnten die jüdischen Sparer nicht teilen. Sie waren durch die erlassenen Sicherungsanordnungen immer weniger in der Lage, über ihre Guthaben zu verfügen. Durch die im November 1938 verhängte Judenvermögensabgabe wurde ihnen ein erheblicher Teil des Vermögens geraubt, ihre Sparbücher wurden mit einem besonderen Stempel gebrandmarkt. Nach Beginn der Deportationen im Herbst 1941 verfiel das gesamte Vermögen der Juden dem Reich. Die Sparkonten wurden von den Oberfinanzpräsidien eingezogen.[11]

Sondersparaktionen

Ein Merkmal des Sparens im „Dritten Reich" waren politisch gewünschte Sondersparinitiativen. Als erste derartige Aktion wurde 1934 das Reisesparen eingeführt, bei dem der Deutsche Sparkassen- und Giroverband mit der Nationalsozialistischen Gemeinschaft „Kraft durch Freude" (KdF), einer Freizeitorganisation der Deutschen Arbeitsfront, zusammenarbeitete. Durch einen monatlichen Sparbetrag von 2 Reichsmark erwarben die Reisesparer nach 80 Wochen einen Anspruch, an einer der beliebten, stark subventionierten KdF-Reisen teilzunehmen. Bis zum Frühjahr 1937 wurden auf die Reisesparkonten 6 Millionen Reichsmark eingezahlt. Bedenkt man, dass jährlich rund 1 Million Deutsche an KdF-Reisen teilnahmen, dann spricht dies nicht für eine hohe Akzeptanz. Doch hatte das Reisesparen einen beträchtlichen propagandistischen Wert.[12]

Als Fehlschlag erwies sich dagegen das 1935 eingeführte Olympiasparen. Nur wenige waren bereit, auf Eintrittskarten für die Olympischen Spiele in Berlin oder für Fußballspiele zu sparen. Auch das Deutsche Bauernsparbuch – ein Angebot für Kinder von Landwirten, die nach den Anerbenbestimmungen des Reichserbhofgesetzes vom angestammten Hof weichen mussten – konnte sich nicht durchsetzen.[13] Das „Arbeitsdank"-Sparbuch, auf das Angehörige des Reichsarbeitsdienstes für die Zeit nach ihrem Ausscheiden Einzahlungen leisten konnten, wurde mit Auflösung des Vereins Arbeitsdank im Jahre 1937 eingestellt.[14]

Erfolgreicher war das Schulsparen, das sich auf die seit dem Kaiserreich verbreiteten Schulsparkassen stützen konnte. In mehreren Erlassen des Reichserziehungsministeriums wurden die Lehrer aufgefordert, diese Sparform zu fördern.[15] Mit Parolen wie „Dein Sparen hilft dem Führer" wurden die Spargroschen von Schulkindern ideologisch vereinnahmt.[16] Die Zahl der aktiven Schulsparer stieg bis 1938 auf 3,5 Millionen, das war etwas mehr als ein Drittel aller Schülerinnen und Schüler. Die Einnahmen aus dem Verkauf der Schulsparmarken erhöhten sich zwischen 1934 und 1938 von 3 Millionen Reichsmark auf knapp 16,7 Millionen Reichsmark.[17] Eine eigene Sparform wurde 1937 für die Hitler-Jugend eingeführt, in der mehr als 90 Prozent aller männlichen Jugendlichen zwischen 10 und 18 Jahren organisiert waren. Das HJ-Sparen diente vor allem der Finanzierung von Ausflügen und Lagerfahrten.[18] Praktisch handelte es sich mehr um einen Sonderbeitrag als um eine Sparleistung. Für die Belegschaften von Unternehmen – die in der Diktion der Nationalsozialisten als „Gefolgschaft" bezeichnet wurden – wurde ab 1938 ein Gefolgschaftssparen angeboten. Diese Sparform breitete sich erst nach Kriegsbeginn aus, da sie die Auflösung der bisherigen Werkssparkassen voraussetzte. Die erfolgreichste Sondersparaktion blieb das Heimsparen mit Heimsparbüchsen, wie sie von den Sparkassen, Genossenschaftsbanken und einigen Großbanken seit den 1920er Jahren ausgegeben wurden. Die Sparkassen erhielten allein im Jahre 1938 aus den 3,1 Millionen Heimsparbüchsen Einlagen in Höhe von 34,3 Millionen Reichsmark.[19]

Volkswirtschaftlich waren die Beträge aus den Sondersparaktionen bedeutungslos. Weder die Behörden noch die Sparkassen dürften geglaubt haben, dadurch in nennenswertem Umfang Kapital einsammeln zu können. Selbst auf das Heimsparen entfielen 1938 nur 0,5 Prozent aller bei den deutschen Sparkassen eingezahlten Spareinlagen. Auch als „Zuckerbrot" für die Sparer[20] waren Aktionen wie das KdF-Reisesparen wegen des geringen Umfangs nicht sehr wirkungsvoll. Für die Sparkassen machte die personal- und kostenaufwändige Bearbeitung der Kleinsparbeträge dennoch einen Sinn, weil die Sondersparaktionen aus ihrer Sicht einen erzieherischen Auftrag hatten. Im Jahresbericht 1937 des Deutschen

Sparkassen- und Giroverbands heißt es dazu: „Der heranwachsende Mensch soll durch alle Abschnitte seines Lebensweges, durch Schule, Wehrdienst und Beruf, von seiner Sparkasse begleitet und betreut werden.“[21] Ähnlich sahen es wohl die zuständigen Behörden und Parteidienststellen. Begleitend zur nationalsozialistischen Erziehung in der Hitler-Jugend, im Bund Deutscher Mädel und im Reichsarbeitsdienst sollte eine durchgehende Erziehung zum Sparen stattfinden.

Abb. 31 Fritz Heidrich, Ansicht des 1000. Kübelwagens, der militärischen Version des KdF-Wagens, 20. Dezember 1940, Kat.-Nr. 132

Während die traditionellen Formen des Kleinsparens, das Schulsparen und das Heimsparen, im „Dritten Reich“ mit wachsender Akzeptanz propagiert werden konnten, war dies bei den neuen, in Verbindung mit nationalsozialistischen Massenorganisationen durchgeführten Sondersparaktionen nicht der Fall. Die Sparer wussten zwischen Geldinstituten und Massenorganisationen zu unterscheiden. Auch die Angehörigen des Reichsarbeitsdienstes sparten lieber direkt bei den Sparkassen als über das Sparwerk Arbeitsdank. Auf die zur Deutschen Arbeitsfront gehörende Bank der Deutschen Arbeit entfielen 1939 lediglich 0,3 Prozent aller Spareinlagen.[22]

Ein spezieller Fall war das Sparen auf den KdF-Wagen, den späteren VW-Käfer. Wenige Monate vor der Einführung dieser Sondersparaktion am 1. August 1938 war der Grundstein für das Volkswagenwerk gelegt worden. Kaufinteressenten konnten nun mit Sparmarken im Wert von mindestens 5 Reichsmark pro Woche für den KdF-Wagen sparen, obwohl es dieses Auto noch gar nicht gab. Der stark subventionierte Preis des Fahrzeugs betrug 990 Reichsmark. Davon musste ein Betrag von 750 Reichsmark angespart werden, der Rest konnte nach dem Kauf abgezahlt werden. Das eingezahlte Geld wurde treuhänderisch von der Deutschen Arbeitsfront verwaltet, zu der die Organisation KdF gehörte. Entgegen der offiziellen Propaganda kam der KdF-Wagen nicht als ein „Volkswagen" für die Arbeiterschaft in Betracht. Bei den KdF-Sparern handelte es sich überwiegend um vergleichsweise gut situierte Mittelständler. Facharbeiter, deren Tariflöhne damals bei weniger als 80 Pfennig/Stunde lagen, konnten es sich nicht leisten, jede Woche für 5 Reichsmark Sparmarken zu erwerben. Ende 1939 sparten bereits 273 000 Kaufinteressenten für einen KdF-Wagen, doch dann brachen die Neuabschlüsse beim Volkswagensparen ein, da die Fertigung des Werks auf Kübelwagen für die Wehrmacht und andere Rüstungsgüter umgestellt wurde. Bis Kriegsende verließ kein einziges ziviles Fahrzeug das Werk in der Stadt des KdF-Wagens, dem heutigen Wolfsburg. Das angesparte Geld der insgesamt rund 340 000 Volkswagensparer, ein Betrag von 275 Millionen Reichsmark, war verloren.[23]

Die Ursachen des Spareinlagenwachstums bis Kriegsbeginn

Der Anstieg des Sparvermögens in den Jahren nach 1933 führt leicht zu der Annahme, dass die Sparpropaganda des Regimes recht erfolgreich war. Blickt man auf die längerfristige Entwicklung und das wirtschaftliche Umfeld, dann ergibt sich ein anderes Bild. Das vor dem Ersten Weltkrieg in Deutschland angesparte Vermögen war durch die Hyperinflation von 1922/23 weitgehend vernichtet worden. Durch diesen Rückschlag lag das Sparvermögen auch am Ende der Weimarer Republik erst bei 40 Prozent des Vorkriegsstands. Es war daher nur naheliegend, dass das Spargeschäft weiter zunehmen würde, sobald die Weltwirtschaftskrise der frühen 1930er Jahre überwunden war. Die Berliner Sparkasse konnte im September

1932 – vier Monate vor der Machtübergabe an Hitler – erstmals seit Beginn der Weltwirtschaftskrise wieder einen ansehnlichen Einlagenzuwachs verzeichnen.[24] Damals setzte ein wirtschaftlicher Aufschwung ein, der dann durch die Rüstungskonjunktur des „Dritten Reichs" noch verstärkt wurde. Im Verlauf dieses Aufschwungs näherte sich das Sparvermögen in Deutschland wieder dem Stand an, der vor dem Ersten Weltkrieg erreicht worden war. Man muss hier von einer Aufholbewegung nach einer schweren Störung sprechen, die in ähnlicher Form auch unter einem anderen politischen System stattgefunden hätte.

Die Zunahme der Spareinlagen zwischen 1933 und 1939 war mit rund 93 Prozent zwar beachtlich, lag aber nur wenig über dem Anstieg des Volkseinkommens, der sich im gleichen Zeitraum auf 84 Prozent belief.[25] Im „Spar-Boom" dieser Jahre spiegelte sich also weitgehend das wirtschaftliche Wachstum wieder. Die Deutschen konnten mehr sparen, weil sie mehr Geld zur Verfügung hatten. Der offiziellen Sparpropaganda bedurfte es dafür nicht. Erst in den Jahren 1938/39 stiegen die Spareinlagen stärker an als das Volkseinkommen, da das Konsumangebot nun aufgrund der Kriegsrüstung stark eingeschränkt war. Insgesamt nahmen die Spareinlagen im „Dritten Reich" bei Weitem nicht so stark zu, wie im „Wirtschaftswunder" der Nachkriegszeit. Zwischen 1950 und 1960 stieg der Spareinlagenbestand in der Bundesrepublik auf mehr als das Zehnfache, bedingt vor allem durch die hohe Steigerung der Reallöhne.[26]

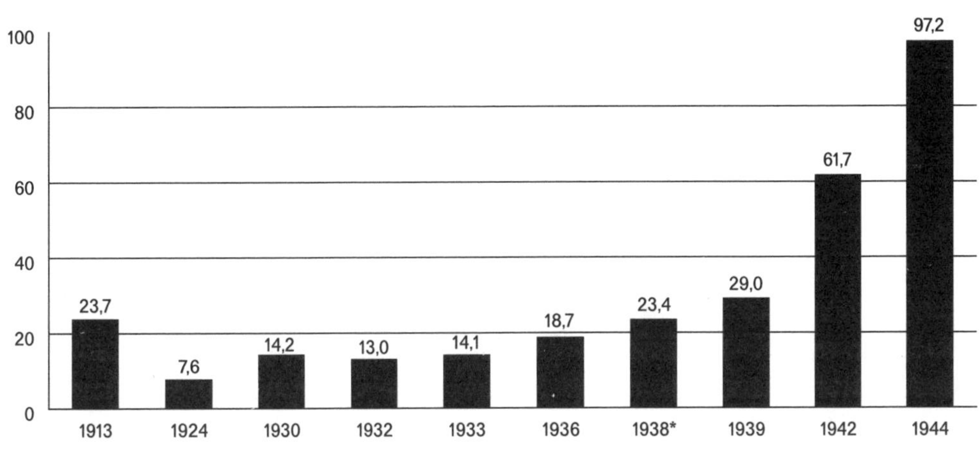

Abb. 32 Spareinlagen in Deutschland 1913 bis 1944 in Mrd. Mark/Reichsmark** [27]
* Deutsches Reich in den Grenzen von 1937 ** Alle Geldinstitute ohne Privatbanken und Geldinstitute der Post

Die nationalsozialistische Sparpropaganda und die verschiedenen Sondersparaktionen hatten jedoch zur Folge, dass die Zahl kleiner Sparkonten und damit die Gesamtzahl der Sparer außerordentlich stark zunahmen. Ende 1937 waren 35,1 Millionen Sparbücher im Umlauf, bei einer Bevölkerung von knapp 68 Millionen.[28] Es bestanden nun erheblich mehr Sparkonten als vor dem Krieg (1913: 23,9 Millionen).[29] Später wurde dieser Stand in der Bundesrepublik erst in den 1960er Jahren wieder erreicht. Durch die starke Zunahme der Sparkonten hat die Propaganda des nationalsozialistischen Regimes wohl zur Popularisierung des Sparens in Deutschland beigetragen. Zu einem großen Teil handelte es sich dabei freilich um Kleinsparkonten mit sehr geringen Guthaben. Das durchschnittliche Sparguthaben lag 1937 bei rund 458 Reichsmark gegenüber fast 1000 Mark im Jahre 1913.[30]

Die Verteilung der Spareinlagen auf die einzelnen Bankengruppen änderte sich durch das Wachstum des Sparvermögens im „Dritten Reich" nur wenig. Nach wie vor bestanden die meisten Sparkonten bei den Sparkassen, die als die „Bank der kleinen Leute" galt. Diese Schichten der deutschen Gesellschaft konnten durch den wirtschaftlichen Aufschwung nach 1933 wieder mehr Ersparnisse bilden. Bei Großbanken wie der Deutschen Bank und der Dresdner Bank, deren Kundschaft aus dem Bürgertum kam, nahmen die Spareinlagen zwar ebenfalls zu. Doch blieb das Spargeschäft dieser Banken insgesamt relativ gering. Ihre vermögenderen Kunden zogen es vor, in Wertpapiere und Immobilien zu investieren. Dagegen machten die Kreditgenossenschaften den Sparkassen recht erfolgreich Konkurrenz. Vor allem die ländlichen Kreditgenossenschaften konnten im Spargeschäft Marktanteile gewinnen. Insgesamt entfielen 74 Prozent der Spareinlagen im Jahr 1939 auf die Sparkassen, 17 Prozent auf die Genossenschaftsbanken und knapp 4 Prozent auf die Großbanken.[31]

Sparen, was sonst? Der „Spar-Boom" im Zweiten Weltkrieg

Der Beginn des Zweiten Weltkrieges hatte nur geringe Auswirkungen auf das Sparverhalten. Lediglich in den Wochen vor Kriegsbeginn hatten die Sparkassen einen Auszahlungsüberschuss bei den Sparguthaben zu verzeichnen. Viele Kunden schichteten Spargelder auf Girokonten um. Schon bald nach Kriegsbeginn lagen die Einzahlungen wieder höher als die Auszahlungen.[32] Im Laufe des folgenden Jahres nahmen die Spareinlagen in einem bislang nicht gekannten Umfang zu. Ende 1940 lagen sie um rund 30 Prozent über dem Vorjahresstand.[33] Dieser sprunghafte Anstieg war weitgehend durch die Verknappung des Konsumangebots und einen entsprechend hohen Überschuss an Kaufkraft bedingt. Da es weniger zu kaufen gab, hatten die Deutschen kaum eine andere Wahl als immer mehr Geld auf Spar- und Girokonten einzuzahlen. Besonders galt dies natürlich für die fast neun Millionen Männer, die bis Ende 1940 zur Wehrmacht einberufen wurden.

Von den Behörden wurde diese Art der Kaufkraftabschöpfung massiv gefördert, da die Spargelder durch das System der „geräuschlosen“ Kriegsfinanzierung beitrugen, die rapide steigenden Ausgaben des Staats für die Rüstung zu finanzieren. Den wenigsten Sparern war wohl bewusst, dass ihre Guthaben durch die wachsende Staatsverschuldung und die unbegrenzte Kreditvergabe der inzwischen völlig gleichgeschalteten Reichsbank an das Reich an Wert verloren. Die Geldentwertung war wegen des verhängten Preisstopps nicht sichtbar, und die Propaganda ließ keine Gelegenheit aus, um die Bevölkerung in der Illusion zu wiegen, dass die Währung stabil sei. Mehr denn je wurde das Sparen nun zur politischen Willensbekundung erklärt. Als die Spareinlagen 1941 weiterhin stark zunahmen, sah Reichsbankvizepräsident Emil Puhl darin einen „Beweis für das unerschütterliche Vertrauen aller Deutschen zum Führer und für ihren unbeirrbaren Glauben an den Sieg“.[34] Im Umkehrschluss mussten Nichtsparer befürchten, in den Verdacht kriegsschädlichen Verhaltens zu geraten. Damit einher ging eine „Militarisierung“ der Sparwerbung, die allerdings nicht als solche, sondern nur hinsichtlich der Ausgestaltung typisch nationalsozialistisch war. Schon für die Kriegsanleihen im Ersten Weltkrieg war mit militärischer Symbolik geworben worden, und auch in den Ländern der Alliierten wusste man sich solcher Motive für den Kauf von Staatspapieren zu bedienen.

Aufgrund des Kriegsverlaufs dürften die meisten Sparer in den Jahren 1939/40 in der Erwartung eines baldigen Sieges eingezahlt haben. Nach Stalingrad war dies wohl kaum noch der Fall. Trotzdem nahmen die Spareinlagen 1943 erneut um rund 30 Prozent zu.

Einen politischen Stimmungsindikator wird man daraus nicht ableiten können. Auch wer an den Fähigkeiten des Führers und an der Stabilität der Währung zu zweifeln begann, hatte zum Sparen keine Alternative. Auf den Girokonten war das Geld nicht sicherer, und auch beim Horten von Geld in den Wohnungen, dem sogenannten Notenhamstern, war man vor einer Entwertung nicht gefeit. In Großstädten und Ballungsgebieten kam das Risiko hinzu, gehortetes Geld bei einem Luftangriff vollständig zu verlieren.

Seit der Kriegswende bei Stalingrad wurden viele Sparer jedoch misstrauisch. Sie befürchteten, dass der Staat nun zu Zwangsmitteln greifen würde, um weitere Kaufkraft abzuschöpfen und die rasant steigenden Kriegsausgaben zu finanzieren.[35] Bei der Deutschen Bank rechnete man schon seit 1940 mit der Einführung eines Zwangssparens, durch das die Auszahlung von Spargeldern während des Krieges unterbunden werden konnte.[36] Ein erster Schritt in diese Richtung wurde mit der Einführung des „Eisernen Sparens" im November 1941 gemacht. Die neue Sparform wurde nicht mit den steigenden Kriegsausgaben begründet, sondern ausschließlich mit der Absicht, „die überschüssige Kaufkraft in gesunder Weise zu lenken".[37] Das Eiserne Sparen war nicht obligatorisch, doch konnten diese Spargelder erst ein Jahr nach Kriegsende abgehoben werden. Das Regime war sich der Loyalität der Sparer also nicht mehr sicher, zog es aber vor, die Bevölkerung mit Anreizen und nicht mit weitergehendem Zwang zu noch höheren Sparleistungen zu bewegen. Die Beiträge für das Eiserne Sparen – es handelte sich um 13 oder 26 Reichsmark pro Monat – waren von Steuern und Sozialversicherungsabgaben befreit. So entstand erstmals in Deutschland ein steuerbegünstigtes, vom Staat direkt gefördertes Sparen.[38] Auch die Werbung für das Eiserne Sparen war auf die Anreize ausgerichtet. Von nationaler Pflichterfüllung war hier nicht mehr die Rede. Die Parole hieß vielmehr: „Es ist dein Vorteil."

Die Zahl der Eisernen Sparer nahm rasch zu. Ende 1942 bestanden bereits rund 1,8 Millionen Eiserne Sparkonten. Im folgenden Jahr nahmen die Eisernen Spareinlagen weiter zu, doch die Neuabschlüsse brachen um mehr als 90 Prozent ein.[39] Das Eiserne Sparen blieb insgesamt weit hinter den Erwartungen des Reichsfinanzministeriums und der beteiligten Geldinstitute zurück. Bei den deutschen

Sparkassen entfielen im September 1944 weniger als 2 Prozent aller Spareinlagen auf Eiserne Sparkonten.[40]

Die Entwicklung des Eisernen Sparens zeigt eine Korrelation mit dem Kriegsverlauf. Die Neuabschlüsse brachen nach Stalingrad ein und erreichten auch später nicht mehr das anfängliche Niveau.[41] Ein genereller Wandel in der politischen Stimmung lässt sich dadurch freilich nicht belegen. Die Akzeptanz des Eisernen Sparens ging nach Stalingrad zurück, weil in der Bevölkerung nun Mutmaßungen über staatliche Zwangseingriffe in das Sparvermögen angestellt wurden. Die Reichsbank erfuhr im Juni 1943 vom Deutschen Sparkassen- und Giroverband, dass unter den Sparern bereits ein Jahr zuvor Irritationen aufgekommen waren, als Pläne der Wehrmacht bekannt wurden, die Sparguthaben gefallener Soldaten einzuziehen. Die Abhebungen seien dann „gefördert worden durch den Rückschlag von Stalingrad und besonders durch die vielen Presseerörterungen über Kriegsfinanzierung, Kaufkraftüberhang und Kaufkraftabschöpfung“. Wie die Reichsbank erfuhr, hätten sich daraus „Gerüchte ergeben über Vermögensabgaben während und nach dem Kriege, die angeblich die Spareinlagen mit 30–50% betreffen sollten“.[42] In einem weiteren Aktenvermerk der Reichsbank vom Juni 1943 wird bestätigt, dass es häufig „Gerüchte von einer Auszahlungssperre“ und sogar „Befürchtungen über eine regelrechte Beschlagnahme zu Gunsten des Reichs“ gab.[43]

Viele Sparer misstrauten nun den Absichten des Staats und verzichteten lieber auf die steuerlichen Vorteile des Eisernen Sparens als auf die Möglichkeit, ihre Sparguthaben jederzeit abheben zu können. Hier zeigt sich, dass die Sparer auch in den Jahren des „totalen Kriegs“ durchaus nicht blind der offiziellen Propaganda folgten. Das Sparen gaben sie deshalb aber nicht auf. Vielmehr stiegen die Spareinlagen in den letzten Kriegsjahren auf immer neue Höchststände an. Dazu trugen auch das kollektive Sparen von „Gefolgschaften“ der Betriebe und Gliederungen von NS-Organisationen bei. Vom Gefolgschaftssparen profitierten besonders die Großbanken, da die Unternehmensleitungen die Bankverbindung wählen konnten und sich in der Regel für ihre Hausbank entschieden. Ähnliches galt für Einheiten der SS. So wurden 4800 Sparkonten der SS-Leibstandarte Adolf Hitler auf einem Sammelkonto bei der Dresdner Bank geführt.[44]

Zu erwähnen ist hier auch eine spezielle Form des Zwangssparens in diesen Jahren: das 1942 eingeführte „Ostarbeitersparen“. Den in Deutschland eingesetzten Zwangsarbeitern aus der Sowjetunion wurden von den Betrieben ungefragt Sparbeträge vom ohnehin sehr geringen Lohn abgezogen. Den „Ostarbeitern“ gegenüber wurde behauptet, dass ihnen diese Gelder nach der Rückkehr in die Heimat verzinst ausbezahlt würden. Nach dem Rückzug der Wehrmacht aus der Sowjetunion wurden sie einbehalten und zur Bank der Deutschen Arbeit transferiert. Insgesamt handelte es sich bei diesem Lohnraub um einen Betrag von rund 45 Millionen Reichsmark.[45]

Bei der letzten statistischen Erfassung vor Kriegsende, dem Zwischenausweis vom 30. September 1944, belief sich das Sparvermögen im Deutschen Reich auf rund 97 Milliarden Reichsmark – 68 Milliarden mehr als bei Kriegsbeginn.[46] Die Sparkassen hatten fast 60 Prozent der Spareinlagen in Staatspapieren angelegt und damit einen bedeutenden Beitrag zur Kriegsfinanzierung geleistet. 30 Prozent der gesamten Reichsschulden waren bei den Sparkassen untergebracht worden, 18 Prozent bei den Kreditbanken.[47] Unter den Bedingungen der Kapitallenkung während des Krieges hätten freilich weder die Sparkassen noch die Sparer kaum anders handeln können.

Die Sparer hatten auch im „Dritten Reich“ in erster Linie individuelle Ziele im Blick, nicht die vom Regime propagierte nationale Pflichterfüllung. Doch hat sich das Sparen bis in die letzten Kriegsjahre hinein systemstabilisierend ausgewirkt. Dass immer breitere Kreise der Bevölkerung Ersparnisse bilden konnten, wurde der Politik Hitlers gutgeschrieben. Erst spät dürfte den Sparern aufgegangen sein, dass der ihnen versprochene Konsum und Wohlstand nur in den Ankündigungen des Regimes stattfand.[48] Die *Deutsche Sparkassen-Zeitung* schrieb anlässlich der Einführung des Eisernen Sparens im Herbst 1941: „Es wird die Zeit kommen, in der die Schranken auf dem Warenmarkt fallen werden und in der Verbrauchsgüter und Gebrauchsgüter für den zivilen Bedarf in größeren Mengen zur Verfügung stehen werden als jemals zuvor.“[49] Diese Zeit kam auch, aber erst sieben Jahre später, nach der Befreiung vom Nationalsozialismus, und die Spareinlagen waren nun fast wertlos geworden. Aus 100 Reichsmark wurden bei der Währungsreform 6,50 D-Mark.

1 So z. B. im Geschäftsbericht des bayerischen Sparkassenverbandes für das Jahr 1935. Bodo Spiethoff, *Ungewollt zur Größe. Die Geschichte der bayerischen Sparkassen*, München 1958, S. 236.

2 Deutsche Bundesbank (Hg.), *Deutsches Geld- und Bankwesen in Zahlen 1876–1975*, Frankfurt/M. 1976, S. 74.

3 Der Deutsche Sparkassen- und Giroverband wurde durch ein Gesetz vom 6. April 1933 der Aufsicht des Reiches unterstellt. Vgl. Hans Pohl, „Die Sparkassen vom Ausgang des 19. Jahrhunderts bis zum Ende des Zweiten Weltkriegs", in: ders. et al., *Wirtschafts- und Sozialgeschichte der deutschen Sparkassen im 20. Jahrhundert*, Stuttgart 2005, S. 159. Zum Marktanteil der Sparkassen bei den Spareinlagen: Deutsche Bundesbank (Hg.), *Deutsches Geld- und Bankwesen*, S. 74 u. 102.

4 Pohl, Sparkassen, S. 176f.; Simon Niklas Hellmich, „Großbanken und Sparkassen aus der Sicht der nationalsozialistischen Wirtschafts- und Soziallehren", in: Harald Wixforth (Hg.), *Finanzinstitutionen in Mitteleuropa während des Nationalsozialismus*, Stuttgart 2001, S. 17–41 (Jahrbuch der Gesellschaft für mitteleuropäische Banken- und Sparkassengeschichte 2000).

5 Nowottnick, „Volksgedanke und Sparkassengedanke", in: *Deutsche Sparkassen-Zeitung*, 6.5.1933, S. 1.

6 Zit. nach Spiethoff, *Größe*, S. 246.

7 Sparbuch der Kieler Leih- und Sparkasse. Stadtsparkasse Kiel (1937), Sparkassenhistorisches Dokumentationszentrum des DSGV, Bonn.

8 Pohl, *Sparkassen*, S. 183f.; Paul Thomes, „Sparen und Sparsamkeit im Nationalsozialismus – Gedanken zur Pervertierung einer Institution", in: *Zeitschrift für bayerische Sparkassengeschichte*, 10, 1996, S. 70.

9 Vgl. hierzu Willi A. Boelcke, *Die Kosten von Hitlers Krieg. Kriegsfinanzierung und finanzielles Kriegserbe in Deutschland 1933–1948*, Paderborn 1985, S. 24ff.

10 Berechnet nach den Daten in: Pohl, *Sparkassen*, S. 209.

11 Siehe hierzu u. a. Christiane Kuller, *Finanzverwaltung und Judenverfolgung. Die Entziehung jüdischen Vermögens in Bayern während der NS-Zeit*, München 2008; Susanne Meinl/Jutta Zwilling, *Legalisierter Raub. Die Ausplünderung der Juden im Nationalsozialismus durch die Reichsfinanzverwaltung in Hessen*, Frankfurt/M. 2004 (Wissenschaftliche Reihe des Fritz Bauer Instituts).

12 Rüdiger Hachtmann, *Das Wirtschaftsimperium der Deutschen Arbeitsfront 1932–1945*, Göttingen 2012, S. 111.

13 Pohl, *Sparkassen*, S. 192f.

14 Carsten Brodesser, *Sparen während der Zeit des Nationalsozialismus. Ein Kapitel aus der „geräuschlosen Kriegsfinanzierung" unter besonderer Berücksichtigung der Sparkassen*, Diss. Frankfurt/M. 2011, S. 170f. Das Sparwerk des Arbeitsdanks, der zur Deutschen Arbeitsfront gehörte, wurde 1937 aufgelöst.

15 Deutscher Sparkassen- und Giroverband, *Jahresbericht 1937*, S. 14; „Schulsparen", in: *Deutsche Sparkassen-Zeitung*, 5.6.1941; Sabine Omland, *NS-Propaganda im Unterricht deutscher Schulen 1933–1945*, Teilband 1, Berlin 2014, S. 278f. Zu den Anfängen der Schulsparkassen vgl. Sandra Maß, *Kinderstube des Kapitalismus? Monetäre Erziehung im 18. und 19. Jahrhundert*, München/Wien 2017, S. 249ff. (Veröffentlichungen des Deutschen Historischen Instituts London, 75).

16 Löschblatt „Dein Sparen hilft dem Führer", Städtische Sparkasse Bonn, o. J. Quelle: Sparkassenhistorisches Dokumentationszentrum des Deutschen Sparkassen- und Giroverbands, Bonn.

17 Pohl, *Sparkassen*, S. 193 u. 246.

18 Ebd., S. 193; „Die Hitler-Jugend spart", in: *Deutsche Sparkassen-Zeitung*, 14.5.1938.

19 Pohl, *Sparkassen*, S. 246.

20 Thomes, *Sparen*, S. 71.

21 Deutscher Sparkassen- und Giroverband, Jahresbericht 1937, S. 14.

22 Hachtmann, *Wirtschaftsimperium*, S. 625.

23 Ebd., S. 111. Zur Geschichte des Volkswagenwerks in den Jahren 1938–1945 vgl. ebd., S. 499–512; Hans Mommsen/Manfred Grieger, *Das Volkswagenwerk und seine Arbeiter im Dritten Reich*, 3. Aufl. Düsseldorf 1997.

24 Ludwig Sperk/Manfred Wilsdorf, *Die Liquiditätsverhältnisse der deutschen Sparkassen*, Berlin 1956, S. 94.

25 Berechnet nach Pohl, *Sparkassen*, S. 183 u. 186.

26 Deutsche Bundesbank (Hg.), *Deutsches Geld- und Bankwesen*, S. 158.

27 Ebd., S. 74.

28 Deutscher Sparkassen- und Giroverband, *Jahresbericht 1937*, S. 11.

29 Gerhard Müller, *Bank-Lexikon. Handwörterbuch für das Bank- und Sparkassenwesen*, Wiesbaden 1953, Sp. 719.

30 Berechnet nach Deutsche Bundesbank (Hg.), *Deutsches Geld- und Bankwesen*, S. 74; Deutscher Sparkassen- und Giroverband, *Jahresbericht 1937*, S. 11.

31 Berechnet nach Deutsche Bundesbank (Hg.), *Deutsches Geld- und Bankwesen*, S. 74, 78, 102 u. 112.

32 Pohl, *Sparkassen*, S. 194f. u. S. 246.

33 Deutsche Bundesbank (Hg.), *Deutsches Geld- und Bankwesen*, S. 74.

34 Vortrag des Vizepräsidenten Puhl am 22.4.1941 in Stuttgart und am 21.5.1941 in Danzig über „Kriegsfinanzierung aus eigener Kraft", Bundesarchiv Berlin R 2501/7007, Bl. 67.

35 Aktenvermerk Deutsche Reichsbank, Volkswirtschaftliche Abteilung, 5.6.1943, Bundesarchiv Berlin R 2501/7008, Bl. 211.

36 Nicolai M. Zimmermann, *Die Commerzbank und ihre Kunden. Kundenstruktur und Geschäftsbeziehungen einer deutschen Großbank 1924–1945*, Diss. Frankfurt/M. 2017, S. 523 u. 527.

37 Zitat aus einer Informationsbroschüre der Commerzbank über Eiserne Sparkonten vom November 1941. Zit. nach: ebd., S. 526.

38 „Das Eiserne Sparen beginnt!", in: *Deutsche Sparkassen-Zeitung*, 15.11.1941. Zum Eisernen Sparen vgl. u. a. Pohl, *Sparkassen*, S. 197f.; Brodesser, *Sparen*, S. 187ff.; Zimmermann, *Commerzbank*, S. 525–544; Philipp Kratz, „Sparen für das kleine Glück", in: Götz Aly (Hg.), *Volkes Stimme. Skepsis und Führervertrauen im Nationalsozialismus*, 2. Aufl., Frankfurt/M. 2007, S. 73ff.

39 Kratz, *Sparen*, S. 75.

40 Ebd., S. 73ff.

41 Ebd.

42 Aktenvermerk Deutsche Reichsbank, Volkswirtschaftliche Abteilung, 5.6.1943, Bundesarchiv Berlin R 2501/7008, Bl. 211.

43 Aktenvermerk Deutsche Reichsbank, Volkswirtschaftliche Abteilung, 12.6.1943, ebd., Bl. 213.

44 Johannes Bähr, *Die Dresdner Bank in der Wirtschaft des Dritten Reichs*, München 2006, S. 522f.

45 Hachtmann, *Wirtschaftsimperium*, S. 114; Götz Aly, *Hitlers Volksstaat. Raub, Rassenkrieg und nationaler Sozialismus*, Frankfurt/M. 2005, S. 186f. Die Sparkarten für das „Ostarbeitersparen" wurden vom Berliner Büro der Zentralwirtschaftsbank Ukraine, einer vom Reichskommissar für die Ukraine gegründeten Staatsbank, ausgestellt und bearbeitet.

46 Deutsche Bundesbank (Hg.), *Deutsches Geld- und Bankwesen*, S. 74.

47 Boelcke, *Kosten*, S. 104 (Stand 30.9.1944).

48 Vgl. Hartmut Berghoff, „Träume und Alpträume. Konsumpolitik im Nationalsozialistischen Deutschland", in: Heinz-Gerhard Haupt/Claudius Torp (Hg.), *Die Konsumgesellschaft in Deutschland 1890–1990. Ein Handbuch*, Frankfurt/M./New York 2009, S. 280.

49 „Das Eiserne Sparen beginnt!", in: *Deutsche Sparkassen-Zeitung*, 15.11.1941.

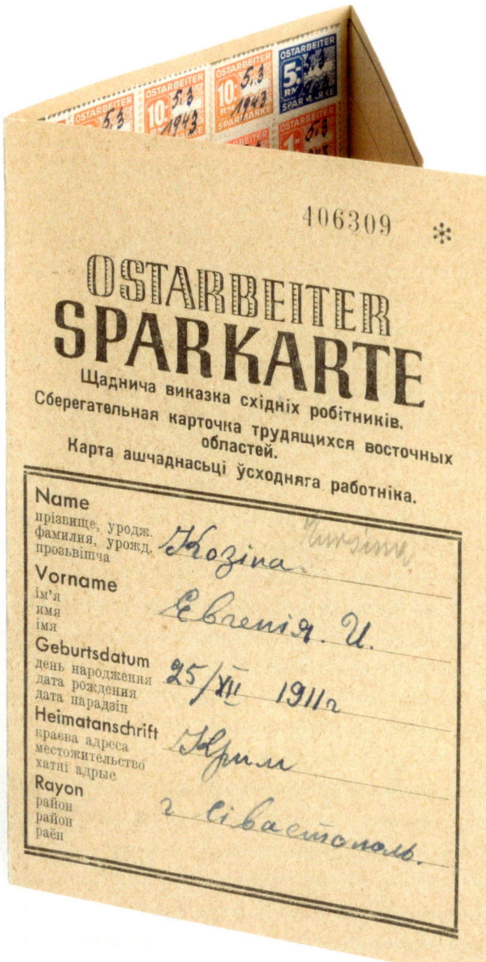
406309
OSTARBEITER
SPARKARTE
Щадничa виказка східних робітників.
Сберегательная карточка трудящихся восточных областей.
Карта ашчаднасьці ўсходняга работніка.
Name
прізвище, уродж.
фамилия, урожд.
прозьвішча
Vorname
ім'я
имя
імя
Geburtsdatum
день народження
дата рождения
дата нарадзін
Heimatanschrift
краєва адреса
местожительство
хатні адрыс
Rayon
район
район
раён

Abb. 33 Ostarbeiter-Sparkarte der C. G. Schönherr Papier- und Holzstoff-Fabrik Floßmühle bei Borstendorf, 1943/44, Historisches Archiv der Erzgebirgssparkasse Schwarzenberg, Kat.-Nr. 147

Die deutsche Wirtschaft litt wegen der kriegsbedingten Abwesenheit ihrer Beschäftigten unter einem ständigen Mangel an Arbeitskräften. Um diese Abgänge auszugleichen, gab es verschiedene staatliche Bemühungen, Arbeiter aus ganz Europa anzuwerben. Eine der Maßnahmen war die zunächst freiwillige und später zwangsweise Verpflichtung von Männern und Frauen aus den besetzten Gebieten Polens, Russlands und der Westukraine als sogenannte Ostarbeiter.

An diese spezielle Gruppe der im Deutschen Reich tätigen Zwangsarbeiter wandten sich ab dem 24. Juni 1941 die „Ostarbeiter-Sparkarten". Da es den „Ostarbeitern" verboten war, etwa ein Sparbuch oder Girokonto zu eröffnen, blieb ihnen, zur Geldanlage und zur Weiterleitung von Devisen an Verwandte in der ausländischen Heimat, allein die Sparkarte. Während die Spar- und Girokassen sowie die Kreditgenossenschaften die Organisation und den Vertrieb übernahmen, führten die Personalabteilungen in den Betrieben die Sparkarten der Teilnehmenden und hielten sie unter Verschluss. Pro Monat konnte eine Anzahl von Sparmarken zu einer, drei, fünf oder zehn Reichsmark erworben und eingeklebt werden. Zur späteren Berechnung der formal versprochenen 2,5 Prozent Zinsen notierte der Bevollmächtigte auf jeder Marke den jeweiligen Monat und das Jahr. Eine Auszahlung oder Überweisung des Ersparten war kompliziert, an eine Vielzahl von Bedingungen geknüpft und ab dem 27. September 1944 vollständig untersagt.

Der Fabrikbesitzer Otto Schönherr forderte im Juli 1942 „25 weibliche russische Zivilarbeiterinnen" für seine Papierfabrik in Floßmühle an.* Die Sparmarken in den persönlichen Sparkarten belegen den Einsatz der Zwangsarbeiterinnen von Januar 1943 bis Oktober 1944. Nach dem Krieg veranlasste die sowjetische Besatzungsmacht die Enteignung und Demontage des Betriebs. Am 14. November 1947 ging eine Anzeige gegen den ehemaligen Unternehmer Otto Schönherr und dessen Teilhaber Erich Matiebel bei der örtlichen Polizei ein.** Die Firma habe während des Krieges neben den Ostarbeiterinnen etwa 125 Kriegsgefangene beschäftigt und zwei russische Gefangene mit einer „schlechten, kaum erträglichen Behandlung" in den Selbstmord getrieben. Die Beschuldigten entzogen sich der Anklage durch Flucht aus der sowjetischen Besatzungszone. Eine weitere Strafverfolgung fand nicht statt. BM

Literatur:
Oliver Rathkolb: „Zwangsarbeiter in der Industrie", in: Bernhard Chiari et al., *Die deutsche Kriegsgesellschaft 1939 bis 1945 – Ausbeutung, Deutungen, Ausgrenzung*, im Auftrag des MGFA hrsg. von Jörg Echternkamp, Stuttgart 2005, Bd. 9/2, S. 667–728, hier S. 697f.

* Sächsisches Staatsarchiv – Staatsarchiv Chemnitz, Bestand 30874 IHK Chemnitz, Akte 670, S. 336.

** Sächsisches Staatsarchiv – Staatsarchiv Chemnitz, Bestand 39074 NS-Archiv des MfS, Obj. 14 ZD 54/3086/050

Günther Schulz

SPAREN UND SPARINSTITUTIONEN IN DEUTSCHLAND SEIT 1945/48

Die Sparguthaben waren von den Nationalsozialisten bei den Kreditinstituten abgeschöpft und zur „geräuschlosen" Kriegsfinanzierung benutzt worden. Zugleich war die Geldmenge im Krieg auf das Siebenfache gesteigert und der drohenden Inflation durch Preisregulierung ein Riegel vorgeschoben worden. Die Währungsreform am 20. Juni 1948 beseitigte den Überhang an Geld (bzw. Auszahlungsansprüchen). Im Westen wurden aus 100 Reichsmark 6,50 DM. Im Osten strebte man ein Abwertungsverhältnis von 100 Reichsmark zu 10 Deutsche Mark der Deutschen Notenbank an, gestaffelt nach mehreren Faktoren: 6,8:1 war das Abwertungsverhältnis beim Bar- und 8:1 beim Buchgeld. Im Westen hatte die im März 1948 gegründete Bank Deutscher Länder – aus ihr ging 1957 die Deutsche Bundesbank[1] hervor – das Notenausgaberecht, im Osten die im Juli 1948 entstandene Deutsche Notenbank. Erstere war nach dem Gesetz von der Bundesregierung unabhängig, Letztere hatte den Auftrag, die staatliche Wirtschaftsplanung zu unterstützen.

Die überkommene Struktur der Kreditwirtschaft blieb in den Westzonen und der Bundesrepublik im Grundzug bestehen: Sparkassen als Sparinstitute für die breite Bevölkerung und „Hausbank der Kommunen", gekennzeichnet durch kommunale Trägerschaft, Regionalprinzip und Gewährträgerhaftung; Volks- und Raiffeisenbanken als Selbsthilfeeinrichtungen von Handwerkern und Landwirten; Aktien-/Geschäftsbanken für die Finanzierung von Industrie und Großgewerbe, daneben Spezialinstitute wie die Postbank und Hypothekenbanken.[2]

Vorläufiger Geschäftsbericht 1945

Die ersten Monate des zweiten Geschäftsjahres der Kreisspar- und Girokasse Schwarzenberg standen im Zeichen der unserer Heimat näherkommenden Fronten und des folgenden totalen militärischen und auch politischen Zusammenbruchs. – Tausende von Evakuierten und Flüchtlingen suchten Unterkunft im Erzgebirge; sie beeindruckten nachhaltig das örtliche Leben und gaben auch dem Verkehr am Kassenschalter in den Monaten Februar bis Mai 1945 ein besonderes Gepräge.

Die vom vormaligen Deutschen Sparkassen- und Giroverband veranlaßte Freizügigkeit im Sparverkehr brachte für die Geschäftsstellen der Kreisspar- und Girokasse tausende von Auszahlungen auf fremde Sparkassenbücher an heimatlos gewordene Menschen, die ihre Spargelder zur Lebensführung und Beschaffung des Notwendigsten erhoben. – Aber auch von den heimischen Sparern sind in diesen Monaten beachtliche Beträge zurückgefordert worden. Das Vertrauen zu den Banken und Sparkassen war durch die Kriegsereignisse erschüttert. –

Der Bedarf an barem Gelde ist in diesen Monaten ein bedeutender gewesen, und nur durch außerordentliche Maßnahmen konnte die bare Zahlungsbereitschaft der Kasse trotz ihrer an sich großen Liquidität aufrecht erhalten werden.

--- . ---

Nicht lange Zeit nach dem politischen Umbruch war eine Beruhigung vor allem in den Kreisen der heimischen Sparer zu erkennen; den Rücknahmen von Spar- und auch Girogeldern standen wieder Einzahlungen auf Girokonten und Zugänge an Sparguthaben gegenüber. – Der empfindliche Mangel an Bargeld, vor allem an Reichsbanknoten – die ja in erster Linie zur Sicherstellung der Ernährung des hiesigen, längere Zeit unbesetzt gebliebenen Gebietes benötigt wurden – machte jedoch das Aufrechterhalten von im April v. Js. verfügten Auszahlungsbeschränkungen notwendig, die allerdings bei der allgemeinen Bankenschließung im August vergangenen Jahres bereits wesentliche Lockerungen erfahren hatten.

--- . ---

Der Neuaufbau der Wirtschaft erforderte als erste Voraussetzung die

Abb. 34 Vorläufiger Geschäftsbericht der in Liquidation befindlichen Kreisspar- und Girokasse Schwarzenberg (Erzgeb.), 1945, Kat.-Nr. 184

Die Westalliierten unterwarfen die Aktienbanken der Entflechtung: Deutsche, Dresdner und Commerzbank wurden in jedem der zehn Länder der Westzonen zu einer separaten Institution unter Leitung von Treuhändern – aus drei Instituten wurden 30. Doch mit Gründung der Bundesrepublik setzte eine Rückverflechtung ein. Diese war 1957 abgeschlossen. In der SBZ/DDR wurden die Banken 1945 geschlossen, und in den Ländern und Provinzen wurde je eine Landes- bzw. Provinzialbank errichtet. Die Kreditwirtschaft war in das System der staatlichen Planung und Lenkung einbezogen. Nach diversen institutionellen Änderungen erhielt die Staatsbank 1974 die Form, in der sie als Organ des Ministerrats bis 1990 bestand. Sie hatte die Funktionen einer Zentral- und Geschäftsbank. Für letzteren Bereich gab es unter ihrer Leitung zudem Institute für verschiedene Zwecke, darunter die Sparkassen, Deutsche Außenhandelsbank, Deutsche Handelsbank, Genossenschaftskassen für Handwerk und Gewerbe, Bäuerliche Handelsgenossenschaften, Deutsche Post sowie die Reichsbahnsparkasse.[3] Kredite an die Bevölkerung gab es kaum, deshalb entwickelte sich neben der Kreditwirtschaft ein System von Darlehen für private Zwecke auf der Basis von Familie, Verwandten, Freunden und Arbeitskollegen – eine Form von „Microfinance“[4].

Die Voraussetzungen für das Sparen waren nach der Zeit des Nationalsozialismus außerordentlich schlecht. Die Währungsreformen hatten die Ersparnisse weitgehend vernichtet und damit Vertrauen zerstört. Zudem wurde Kapital nun dringlich für den Wiederaufbau von Wohnungen, Industrie und Handwerk sowie von öffentlichen Gebäuden und Infrastruktur – Schulen, Kranken-, Rathäusern, Brücken und Straßen – benötigt. Auch gab es einen Rückstau an lange entbehrten Bedürfnissen bei Ausrüstung, Haushalt und Konsum, sodass an Sparen anfangs kaum zu denken war. Geld und Kredit waren – unter den marktwirtschaftlichen Bedingungen des Westens, anders in der DDR – noch lange ein Nachfragemarkt. Um das knappe Kapital zu gewinnen, griff man zu Anreizen, aber auch zu staatlichem Zwang. Hinter den Kulissen verpflichtete Ludwig Erhard die Kapitalsammelstellen, Geld zu günstigen Konditionen in den Sozialen Wohnungsbau zu lenken, der sonst der Nachfrage der Industrie hoffnungslos unterlegen gewesen wäre.[5] Die Soziale Marktwirtschaft stand damit von Anfang an auch unter dem Gebot von Regulierung. Hätte man der Kreditnachfrage freie Fahrt gegeben, so wären die Zinsen explodiert und die Investitionen zu den potentesten Nachfragern gewandert statt zu den bedürftigsten. Doch im Westen wurde die Bewirtschaftung schrittweise aufgehoben – allerdings gab es noch lange staatliche Preisvorgaben. Beispielsweise hob die Bundesregierung die Habenzins-Verordnung erst 1967 auf, die den „Spareckzins“ – den durchschnittlichen Zinssatz für Spareinlagen mit gesetzlicher Kündigungsfrist – auf 3 Prozent festlegte. Die DDR hingegen hielt an staatlichen Preisvorgaben bis zu ihrem Untergang fest.[6]

Allen Widrigkeiten zum Trotz begannen die Deutschen nach der Währungsreform sogleich wieder zu sparen. Dies schwankte periodisch, zum Beispiel sanken die Einzahlungen während des Koreakriegs (1950–1953) zeitweise, weil die Bevölkerung Barmittel zur Hand haben wollte. In politischen Krisenzeiten gab es immer wieder Phasen, in denen die Bevölkerung vorübergehend Geld hortete und nicht aufs Konto einzahlte, wie zur Zeit des Ungarnaufstandes, der Suezkrise etc. Doch der Trend der Ersparnisse in der westdeutschen Kreditwirtschaft zeigte seit Beginn der 1950er Jahre nach oben. Die Sparquote, verstanden als Anteil der Ersparnis der privaten Haushalte an ihrem verfügbaren Einkommen, startete bei etwa 3 Prozent 1950/51, stieg rasch und schwankte ab 1958 zwischen etwa 9 und 16,2 Prozent (1975), anschließend meist zwischen 12 und 14 Prozent.[7] Seit den Neunzigern ließen wirtschaftliche Schwierigkeiten, steigende Steuern und Abgaben sowie der wachsende Anteil von Einpersonenhaushalten und älteren Menschen – zwei Gruppen, die weniger sparen – die Quote unter Schwankungen sinken, 2016 waren es 9,7 Prozent. In der DDR lag die Sparquote – wobei sich die Zahlen nicht ganz vergleichen lassen – jeweils etwa 5 Prozentpunkte niedriger, bei einer Streubreite zwischen 2,6 und 7,3 Prozent (1960–1988).[8] Nach der deutschen Einheit sparte die Bevölkerung in den Neuen Bundesländern relativ stark, sodass sich die Quote hier an diejenige im Westen annäherte, sie blieb aber im Durchschnitt darunter.

Hauptursache für die Erhöhung der Sparquote war das starke und anhaltende Wirtschaftswachstum. Darüber hinaus war die Förderung des Sparens Ziel sowohl der Politik als auch der Kreditwirtschaft. Erstere wollte damit Selbstvertrauen und Selbsthilfe, bürgerliche Eigenständigkeit und Unabhängigkeit stärken. Dies

Abb. 35 Plakat zum Aufbau-Spar-Programm in der DDR, 1956, Kat.-Nr. 191

drückte sich beispielsweise in der Bausparförderung sowie der Sparförderung für einkommensschwache Bevölkerungsschichten mithilfe des Prämienspargesetzes 1959 aus, ferner in der Privatisierung von Bundesunternehmen durch Ausgabe von „Volksaktien" von Preussag, VW und VEBA (1959, 1961, 1965). Die Kreditwirtschaft setzte mit der Sparförderung – beispielsweise durch den Sparbrief (seit 1964) und den Sparkassenbrief (seit 1967) – auf Beschaffung von Kapital für die Ausgabe von Krediten für Privatleute und für Investitionen von Industrie, Gewerbe und öffentlicher Hand. Zu den Bemühungen, den Spargedanken als Lebenseinstellung in der Bevölkerung zu stärken, gehört auch die Sparerziehung von Kindern und Jugendlichen. Populäre Beispiele aus dem Sparkassensektor sind der „Sparefroh" in den 1950er Jahren und die Comic-Hefte „Knax" seit 1974.

Zu den wichtigsten Sparzielen gehörte und gehört das Zwecksparen. Dabei wird nicht das gespart, was vom Einkommen übrig bleibt

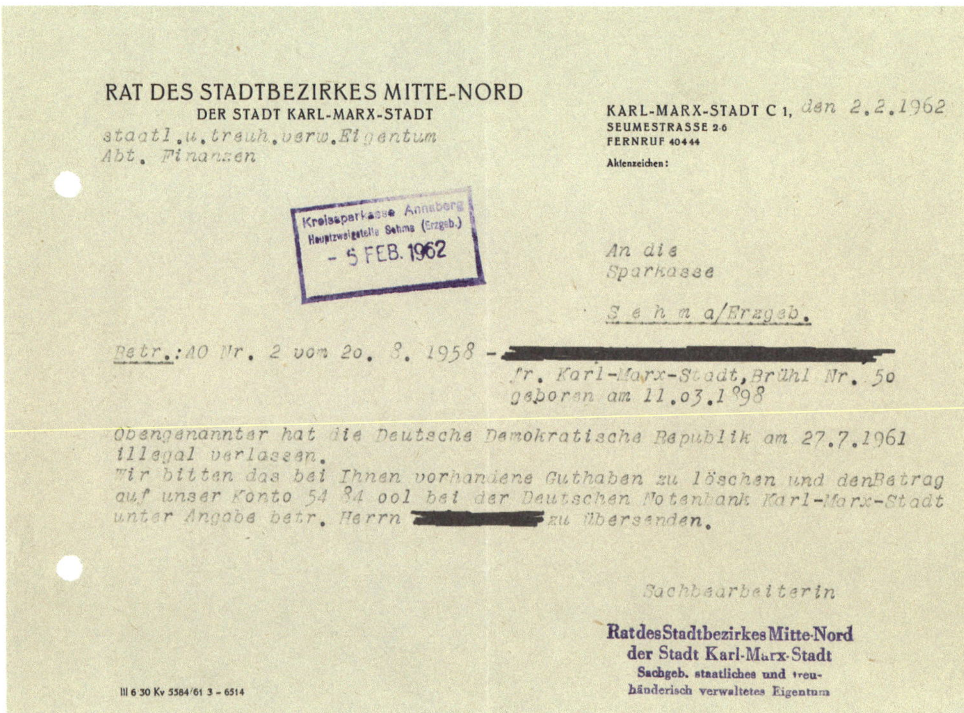

RAT DES STADTBEZIRKES MITTE-NORD
DER STADT KARL-MARX-STADT
staatl.u.treuh.verw.Eigentum
Abt. Finanzen

KARL-MARX-STADT C 1, den 2.2.1962
SEUMESTRASSE 2-6
FERNRUF 40444
Aktenzeichen:

Kreissparkasse Annaberg
Hauptzweigstelle Sehma (Erzgeb.)
- 5 FEB. 1962

An die
Sparkasse

Sehma/Erzgeb.

Betr.: AO Nr. 2 vom 20. 8. 1958 – [redacted]
fr. Karl-Marx-Stadt, Brühl Nr. 50
geboren am 11.03.1898

Obengenannter hat die Deutsche Demokratische Republik am 27.7.1961 illegal verlassen.
Wir bitten das bei Ihnen vorhandene Guthaben zu löschen und denBetrag auf unser Konto 54 84 001 bei der Deutschen Notenbank Karl-Marx-Stadt unter Angabe betr. Herrn [redacted] zu übersenden.

Sachbearbeiterin

Rat des Stadtbezirkes Mitte-Nord
der Stadt Karl-Marx-Stadt
Sachgeb. staatliches und treuhänderisch verwaltetes Eigentum

III 6 30 Kv 5584/61 3 - 6514

Abb. 36 Schreiben des Rats des Stadtbezirks Karl-Marx-Stadt Mitte-Nord an die Sparkasse Sehma (Erzgeb.) über die Behandlung des Vermögens eines „Republikflüchtlings", 1962, Kat.-Nr. 201

(„Residualsparen"), sondern nach bewusst gesetzten Präferenzen. Diese umfassen einen ganzen Kosmos individueller Wünsche – etwa teure Konsumgüter: Kleidung, Möbel, Urlaubsreise, Auto und bald auch das Eigenheim und nicht zuletzt die Finanzierung der Hochzeit („Aussteuer"), der Ausbildung und des Studiums der Kinder. Da die individuellen Präferenzen überaus heterogen sind, variiert auch das Sparverhalten über alle Generalisierungen nach Einkommens-, Altersgruppen etc. hinweg stark.[9]

Abb. 37 Blech-Spardose mit Werbeaufdruck der Dresdner Bank „Sparen schafft Wohlstand", nach 1949, Kat.-Nr. 175

Große Bedeutung gewann das Bausparen. Hier wirkte der Eigenheimwunsch des weit überwiegenden Teils der Bevölkerung mit dem politischen Ziel der Versorgung mit Wohnraum sowie der Vermögensbildung und dem Ziel genossenschaftlicher Selbsthilfe zusammen. Vom I. Wohnungsbaugesetz des Bundes 1950, das den Wohnungsbau insgesamt voranbringen wollte, über das Wohnungseigentumsgesetz 1951, das -prämiengesetz 1952 bis zum II. Wohnungsbaugesetz 1956, welches dem Familienheim Vorrang gab („Wohnungsbau- und Familienheimgesetz") und darüber hinaus spannt sich ein weiter Bogen von Bausparförderung durch Zuschüsse, Steuervergünstigungen und andere Anreize. Die Bevölkerung gibt dem „Sparen für das eigene Heim" unter allen Formen des Zwecksparens die höchste Priorität.[10]

Im Großen und Ganzen sind von den Ersparnissen etwa 15 bis 25 Prozent für den Erwerb von Wohneigentum bestimmt, der Rest verteilt sich auf die Anlage bei Bankinstituten (inkl. Bausparkassen),

Versicherungen (Lebensversicherungen und Pensionskassen) sowie Wertpapiere. Die Anteile schwanken stark. Aktien gegenüber sind die Deutschen anhaltend skeptisch eingestellt – gegenwärtig besitzen etwa 14 Prozent der Bevölkerung Aktien einschließlich Fonds. Hohe Ersparnisse liegen auf dem Sparbuch, der liquiden Anlageform für kurzfristige Zwecke. Dabei kam und kommt es aber auch hier immer wieder zu erheblichen Umschichtungen zwischen Spar- und Termineinlagen.[11]

Eine besondere Art des Zwecksparens ist die Vorsorge für Alter und Krankheit. Die Furcht, nach dem Ausscheiden aus dem Erwerbsleben zu verarmen, Hab und Gut verkaufen zu müssen, um sein Leben fristen zu können, prägte und prägt das Sparverhalten der Bevölkerung seit Jahrhunderten. Hier entstand 1957 eine grundlegend neue Situation. Mit Einführung der dynamischen Rente überwand diese den Charakter des Zubrots für das Alter und gewann „Lohnersatzfunktion". Die Rente in der Bundesrepublik wurde um durchschnittlich 60 Prozent (!) angehoben und zudem an die Entwicklung der Arbeitseinkommen gekoppelt („dynamisiert"). Auch wenn die Erhöhungen unter dem Vorbehalt der Zustimmung des Bundestags stehen, war es fortan nicht mehr erforderlich, gegen elementare Altersarmut „anzusparen". Deshalb hatte die Kreditwirtschaft große Sorge, dass die Bevölkerung künftig fortan weniger sparen werde, und betrachtete die Rentenreform anfangs mit Skepsis. Tatsächlich aber zeigte sich die Sparmentalität stabil – es gab keinen nachhaltigen Einbruch bei den Ersparnissen.[12] Eine Verbindung von Altersrente und Sparen wurde 2002 mit dem Altersvermögensgesetz eingeführt („Riester-Rente").

Trotz aller mentalen Persistenz der Sparneigung wandelte sich die Mentalität seit den 1960er Jahren grundlegend. Galt bis dahin die Maxime des „Vorsparens" („Spare was, dann haste was"), so setzte sich seither mehr und mehr der hedonistische Gedanke („Gönn Dir was") durch: das „Nachsparen". Es konkretisiert sich wohl am stärksten im Anschaffungskredit, der beim Autokauf so etwas wie der Normalfall geworden ist. Dieser Wandel hat mehrere Ursachen: die Erfahrung anhaltenden Wirtschaftsaufschwungs mit wachsenden Einkommen und niedriger Arbeitslosigkeit und damit die Gewöhnung an wirtschaftliche Stabilität und Massenkonsum. Mit wachsenden Einkommen wuchsen auch die Ersparnisse.

Strukturelle Veränderungen des Sparens in der Nachkriegszeit betreffen unter anderem die Erweiterung des Kreises der Sparenden – grob vereinfacht: Mehr Sparer aus der Arbeiterschaft, mehr Frauen und mehr ausländische Arbeitnehmer kamen in Kontakt mit der Kreditwirtschaft.

Abb. 38 Plakat der Sparkasse zum Konsumsparen in der Bundesrepublik Deutschland, 1972, Kat.-Nr. 178

Seit 1957 gingen Unternehmen mehr und mehr zur bargeldlosen Lohn- und Gehaltszahlung über, wovon die Sparkassen und die Genossenschaftsbanken als Bank des kleinen Mannes besonders stark profitierten. Zuvor hatten die Arbeiter den Lohn allwöchentlich bar in der Lohntüte ausgehändigt bekommen. Wenn davon etwas übrig blieb, wurde es meist nicht zu einem Kreditinstitut gebracht, sondern gehortet. Nun aber kamen große untere

Bevölkerungskreise erstmals mit der Kreditwirtschaft in Kontakt und eröffneten dieser ein großes Potenzial für den Absatz von Spar- und Versicherungsprodukten.[13]

Zudem wurden Frauen – insgesamt, in typisierender Sicht – mehr und mehr eigenständige, selbstbewusste Sparende, denn 1957 schaffte das Gleichberechtigungsgesetz in der Bundesrepublik das Letztentscheidungsrecht des Ehemanns ab, beispielsweise bezüglich der Erwerbstätigkeit der Ehefrau. Seither ist die Ehefrau eigenständige Vertragspartnerin und damit auch eigenständig bezüglich des Sparverhaltens. Auch wenn sich dies nicht sogleich mit Inkrafttreten des Gesetzes änderte, war nun die Basis für mentale Veränderungen weiter gefestigt, was sich mehr noch als bei Zeitgenossinnen in den folgenden Generationen auswirkte. Die rechtliche Gleichstellung erfolgte übrigens in der DDR früher als in der Bundesrepublik, aber auch hier brauchte die Änderung der Mentalität Zeit.[14]

Ferner kamen seit etwa Mitte der 1950er Jahre Italiener, Jugoslawen, Spanier, Türken und andere Migranten in wachsender Zahl nach Deutschland. Sie arbeiteten hier, überwiesen viel Geld in ihre Heimatländer, aber sie sparten auch in Deutschland. Die Kreditinstitute umwarben diese neuen Zielgruppen mehr und mehr.[15]

Strukturelle Veränderungen ergaben sich auch bei den herkömmlichen Unterschieden zwischen den drei Säulen der Kreditwirtschaft. Ab etwa den 1970er Jahren verschwammen diese Grenzen, die Institutsgruppen entwickelten sich mehr und mehr zu Universalbanken und verloren viel von ihrem spezifischen Profil. 1959 begannen die Großbanken, auch Kleinkredite zu vergeben. Ursachen waren zunehmender Wettbewerb und die allmähliche Ablösung des „Vorsparens" bei Anschaffungen durch den Anschaffungskredit.[16] Erst viel später wandten sich die Großbanken auch dem Kleinsparer zu und expandierten in die Fläche. Sparkassen und Genossenschaftsbanken nahmen zunehmend den Auslandszahlungsverkehr und das Auslandskreditgeschäft auf, und alle drei Gruppen betrieben das Wertpapiergeschäft, die Baufinanzierung etc.

Seit der Jahrtausendwende sind Sparende und Kreditwirtschaft zunehmend Krisen ausgesetzt. In der gegenwärtigen Situation wirken zahlreiche Faktoren zusammen. Die Finanzkrise (Lehman-Pleite 2008) hat Institute zusammenbrechen lassen, die Dresdner Bank fusionierte 2009 mit der Commerzbank; letztere musste vom Staat aufgefangen werden. Die Griechenland- bzw. Haushaltskrise verzerrt seit 2010 die Geldmärkte. Automatisierung, Digitalisierung, Online-Banken senken einerseits den Kostendruck, erhöhen andererseits den Konkurrenzdruck namentlich für die traditionellen Filialbanken. Diese dünnen die kreditwirtschaftliche Versorgung mehr und mehr aus und konzentrieren die Ressourcen. Neue Modelle und Visionen der Kreditversorgung werden diskutiert (Microfinance, Blockchain/Bitcoin), neue Gefahren entstehen (digitale Kriminalität). Die Bank für Internationalen Zahlungsverkehr sucht verbindliche Regeln für die globalisierte Kreditwirtschaft aufzustellen (Basel I bis IV). Die Europäische Union verschärft die Eigenkapital-Vorschriften, um die Sicherheit der Kreditwirtschaft zu erhöhen. Im gegenwärtigen Anbietermarkt suchen Sparer händeringend nach Anlagemöglichkeiten. Die Habenzinsen gehen gegen Null, nicht selten sind sie negativ. Was als Überangebot erscheint, ist bekanntlich auch das Ergebnis politischer Intervention aufgrund internationaler und fiskalischer Faktoren. Vorgaben der Regulierung haben sozial-marktwirtschaftliche Prioritäten überlagert, sie schützen und engen zugleich ein.

1 Deutsche Bundesbank, *50 Jahre deutsche Mark. Notenbank und Währung in Deutschland seit 1948*, München 1998.

2 Siehe Hans Pohl (Hg.), *Geschichte der deutschen Kreditwirtschaft seit 1945*, Frankfurt/M. 1998; *Deutsche Bankengeschichte*, Bd. 3, hrsg. im Auftrag des Instituts für bankhistorische Forschung e.V., Frankfurt/M. 1983.

3 Josef Wysocki/Hans-Georg Günther, *Geschichte der Sparkassen in der DDR 1945 bis 1990*, Stuttgart 1996, S. 25 f. et passim.

4 Zur Microfinance siehe Reinhard H. Schmidt et al. (Hg.), *From Microfinance to Inclusive Banking. Why Local Banking Works*, Weinheim 2016.

5 Günther Schulz, *Wiederaufbau in Deutschland. Die Wohnungsbaupolitik in den Westzonen und der Bundesrepublik von 1945 bis 1957*, Düsseldorf 1994, S. 331f.

6 André Steiner, *Von Plan zu Plan. Eine Wirtschaftsgeschichte der DDR*, München 2004, S. 56f. et passim; Wysocki/Günther, Sparkassen in der DDR, passim.

7 Kurt M. Maier, *Der Sparprozess in der Bundesrepublik Deutschland. Eine empirische Analyse des Sparverhaltens der privaten Haushalte seit 1950*, Frankfurt/M. et al. 1983, S. 63ff. et passim.

8 Rüdiger von Nitzsch et al., „Wer spart wie? Der Mensch zwischen rationalem Individualisten und Kulturgeschöpf", in: Thorsten Wehber/Frank Dreisch (Bearb.), *Wer spart wie? Sparverhalten und kulturelle Vielfalt*, Sparkassenhistorisches Symposium 11. September 2009, Stuttgart 2011, S. 61–99, hier 90; Wysocki/Günther, *Sparkassen in der DDR*, S. 612.

9 Siehe dazu die Einkommens- und Verbrauchsstichproben des Statistischen Bundesamtes seit 1962/63.

10 Siehe im einzelnen Jürgen Mura (Bearb.), *Die Wohnungsbaufinanzierung der Sparkassenorganisation – historische Entwicklung und Zukunftsperspektiven*, Stuttgart 1998; Schulz, *Wiederaufbau*, passim.

11 Siehe z. B. Thomas Hartmann-Wendel et al., *Bankbetriebslehre*, Berlin/Heidelberg 1998, S. 235ff., zuletzt 6. Aufl. 2014.

12 Siehe zur Gründung und Entwicklung der Gemeinschaft zum Schutz der deutschen Sparer den Bestand IV D/2 im Sparkassenhistorischen Archiv des Deutschen Sparkassen- und Giroverbands Bonn.

13 Günther Schulz, „Die Sparkassen vom Ende des Zweiten Weltkriegs bis zur Wiedervereinigung", in: Hans Pohl et al. (Hg.), *Wirtschafts- und Sozialgeschichte der deutschen Sparkassen im 20. Jahrhundert*, Stuttgart 2005, S. 249–428, hier 303ff.

14 Siehe z. B. die Beiträge in Hans Günter Hockerts (Hg.), *Drei Wege deutscher Sozialstaatlichkeit. NS-Diktatur, Bundesrepublik und DDR im Vergleich*, München 1998, insbes. Günther Schulz, „Soziale Sicherung von Frauen und Familien", S. 117–149.

15 Siehe z. B. Ömer Sengül, *Das Sparverhalten der türkischen Arbeitnehmer und dessen Auswirkungen auf die Bundesrepublik Deutschland und die Türkei*, Bonn 1980.

16 Günter Ashauer, „Betrachtung des ‚Privatkunden' in der Zeit vor 1959", in: *Der Privatkunde* (Bankhistorisches Archiv, Beiheft 16), Frankfurt/M. 1990, S. 11–21.

Und man hat es
so leicht
im HO Warenhaus
... denn man kann mit dem Sparkassenbuch jederzeit bargeldlos einkaufen.
Die Kaufsumme wird im Kundendienst vom Sparbuch abgebucht, und die Ware steht sofort zu Ihrer Verfügung.
Inhaber von Lohn- und Gehaltskonten können mit Scheck bezahlen.
HO WARENHAUS ERFURT
STADT- UND KREISSPARKASSE ERFURT
Das wünsch' ich mir...

Abb. 39 Faltblatt zum Konsumsparen in der DDR, Erfurt 1960, Historisches Archiv des Ostdeutschen Sparkassenverbandes Berlin, Kat.-Nr. 199

Nach dem Ende des Zweiten Weltkriegs lebte das Sparwesen im sowjetisch besetzten Osten Deutschlands trotz der massiven Abwertung der Sparguthaben in der Währungsreform schnell wieder auf. Die fundamentale Kritik, die Karl Marx an den Sparkassen geübt hatte, war offiziell im Staatssozialismus gegenstandslos. Waren die Sparkassen im Kapitalismus – mit Marx – die „goldene Kette" der Arbeiter, so halfen sie in der DDR vermeintlich dabei mit, den „real existierenden Sozialismus" aufzubauen.

In der sozialistischen Planwirtschaft sollte, anders als im Kapitalismus mit seiner wechselhaften Konjunktur, die eigenverantwortliche Vorsorge für Alter, Krankheit und Arbeitslosigkeit nicht mehr erforderlich sein. Die einzig legitime Funktion des Sparens war das Ansammeln größerer Summen für die Anschaffung von Konsumgütern oder für Reisen. In Wirklichkeit blieb in der DDR aber auch das Sparen für das Alter von erheblicher Bedeutung. Das Sparen für den Konsum war zugleich eine bloße Notwendigkeit, wollte man langlebige Güter wie ein Auto anschaffen. Konsumentenkredite, wie sie sich im Westen des Landes etwa beim Autokauf bald verbreiteten, waren in der DDR kaum verfügbar. Allenfalls wurden Anschaffungskredite für junge Eheleute bewilligt. Aufgrund der bald negativen demografischen Entwicklung in der DDR folgte man dem Vorbild der „Ehestandsdarlehen", die bereits in den 1930er Jahren als Instrument der NS-Bevölkerungspolitik eingeführt worden waren. Es ging allerdings nicht darum, den materiellen Lebensstandard der DDR-Bevölkerung zu heben, sondern einen Anreiz für das Gebären vieler Kinder zu schaffen. Brachte die Ehe drei Kinder hervor, war der zinslose Kredit getilgt. Das Sparen blieb also die beste Option, plante man große Anschaffungen, und die langen Wartezeiten bei Autos etwa ließen dafür auch genügend Raum. Die bunte Werbung bildete eine Welt uneingeschränkten Konsums ab, die es so in der DDR nicht gab. Ab 1970 existierte dann auch keine Sparkassenwerbung mehr, es sollte lediglich noch informiert werden. Das private Sparen blieb für die DDR als Beitrag zur Investitionsfinanzierung dennoch von großer Bedeutung. RM

Literatur:
Josef Wysocki/Hans-Georg Günther, *Geschichte der Sparkassen in der DDR 1945 bis 1990*, Stuttgart 1996.

Sandra Maß

SCHULSPARKASSEN, KINDER UND POLITIK: DIE SPARBEWEGUNGEN IM LETZTEN DRITTEL DES 19. JAHRHUNDERTS

Die Entscheidung, Bargeld nicht auszugeben, sondern eine bestimmte Summe für die zukünftige Verwendung zurückzulegen, war für die meisten Menschen im 19. Jahrhundert von existenzieller Bedeutung. Unsichere Beschäftigungsverhältnisse, unvorhersehbare Krankheiten und Todesfälle machten die finanzielle Vorsorge, so gering die Summe auch sein mochte, für Angehörige unterer Schichten unabdingbar. Für Bürger und Bürgerinnen jedoch konnte die pekuniäre Rücklage der Beginn oder Ausbau eigener Kapitalbildung zum Zweck weiterer Investitionen sein. Als Idee, als Tugend, als Erziehungsziel und als soziale Praxis flankierte Sparsamkeit zudem andere Tugenden, wie Pünktlichkeit, Ordnung, Respektabilität und Mäßigung, und war ein durchgängiges Thema in der zeitgenössischen Ratgeberkultur. In der zweiten Hälfte des 19. Jahrhunderts gehörte das öffentliche Plädoyer für das private Sparen zum Wertehimmel von Bürgern und Arbeitern in vielen europäischen Ländern. In Belgien, Frankreich, England, in den deutschen Staaten, im Habsburger Reich, der Schweiz, in Russland und in Italien agierten lokale und nationale Sparbewegungen, die sich mit ihrem Anliegen sowohl an individuelle Personen als auch an Vereine und die Institutionen des Staates richteten. Die Träger der lokalen Sparbewegung waren vielfach Geistliche und Lehrer.[1] Die Unabhängigkeit vom Staat, die Resistenz gegen sozialistische Ideen und die Idee der Hilfe zur Selbsthilfe standen vor allem bei bürgerlichen Wohltätigkeitsvereinen auf der Agenda und fanden sich in pädagogischen Publikationen, Erziehungsratgebern und in der Schulerziehung.

Der Diskurs über die Erziehung zur Sparsamkeit war ein transnationales Phänomen, das sich durch zwei Wandlungsprozesse kennzeichnen lässt. Zum einen fand eine Politisierung des ehemals bürgerlichen Tugendideals statt. Die Bildungshistorikerin Christa Berg argumentiert, dass es im Verlauf des 19. Jahrhunderts zu einer „Privatisierung" von Sparsamkeit gekommen sei, deren sozialökonomische Funktionen sich abgeschliffen hätten. Zwar schreibt Christa Berg der Sparsamkeit weiterhin eine „stabilisierende Intention [...] im Sinne einer ‚guten Ordnung'" zu, bezieht dies aber vor allem auf die Frage des „häuslichen Glücks".[2] Dagegen möchte ich zwei Faktoren benennen, die es meines Erachtens vielmehr erlauben, von einer Politisierung der Sparsamkeit zu sprechen. Erstens wurde Sparsamkeit als Mittel gegen politische Unruhen in den Auseinandersetzungen um die soziale Frage verstanden. Zweitens sollte mit privater Sparsamkeit die Volkswirtschaft gestärkt und ein Vorteil in der Konkurrenz der Nationen und Kulturen erwirkt werden.

Das System der Schulsparkassen

Die Erziehungsratgeber des 19. Jahrhunderts betonten die Verantwortung der familiären Sozialisation für die Sparsamkeitserziehung. Daneben rückten zunehmend andere Erziehungsinstanzen in den Fokus der öffentlichen Debatte. Vor allem die Volksschule sollte in die Erziehung zum rechten Umgang mit Geld einbezogen werden. Wenn die Aufgabe der Schule darin gesehen werden könne, „moralisch tüchtige und gute Bürger" zu erziehen, so der Schulsparkassen-Befürworter und Regierungsrat Leo Wilhelmi, dann sei sie auch der Ort, an dem Sparsamkeit gefördert werden müsse.[3]
Die öffentlichen Reaktionen auf den Vorschlag, Schulsparkassen einzurichten, waren jedoch durchaus kontrovers und oftmals polemischer Natur. Tatsächlich rief die Institution der Schulsparkasse publizistische Reaktionen unterschiedlicher beruflicher und nationaler Herkunft, von Frauen und Männern hervor. Sie verursachte eine Art europäischen Spartourismus und in der Folge eine hohe Publikationsdichte an Broschüren, Büchern, Zeitungsartikeln und Vorträgen. „Der Kampf um die Schulsparkassen" ließ Gegner und Befürworter in den einschlägigen pädagogischen Zeitschriften zu einem regen Schlagabtausch zusammenkommen.[4]
Die plötzliche Eruption und Polemik der Debatte in den 1870er Jahren

suggerierte, dass es zuvor keine Sparsamkeitserziehung in der Schule gegeben habe. Die Aufmerksamkeit der schulischen Erziehung auf die Sparsamkeit war allerdings überhaupt nicht neu. Didaktische Materialien, die Sparsamkeit und Rechenhaftigkeit lehrten, gab es zuhauf: Lehr- und Lesebücher, Sprichwortsammlungen und Textaufgaben unterrichteten die Schülerinnen und Schüler im sparsamen Umgang mit Dingen, Lebensmitteln und eben auch Geld. Die monetäre Äquivalenz von Gegenständen und Waren wurde eingeübt und arithmetische Textaufgaben in einem Geldkontext platziert.

Abb. 40 Spardose „Deutsche Volksschule", um 1900, Kat.-Nr. 214

Neben der Unterrichtung von Sparsamkeit als Tugend hatte es in den deutschen Staaten, wie auch in Frankreich und Belgien, schon in der ersten Hälfte des 19. Jahrhunderts ein paar Ausnahmeschulen gegeben, die eine Sparkasse führten.[5] Johann Friedrich Heinrich Schwabe (1779–1834), Hofprediger und Oberpfarrer aus Weimar, konzipierte eine Armen- und Waisenschule, in der Kinder die „Liebe zu einem gewissen Eigenthume" erlernen sollten. Kleinere, bezahlte Arbeiten konnten „den Grund zu einem kleinen Geldeigenthum" bilden.[6]

Auch in England, Belgien und Frankreich hatte man früh mit Sparvereinen und -kassen für Kinder experimentiert. In den 1870er Jahren wurde somit eine alte Idee diskutiert, die aber nun für alle Elementarschulen die Etablierung von Sparkassen vorsah. Die Einrichtung breitete sich Ende des 19. Jahrhunderts sowohl in fast allen west- und mitteleuropäischen Ländern (inklusive Russland) als auch in den USA und in Japan aus und wurde im Laufe der folgenden Jahre dauerhaft installiert. 1893/94 zählte man in England und Wales insgesamt 8548 Schulen, wo Kinder Geld in einer öffentlichen Kasse anlegen konnten.[7] Im Deutschen Reich stieg die Zahl der Schulsparkassen von 300 im Jahr 1880 auf 842 im Jahr 1883.[8] 1900 waren, so die zeitgenössischen Statistiken, im Deutschen Reich 2995 Schulsparkassen verzeichnet.[9]

In Deutschland wurde die Schulsparkassenfrage vor allem von dem protestantischen Pfarrer Ernst Senckel vertreten. Er gründete 1880 in Glogau den Verein zur Beförderung der Jugendsparkassen in Deutschland. Darüber hinaus war die Sparbewegung auffällig transnational: Experten und Expertinnen aus deutschsprachigen Ländern, aus Frankreich, Belgien und England fuhren durch Europa, um in den jeweiligen anderen Ländern die schulischen Sparsysteme zu studieren und mit den Informationen die Institutionalisierung im Heimatland voranzutreiben. Der Lehrer Ferdinand Bezdek aus Brünn reiste 1904 durch Belgien, Deutschland, Frankreich, Italien und die Schweiz.[10] Der Schulinspektor Fitch besuchte für die englische Regierung Belgien. Der französische Verwaltungsbeamte August de Malarce kam 1873 nach Österreich und informierte sich im Anschluss über die belgischen und englischen Schulsparkassen.[11]

Das jeweilige Modell des schulischen Sparens variierte in den einzelnen Ländern: Die Schulsparkassen konnten autonom sein oder aber in enger Kooperation der örtlichen Sparkasse unterstehen und ihr zuarbeiten. Nicht überall wurde die Idee jedoch institutionell so intensiv unterstützt wie vom Deutschen Sparkassenverband. Die Grundstruktur basierte darauf, dass die Schüler und Schülerinnen kleinere Geldbeträge, die sie durch Geschenke, Arbeit und Taschengeld erhalten hatten, an bestimmten Tagen dem Klassenlehrer gaben. Dieser trug sie in einem eigens dafür bereitgestellten Kassenbuch ein. Die Quittung wiederum wurde vom Schüler oder von der Schülerin selbst verwaltet. Wenn der gesparte Betrag eine bestimmte Summe erreichte, überwies der Lehrer das Geld an die örtliche Sparkasse und ließ dort ein verzinsbares Sparbuch auf den

Namen des Kindes eröffnen. Dieses Buch sollte in den Händen des Lehrers verbleiben, um das Abheben des Betrages seitens der Schüler und Schülerinnen zu verhindern. Nur durch eine explizite Erlaubnis der Eltern konnte der Betrag der Kasse entnommen werden.[12]

Kritik am fremdartigen Material in der Schule

Im Vergleich mit den anderen europäischen Ländern setzte sich das Schulsparen in Deutschland relativ spät durch. Die Ursache lag an der expliziten Kritik, die an der Institutionalisierung der Gelderziehung geübt wurde und zu Verzögerungen führte. Widerstand gegen die Schulsparkassen kam in Deutschland vor allem von Lehrern. Der Berliner Bezirksverband des Deutschen Lehrervereins (1878) und der Leipziger Lehrertag (1878) lehnten deren Einrichtung rundweg ab.[13] Die Berliner Lehrer veröffentlichten einen Zehn-Punkte-Plan, in dem es unter anderem hieß, dass es weder Zeit noch eine pädagogische Notwendigkeit für die Einführung der Schulsparkassen gäbe. Die Kassen würden die Klassenunterschiede verschärfen, mit ihnen zöge der Materialismus in die Schule ein und es könne zu einer sittlichen Schädigung der Schüler kommen.[14] Die Gegner der Schulsparkassen erkannten an, dass die „Pflege des Sparsinnes" in der Schule erlernt werden sollte und dass es sich bei der Sparsamkeit um eine „wertvolle wirtschaftliche Eigenschaft" handelte, die sich als „ein wirksames Mittel gegen Genusssucht, Verschwendung, Trägheit und deren traurige Folgen bewährt"[15] habe. Doch ihnen erschien die Schulsparkasse nicht als ein probates Mittel zum Erlernen der Sparsamkeit. Ihr Schwerpunkt der Kritik lag in der allzu frühen Einführung des Geldes in eine als sorgenlos gedachte Kindheitsphase, durch das „dem Materialismus das Bürgerrecht in der Schule"[16] verschafft würde. Die Schulsparkasse erziehe die Schüler zu „unkindlichen Kindern"[17]. Das Geld in den Händen der Kinder markierte aus der Sicht der Kritiker das Ende der Kindheit und den zu frühen Beginn des berechnenden Erwachsenendaseins. Eng verbunden mit der christlichen Kapitalismus- und Geldkritik verwahrten sich die Gegner darüber hinaus gegen die Deutungshoheit der Nationalökonomie im pädagogischen Bereich und beklagten das Entern eines vormals ökonomiefreien Bereichs durch ein fremdes Material, das Geld.[18]

Die Befürworter des schulischen Sparens sahen in all diesem kein Problem. Für sie stellte die Geldeinzahlung schlichtweg eine Übung in Selbstkontrolle dar, die, so Agnes Lambert, langfristig zur Gewöhnung an ein ordentliches Leben führen würde.[19] Der österreichische Schuldirektor Leinweber polemisierte gegen seine renitenten Kollegen, dass „es endlich Zeit wäre, daß die ewig auftauchenden Humanitätsideale in der Lehrerwelt dem nüchternen Gedanken an das erreichbare Ziel der Erziehung Platz machten“[20]. Und so setzte sich die Schulsparkasse am Ende des 19. Jahrhunderts auch im Deutschen Reich durch.

Sparsamkeit und soziale Frage

In einem ganz anderen Sinne, als es die Gegner des Schulsparens interpretierten, wurde die Institutionalisierung der Schulsparkasse zu einem Politikum, und zwar im Rahmen der Auseinandersetzung über die soziale Frage. Die verzögerte Geldausgabe durch das Sparen und die monetären Rücklagen in den Schulen wurden als eine Lösungsmöglichkeit für die Auseinandersetzungen zwischen Arm und Reich sowie Links und Rechts präsentiert.[21] Sparen sei eine politische Handlung, so die Sparbefürworter, die helfe, die soziale Ungleichheit im Land zu reduzieren, die Armut der Arbeiter zu bekämpfen und die politischen Unruhen zu beseitigen. Wenn früh mit der Erziehung zur Sparsamkeit begonnen würde, könne die politische Spannung der sozialen Frage gelöst werden. Die Sparbefürworter implizierten politische Aussagen über die Ursachen der Armut: Nicht die Klassenverhältnisse wurden für die Misere der Armen und Arbeiter verantwortlich gemacht, sondern das individuelle Versagen im Umgang mit Geld. Armut sei in der Regel auf „selbstbegangene Fehler“ zurückzuführen, so Carl Foerster, der Autor einer Sparsamkeitsschrift von 1885.[22] Er empfahl Enthaltsamkeit und gute Haushaltung auch für die ärmsten Tagelöhner.[23]

Die Kritik am monetären Verhalten unterbürgerlicher Schichten richtete sich explizit gegen die Sozialdemokratie. Die Sozialdemokraten wollten Grundbesitz und Häuser teilen, somit hätten sie kein Interesse am Privateigentum und am Sparen, befand der deutsche Geistliche Auffenberg und fasste prägnant zusammen: „Wer spart, ist kein Socialdemocrat und Anarchist.“[24] Die Arbeiter würden jedoch der gefährlichen „Schenke“ und der dortigen Agitation entzogen, wenn sie den (bürgerlichen) Wert häuslicher Sparsamkeit und familiären Beisammenseins verinnerlichten.[25] War der Arbeiter aber erst einmal der Schenke entzogen und pflegte den sparsamen Umgang mit Geld, sahen die Sparfreunde auch gute Perspektiven für die Lösung der „Arbeiterfrage“, denn, so die Agitatorin und Lehrerin Carina Schröter, „der *Besitzende* revoltirt nicht, weil er für seinen *Besitz* fürchtet [...].“[26]

Politisch ging mit dem Sparansinnen in der Elementarbildung die Absicht einher, potenzielle soziale Unruhen im Keim zu ersticken, da die bürgerlichen Reformer und Volkswirtschaftler erspartes Eigenkapital als Bollwerk gegen revolutionäre Aspirationen interpretierten.[27] Doch diese Einschätzung blieb nicht überall unwidersprochen. Der deutsche Nationalökonom Wilhelm Stieda beispielsweise bestätigte zwar den allgemeinen Anstieg des institutionellen Sparens in Europa sowohl hinsichtlich der Anzahl der Sparbücher als auch hinsichtlich der angelegten Summen. Die befriedende Wirkung auf die Sozialdemokratie hielt er jedoch für eine Überschätzung der Effekte der Sparsamkeit, die sich empirisch nicht nachweisen ließen.[28]

Volkswirtschaft, Nation und Zivilisation

Von diesem Einwand ließen sich die europäischen Schulsparkassenfreunde nicht beeindrucken. Die Unterstützer der Schulsparkassen hatten nämlich nicht nur das einzelne Kind als Ziel ihrer Bestrebungen im Sinn. Sie erweiterten ihre Perspektive auch auf die gesamtgesellschaftliche Ordnung. Es galt, auf die Eltern und Arbeiter Einfluss zu nehmen, um die Nation und die Volkswirtschaft von der Einführung der institutionalisierten Sparsamkeit profitieren zu lassen. Diese „reformatorische Mission für unser nationales Leben“[29], so der Handelskammersekretär Hansen aus Kiel in einem Artikel des bürgerlichen *Arbeiterfreund*, sollte von Lehrern vollbracht werden, denen am Ende des 19. Jahrhunderts mehr Expertise zugeschrieben wurde als den Eltern bzw. der Mutter. Der Lehrer, so der Wiener Bibliothekar Ratkowsky, sei in der Lage, den volkswirtschaftlichen Nutzen und die positiven Auswirkungen auf das Gemeinwohl mit dem individuellen Sparen zu verknüpfen.[30] Mit der Verbreitung der Sparsamkeit auch in den unteren Schichten seien

nicht nur die politischen Unruhen zu bannen, sondern es entstünden auch positive Effekte auf das große Ganze.

Sparende Arbeiter, das skizzierte der spätere Abgeordnete der französischen Nationalversammlung Eugène Cuissart 1880 vor der Gesellschaft der Politischen Ökonomie in Lyon, seien aktive Mitglieder der Zivilisation und des Fortschritts. Sie trügen zur öffentlichen Moral genauso bei wie zum nationalen Wohlstand.[31] Wie Cuissart teilten viele seiner Zeitgenossen die Einschätzung, dass die Verbreitung von sparsamen Handlungsweisen letztlich als ein Kriterium und ein Ausdruck der kulturellen Entwicklung der jeweiligen Nation gelten könne. „*Thrift began with civilization*“[32], lässt Smiles sein Buch *Thrift* beginnen: „*It is the savings of individuals which compose*

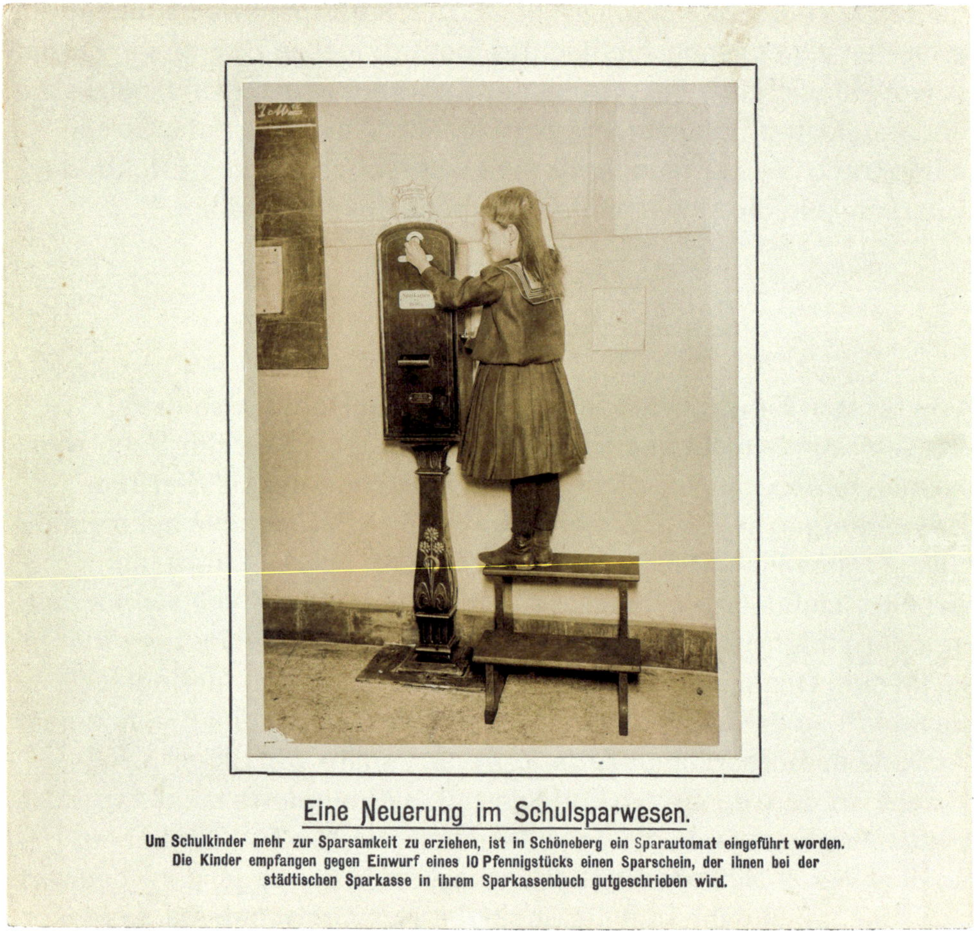

Abb. 41 Sparautomat für Schulkinder, um 1910,
Kat.-Nr. 217

the wealth – in other words, the well-being – of every nation. [...] So that every thrifty person may be regarded as a public benefactor, and every thriftless person as a public enemy.“[33] Die Sparsamkeit, so auch Oskar Kuntze, der Oberbürgermeister von Plauen in seiner Schrift über die Vorteile der Sparkassen, sei nicht nur eine unterstützenswerte Tugend, sondern auch ein sittlicher Wert. Das Sparen habe positive Wirkungen auf „ganze Völker und Zeiten, für das Gesammtwohl, für unsere ganze Kulturentwicklung“[34]. Oberbürgermeister Kuntze sprach den bürgerlichen Tugenden sogar einen strategischen Vorteil in den internationalen Auseinandersetzungen zu. Im Kampf der Kulturvölker könne nur dasjenige Volk „den Sieg behalten [...], welches die Tugenden der Ordnung, Arbeitsamkeit, Mäßigkeit, Selbstbeherrschung, Wirthschaftlichkeit und Sparsamkeit pflegt und übt“. Diese erhöhten das „Nationalkapital“ und die Stärke der Nation.[35] Tiere und „rohe Völker“ seien dagegen nur auf die Gegenwart bezogen, so Kuntze, und hätten keine Vorstellung von den Vorteilen einer auf die Zukunft gerichteten Ansammlung von Gütern.[36]

Kuntze reproduzierte, was in der ökonomischen Theorie eine weitverbreitete Einschätzung war. Bestimmte ökonomische Handlungen seien an die Kenntnis der zeitlichen Dimension geknüpft. Die Fähigkeit, zwischen Vergangenheit, Gegenwart und Zukunft zu unterscheiden, galt weithin als die zentrale Voraussetzung für die Befähigung zur Sparsamkeit. Dies unterschied nicht nur die Kinder von den Erwachsenen, sondern auch die sogenannten Wilden von den vermeintlich Zivilisierten. Der Erziehungsverlauf eines Kindes wurde auch von dem Engländer Alfred Pinhorn als eine Miniatur der Entwicklung der modernen Kultur von der Wildnis zur Zivilisation entworfen:

„Try to imagine what has resulted from the earliest instance of thrift. The naked savage saved nothing. When he obtained food by hunting he satisfied this appetite and took little or no trouble about the future. When he became a little more sensible he took to saving a little food for next day, the corn for seed. Later on he thought about agricultural implements such as rough spades. Ten little mechanical contrivances suggested themselves to him; all meaning, at first, self denial; but afterwards, profitable capital. Then trade sprang up with its many blessings, and rapid strides were made toward the present

happy conditions under which we live; but which can and will be mightily improved by the boys and girls of today – the men and women of the future.“[37]

Sparsamkeit galt als Motor der Zivilisationsentwicklung der europäischen Menschen. Erst durch Voraussicht auf die unmittelbare Zukunft habe sich aus dem ursprünglich nackten Wilden der Mensch der modernen Zivilisation und Ökonomie entwickelt, deren weitere Verbesserung in den Händen der (sparenden) Kinder läge, so die Befürworter der Sparsamkeitserziehung. Kinder sollten frühzeitig mit Geld in Kontakt kommen, um das Sparen eigenständig zu erlernen und als sinnvolles, auf die Zukunft gerichtetes Verhalten zu bewerten. Die Schulsparkassen stellten den flächendeckenden Versuch dar, diese Verhaltensleitbilder zu institutionalisieren.

Die Schulsparkassen waren somit auf drei Ebenen politisch: Erstens wurde die Schulsparkasse im Zusammenhang mit dem Problem der sozialen Ungleichheit diskutiert und dabei von einigen als *das* Mittel zur Sozialistenbekämpfung stilisiert. Zweitens verstanden die Befürworter die volkswirtschaftlich und national bedeutsamen Sparanstrengungen von Kindern als einen Standortvorteil im Wettlauf der Nationen. Gleichzeitig kennzeichneten sie die Fähigkeit zum Sparen als einen Ausdruck europäischer Zivilisation. Drittens schließlich basierte das staatliche Schulsparen auf monetärer Selbstregulierung. Die Institution wurde dabei unmittelbar mit dem auch in Ratgebern präsenten Mäßigungsdiskurs verbunden, um Vorstellungen erwünschter Bürger und Bürgerinnen zu realisieren. Die Grundidee war eine fortschrittliche und volkswirtschaftlich prosperierende Nation, in der die Einzelnen unabhängig von staatlicher Bevormundung durch die Fürsorge und von der Einschränkung individueller Entscheidungsfreiheit durch Verschuldung und Knappheit sein sollten. Solche Subjekte galten als staatstragend und an der Aufrechterhaltung der Ordnung interessiert. Im Unterschied zu den Erziehungsratgebern, die die Kontrolle der pekuniären Verhaltensweisen in den Menschen allein anzulegen suchten, waren die Schulsparkassen der staatlich-administrative Versuch, Fürsorge, volkswirtschaftlich notwendige Spareinlagen und Disziplinierung potenziell Unruhe stiftender Menschen miteinander zu kombinieren. Damit konnte man nicht früh genug anfangen.

1 Der Beitrag beruht in weiten Teilen auf: Sandra Maß, *Kinderstube des Kapitalismus? Monetäre Erziehung im 18. und 19. Jahrhundert*, München/Wien 2017 (Veröffentlichungen des Deutschen Historischen Instituts; Bd. 75). Für die transnationale Dimension von Sparsamkeit vgl. auch Sheldon Garon, *Beyond Our Means. Why America Spends While the World Saves*, Princeton, NJ, 2012.

2 Christa Berg, „‚Die Fabrikation des zuverlässigen Menschen.' Der Spargedanke in der Ratgeber-Literatur, 1850–1914", in: *Zeitschrift für bayerische Sparkassengeschichte* 7, 1993, S. 69–98, S. 70; dies., „‚Rat geben.' Ein Dilemma pädagogischer Praxis und Wirkungsgeschichte", in: *Zeitschrift für Pädagogik* 37, 1991, S. 709–733, S. 717.

3 Leo Wilhelmi, *Die Schul-Sparkasse und ihre Verbreitung*, Leipzig 1877, S. 9.

4 „Die Schulsparkassen", in: *Allgemeine Deutsche Lehrerzeitung* 34, 1882, 7, S. 59–62; Georges, „Was ist von der Schulsparkasse zu halten?", in: *Deutsche Blätter für den erziehenden Unterricht* 11, 1884, S. 133–136.

5 Vgl. Charles Martin, *A Messieurs les instituteurs des écoles primaires. De l'importance des caisses d'épargne et de leur facile application aux écoles primaires*, Paris 1839.

6 Johann Friedrich Heinrich Schwabe, *Grundsätze der Erziehung und des Unterrichts sittlich verwahrloster und verlassener Kinder in Beschreibung einer diesem Zwecke gewidmeten Anstalt*, Eisleben 1833, S. 77f.

7 Hermann Rolle, Artikel „Schulsparkassen", in: *Encyklopädisches Handbuch der Pädagogik*, Bd. 8, hrsg. von Wilhelm Rein, 2. Aufl., Langensalza 1908, S. 298–320, S. 304.

8 Adolf Trende, *Geschichte der deutschen Sparkassen bis zum Anfang des 20. Jahrhunderts*, Stuttgart 1993 [1957], S. 377; Seidel, *Schul- und Jugendsparkassen und andere private Spareinrichtungen, insbesondere die Fabrikssparkassen, in: Zeitschrift für die gesamte Staatswissenschaft*, 1908, S. 655–712, S. 674.

9 Norbert Emmerich, *Geschichte der deutschen Sparkassenwerbung 1750 bis 1995*, Stuttgart 1995, S. 59.

10 Franz Breunlich, *Die Schulsparkasse*, Wien 1915, S. 54; über diese Reise vgl. Ferdinand Bezdek, *Bericht über Einrichtung und Ergebnisse der bestehenden ausländischen Schulsparkassen unter Berücksichtigung ihrer erzieherischen und volkswirtschaftlichen Bedeutung, erstattet dem hohen Ministerium für Kultus und Unterricht*, Brünn 1906.

11 August de Malarce, *Histoire et manuel de l'institution des caisses d'épargne scolaires, avec le règlement et les modèles de comptabilité*, 14. Aufl., Paris 1897, S. 5.

12 Vgl. Wilhelmi, *Schul-Sparkasse*, S. 5–7.

13 Hierbei konnte es durchaus auch etwas emotional zugehen, wie einige Artikel zeigen, u. a. H. Fricke, „Entgegnung auf einen Artikel der ‚Reform' Nr. 182 betreffend Schulsparkassen", in: *Pädagogische Reform; zugleich Zeitschrift der Hamburger Lehrmittelausstellung* 6, 1882, 33, S. 133.

14 Zit. nach Adolf Leinweber, *Vier Beiträge zur Frage der Schulsparkassen. Pädagogische Abhandlungen*, Wien 1879, S. 22.

15 Heinrich Schröer, *Wider die Schulsparkassen*, Wittenberg 1882, S. 9.

16 H. Fricke, „Ueber Schulsparkassen", in: *Pädagogische Reform* 5, 1881, Nr. 21–24, S. 93.

17 „Einige Bedenken gegen die Schulsparkassen", in: *Allgemeine Schulzeitung für das gesamte Unterrichtswesen. Organ des Vereins für Wissenschaftliche Pädagogik* 57, 1880, 11, S. 84–85, hier S. 85.

18 Schröer, *Wider die Schulsparkassen*, S. 8.

19 Agnes Lambert, *A School Bank Manual for the Use of Managers and Teachers of Public Elementary Schools*, London 1886, S. 4f.

20 Leinweber, *Beiträge*, S. 21.

21 Joseph Auffenberg, *Des kleinen Mannes Sparpfennig oder Sparst du was, so hast du was*, Paderborn 1889, S. 1.

22 Carl Foerster [i. e. Emma Zapp], *Die Kunst des Sparens*, Köln 1885, S. 8.

23 Ebd., S. 9.

24 Auffenberg, *Sparpfennig*, S. 12.

25 Wilhelmi, *Schul-Sparkasse*, S. 18.

26 Carina Schröter, *Die Schulsparkassen vom Standpunkte der Pädagogik und National-Ökonomie*, Budapest 1877, S. 37.

27 Wilhelmi, *Schul-Sparkasse*, S. 3. An anderer Stelle betonte Wilhelmi allerdings, dass die Schulsparkassen die soziale Frage nicht lösen könnten: ebd., S. 18.

28 Wilhelm Stieda, „Zur Schulsparkassen-Frage", in: *Jahrbuch für Gesetzgebung, Verwaltung und Volkswirtschaft im Deutschen Reich* 2, Leipzig 1878, S. 143–151, S. 144.

29 Christian Hansen, „Die Kinder- und Schulsparkassen", in: *Der Arbeiterfreund. Zeitschrift des Central-Vereins für das Wohl der arbeitenden Klassen* 14, 1876, S. 451–472, S. 467.

30 Ratkowsky, *Schulsparcassen*, S. 13.

31 Eugène M. Philippe Cuissart, *Les caisses d'épargne scolaires* (Vortrag vom 9. Januar 1880), Lyon 1880, S. 4.

32 Samuel Smiles, *Thrift* (1875), London 1997, S. 1.

33 Ebd., S. 2.

34 Oskar Kuntze, *Das Sparen und die Sparkassen. Mittheilungen und Anregungen zur Weiterentwicklung des Sparkassenwesens*, Plauen 1882, S. 5.

35 Ebd., S. 6. Die Haltung, dass Sparsamkeit und Kapitalbildung der Schwerpunkt volkswirtschaftlichen Handelns sei, wurde am Ende des 19. Jahrhunderts von denjenigen bestritten, die für eine größere Konsumaktivität plädierten. Vgl. dazu Heinrich Herkner, „Über Sparsamkeit und Luxus vom Standpunkte der nationalen Kultur- und Socialpolitik", in: *Jahrbuch für Gesetzgebung, Verwaltung und Volkswirtschaft im Deutschen Reich*, hrsg. von Gustav Schmoller, Leipzig 1896, S. 1–22.

36 Kuntze, *Sparen*, S. 7f. Smiles formulierte ähnlich: *„The savage is the greatest of spendthrifts, for he has no forethought, no to-morrow. The pre-historic man saved nothing."* Smiles, *Thrift*, S. 2.

37 Alfred Pinhorn, *Spending and Saving. A Primer to Thrift and Guide to Friendly Societies*, London 1891, S. 30f.

Wir sparen für Lager und große Fahrt
Sparmarkenkarte
für die
HJ
Vor- und Zuname
Wohnort
Straße
Einheit:
Nr.
Sparkasse der Stadt Berlin

Abb. 42 Sparmarkenkarte der Sparkasse der Stadt Berlin für die Hitler-Jugend, Berlin 1937–1945, Historisches Archiv der Berliner Sparkasse, Kat.-Nr. 226

Die Schulsparkassen im Kaiserreich dienten nicht allein der monetären Bildung, sondern waren zugleich Instrument einer auf eine bestimmte soziale und politische Ordnung zielenden Erziehung. Traten diese Motive in der Zwischenkriegszeit zunächst in den Hintergrund, so setzte sich die Tendenz zur Politisierung der Sparsamkeit im Nationalsozialismus umso intensiver fort.

Wegen der großen wirtschaftlichen und ideologischen Bedeutung des Sparens und damit der Sparerziehung ordnete der nationalsozialistische Staat den Ausbau des Schulsparwesens im Jahr 1936 gesetzlich an. Teile des Erlasses waren auch in den Jahrzehnten nach Kriegsende noch verbindlich. In dem vom SS-Standartenführer und Staatssekretär im Reichsministerium für Wissenschaft, Erziehung und Volksbildung, Werner Zschintzsch (1888–1953), unterzeichneten Erlass heißt es:

„Nach den Jahren des wirtschaftlichen Zerfalls wird im nationalsozialistischen Deutschland die Erziehung der Jugend zur Sparsamkeit nicht nur im Elternhaus, sondern auch in der Schule zu pflegen und zu fördern sein. Die praktische Betätigung des Sparsinns in der Schulsparkasse hat im Rahmen dieser Erziehungsaufgabe besondere Bedeutung. Es darf dabei nicht darauf ankommen, ob es dem einzelnen Kinde möglich ist, eine größere oder kleinere Summe zu ersparen, als vielmehr darauf, bei allen Schülern die in der Sparsamkeit liegende sittliche Haltung zu wecken."

Die politische Unterstützung für das Schulsparwesen hatte Erfolg. Zwischen 1934 und 1938 stieg die Zahl der beteiligten Schulen von 13 176 auf 33 542. Im gleichen Zeitraum stiegen die Spareinlagen der Schüler von 3,0 Millionen auf 16,7 Millionen Reichsmark. Im Jahr 1938 waren von 9 Millionen Schülern 3,5 Millionen aktive Schulsparer.

Im Jahr 1937 wurde ergänzend das Hitler-Jugend-Sparen (HJ-Sparen) eingeführt. Sparmarkenkarten, wie die hier gezeigte, sollten die Finanzierung von Lagerfahrten ermöglichen.

In einer Anlage des Reichsbefehls der für die HJ zuständigen Reichsjugendführung vom 8. Februar 1941 (Kat.-Nr. 228) heißt es: „Sparsamkeit ist nationale Pflicht eines jeden Deutschen. Die Reichsjugendführung hat daher das Sparen in die allgemeine Erziehungsarbeit übernommen. Jeder Angehörige der Hitler-Jugend hilft durch sein Sparen dem Führer und dient der Volksgemeinschaft."

Die Sparkassen und die genossenschaftlichen Sparinstitutionen wurden mit der Durchführung des Sparens in der HJ beauftragt.

Das Sparen für Lagerfahrten wurde später in der DDR wieder aufgegriffen (Kat.-Nr. 232). RM

Literatur:
Hans Pohl et al., *Wirtschafts- und Sozialgeschichte der deutschen Sparkassen im 20. Jahrhundert*, Stuttgart 2005 (Zeitschrift für bayerische Sparkassengeschichte, Beiheft 1), S. 193; Peter Joerißen (Hg.), „Das wünsch ich mir, drum spare ich!". *Geschichte des Schulsparens*, Schul-Heft 7, Bergisch Gladbach 2009, S. 36ff.

Carl-Ludwig Thiele

DIE BEDEUTUNG DES BARGELDS ALS WERTAUFBEWAHRUNGSMITTEL

„Spare in der Zeit, dann hast du in der Not!" Dieses Sprichwort dürfte allgemein bekannt sein, genauso wie „Sparen ist eine Tugend". Wer wüsste das besser als die Deutschen? Die Sparquote der privaten Haushalte ist hierzulande mit fast 10 Prozent des verfügbaren Einkommens im internationalen Vergleich hoch. Gespart werden kann auf verschiedene Weise, zum Beispiel in Form von Aktien, Immobilien oder (Bar-)Geld. Die hierfür relevante Wertaufbewahrungsfunktion ist eine wichtige Funktion des Geldes. Wer spart, bildet sich so eine Reserve, über die er später bei Bedarf verfügen kann.

Können Sie sich vorstellen, bei Nacht, mit abgeblendetem Licht und Spaten bewaffnet in Ihren Garten zu schleichen, um unter Ihrem Lieblingsrhododendron einen Milchkrug gefüllt mit Bargeld zu vergraben? Gehen wir nur wenige Jahrhunderte zurück, dann wäre das ein durchaus gängiges Verfahren gewesen, um Ihr Vermögen zu sichern. Damals hatte man kaum eine andere Wahl, sowohl seinen angesparten Reichtum in Form von hochwertigen Talern als auch sein Alltagskleingeld auf diese Weise vor fremdem Zugriff zu schützen. Zwar gab es schon seit dem Mittelalter private Geschäftsbanken, doch das war etwas für die Wohlhabenden in der Stadt. Die reichen Händler durften ihr Geld auf Konten in Sicherheit bringen, der Bauer auf dem Lande musste dagegen kreativ werden. Und da der, der das Geld vergrub, in der Regel die einzige Person war, die um das Versteck wusste, ging nicht selten das Wissen um den „Schatz" mit seinem plötzlichen Ableben unwiederbringlich verloren. Selbst in der Neuzeit finden sich zum Teil große Geldscheinmengen verborgen hinter der Tapete, von denen bis zur Renovierung des Hauses niemand mehr etwas wusste.

Doch bei all diesem Umstand war derjenige, der Geld in Form von Münzen und später dann auch Banknoten zur Hand hatte, in einer komfortablen Lage – verglichen mit den Anfängen des Wertetausches und der Werteaufbewahrung. Als es noch kein

Abb. 43 Römisches Spargefäß, 1. Jahrhundert, Kat.-Nr. 5

Geld gab, tauschten die Menschen Ware gegen Ware, was ein sehr umständlicher Prozess war. Fand sich kein direkter Tauschpartner, waren manchmal lange Tauschketten nötig, bis jeder bekam, was er brauchte. Schon früh kamen die Menschen daher auf die Idee, beim Handeln ein heute allgemein anerkanntes Tausch- und Zahlungsmittel zwischenzuschalten: Geld. Es vereinfacht den Warentausch und fördert den Handel. Über viele Jahrhunderte galten wertvolle Waren wie Gold, Silber, Salz oder bestimmte Muscheln als Geld. Während sich die genauen Ursprünge der Verwendung von Geld im Dunkel der Geschichte verlieren, lässt sich der Beginn der Verwendung von Münzen in unserem Kulturkreis auf die Mitte des 7. Jahrhunderts v. Chr. datieren. Zu diesem Zeitpunkt wurden sie im östlichen Ägäisraum sozusagen „erfunden“. Als Geld verwendeten die Lyder und Ionier in Kleinasien lange Zeit Klumpen aus rohem Edelmetall, die sie von einem größeren Brocken abhackten und dann wogen. Doch ab etwa 650 v. Chr. begannen sie, Metallstücke aus Gold und Silber zu gießen und ihnen ein Zeichen aufzuprägen. So entstanden die ersten Münzen.

Bis zur Entwicklung des Papiergelds sollten noch viele Jahrhunderte vergehen. Es entstand auch nicht in unserem Kulturkreis, sondern im fernen Asien. Die ältesten Überlieferungen zu Papiergeld in China stammen aus der Zeit um 1024 n. Chr. Es handelte sich dabei um Quittungen für hinterlegtes Metallgeld, die als Zahlungsmittel verwendet wurden. In Europa hat Papiergeld eine wesentlich kürzere Geschichte. Bis ins 17. Jahrhundert kannte man Bargeld hier nur in Form von Münzen, obwohl schon Marco Polo von der Erfindung des Papiergelds in China berichtet hatte. Erst das enorme Gewicht der schwedischen Kupferplattenmünzen von teilweise bis zu 20 kg brachte einen Bankier in Stockholm 1661 auf die Idee: Er gab mit königlicher Genehmigung Banknoten aus, die einen Kredit auf künftige Kupferfunde darstellten und auf diese Weise sowohl der Bank als auch der Bevölkerung den teuren Transport und die lästige Lagerung der Plattenmünzen ersparte.

Seit Beginn der Bargeldnutzung hat diese Geldform erheblich dazu beigetragen, den Aufwand bei der Abwicklung von Geschäften zu verringern. Die Kosten für den Transport und die Informationsbeschaffung, der Zeitaufwand und die Kosten für die effektive Warenübergabe wurden mit der Einführung von Bargeld als Tauschmedium und Recheneinheit enorm reduziert. Die so freigesetzten Ressourcen können in einer sich weiterentwickelnden Gesellschaft anderweitig eingesetzt werden und somit den Wohlstand einer Gesellschaft mehren. Das Besondere am Bargeld ist, dass es kein Verfallsdatum hat. In Geld wird der Wert eines verkauften Gutes gespeichert, und Geld macht es so möglich, diesen Wert in die Zukunft zu übertragen. Um als Wertspeicher zu dienen, muss Geld haltbar und wertbeständig sein. Da auch das heutige Bargeld kaum einen eigenen Materialwert mehr hat, kommt es darauf an, den Nominalwert zu erhalten. Staatliche Zentralbanken haben die Aufgabe, diesen Geldwert zu sichern. „Inflation oder Deflation sind nur zwei Fremdwörter für Pleite!“, so kommentierte der Bankier Carl Fürstenberg (1850–1933) die Notwendigkeit für Geldwertstabilität treffsicher. Wertbeständigkeit, Haltbarkeit und nicht zuletzt Vertrauen sind notwendig, damit Geld die ihm zugedachten Funktionen erfüllen kann. Als Notenbank für Deutschland wacht die Bundesbank gemeinsam mit den anderen Notenbanken im Euroraum darüber, dass dieses Vertrauen gewahrt wird.

Abb. 44 Sparbüchse mit Federzugschloss, Ende 16. Jahrhundert, Kat.-Nr. 6

Doch „Geld" beschränkt sich nicht nur auf Banknoten und Münzen. Auch Buchgeld kann als Tauschmittel, Recheneinheit und Wertaufbewahrungsmittel dienen, was in Europa bereits seit einigen Jahrhunderten praktiziert wird. Gerade in unseren heutigen, modernen Zeiten gibt es zahlreiche Innovationen im unbaren Zahlungsverkehr. Kontaktloses Bezahlen, Zahlungen mit dem Smartphone oder per Internetbezahlverfahren – die Digitalisierung führt zu einer nie dagewesenen Fülle an Bezahlmöglichkeiten. Und auch bezüglich der Wertaufbewahrungsfunktion konkurriert das unverzinsliche Bargeld mit verschiedensten alternativen Anlageformen vom klassischen Sparbuch über die Lebensversicherung bis zum börsennotierten Fonds. Warum sollte man im 21. Jahrhundert also Bargeld verwenden? Was macht es auch heute noch besonders und einzigartig?

Bargeld weist zunächst als Zahlungsmittel zahlreiche Vorteile auf, die in ihrer Gesamtheit von keinem anderen Bezahlinstrument abgedeckt werden. Zum einen hat Bargeld eine haptische Komponente: Man kann es anfassen, sehen, fühlen. Dies erleichtert gerade Kindern den Zugang zur Welt des Bezahlens, weil sie mit hinterlegten Werten auf einer Plastikkarte noch nichts anfangen können. Aber auch für Erwachsene bietet Bargeld eine Menge Vorteile. Mit Bargeld kann Zug um Zug bezahlt werden, das heißt, weder der Verkäufer noch der Käufer einer Ware muss in Vorleistung treten. Beide sind so gegen eine Insolvenz der Gegenseite geschützt. Dies ist zum Beispiel beim Kauf und Verkauf von teuren Waren zwischen Privatpersonen von Interesse. Wenn ich einem Unbekannten einen Gebrauchtwagen verkaufe, möchte ich mich nicht darauf verlassen müssen, dass er mir das Geld später überweist. Weiterhin ermöglichen Barzahlungen eine gute Kontrolle der Ausgaben – dies nutzen viele Haushalte, gerade wenn sie weniger Geld zur Verfügung haben. Ein Blick in den Geldbeutel genügt, um zu erkennen, ob es beispielsweise für den geplanten Kinobesuch noch reicht. Bargeld benötigt außerdem keine technische Infrastruktur. Ob nun der Strom ausfällt oder ein Hurrikan ganze Landstriche verwüstet: Mit Banknoten und Münzen kann man immer zahlen. Und schließlich schützt Bargeld die Privatsphäre der Menschen: Weihnachts- oder Geburtstagsgeschenke können so ohne Wissen des Partners besorgt werden. Auch gegenüber „Datenkraken“ bleibt man anonym.

Diese Vorzüge des Bargelds als Zahlungsmittel spielen auch für die Wertaufbewahrungsfunktion, also das Sparen oder Horten von Bargeld, eine Rolle. Zum einen steht der Gedanke dahinter, stets eine Reserve an Bargeld vorzuhalten, um in unvorhergesehenen Momenten ein Zahlungsmittel zur Verfügung zu haben. Nicht in jeder Situation, in der ein Verbraucher eine Zahlung leisten möchte, sind entsprechende technische Voraussetzungen für die Abwicklung einer unbaren Zahlung verfügbar. Außerdem bietet Bargeld einen besonderen Liquiditätsgrad, weil es gesetzliches Zahlungsmittel ist. Auf Euro lautende Banknoten können deshalb unter anderem in

Deutschland grundsätzlich jederzeit eingesetzt werden. Ein weiterer Grund dafür, Bargeld zu horten, ist das sukzessive Ansparen von Geld, um größere Ausgaben tätigen zu können.

Grundsätzlich dürfte das Spar- und Anlageverhalten privater Haushalte weniger vom Renditeumfeld als vielmehr von den individuellen Präferenzen wie auch von demographischen Einflüssen bestimmt sein. Gerade in Deutschland sparen viele gerne in Form von Banknoten oder Münzen, da Zuwächse jederzeit greifbar und deutlich vor Augen sind. Zwar wird Bargeld nicht verzinst. Im aktuellen Niedrigzinsumfeld hat sich dieser Nachteil jedoch etwa im Vergleich zu Spar- und Termineinlagen relativiert. Allerdings lässt sich seit Mitte 2014 ein erstarkendes Interesse an Aktien und Investmentfondsanteilen beobachten, das ein gewisses Renditebewusstsein widerspiegelt.

Und schließlich kann man auch nicht ausschließen, dass einige Anleger dem Banken- und Finanzwesen gänzlich misstrauen und deshalb Banknoten zurücklegen. Jemand, der Bargeld zuhause aufbewahrt, muss sich keine Gedanken darüber machen, ob es der Hausbank finanziell gut geht oder ob die eigenen Sparguthaben im Bedarfsfall teilweise für Rettungspakete herangezogen werden. Stattdessen ist Bargeld sicheres Zentralbankgeld, welches grundsätzlich nicht dem Risiko einer Bankenpleite unterliegt. Die Bedeutung dieses Motivs der Bargeldhortung für die Bargeldnachfrage zeigte sich exemplarisch im Herbst 2008, als im Zuge der Lehman-Krise die Nachfrage nach großen Banknotenstückelungen sprunghaft stieg.

Bargeld ist also auch in seiner Funktion als Wertaufbewahrungsmittel grundsätzlich nutzenstiftend, denn andernfalls würden sich Unternehmen oder Verbraucher nicht zum Sparen in Form von Bargeld entscheiden. Im derzeitigen Niedrigzinsumfeld kommen die Vorteile von Bargeld als Wertaufbewahrungsmittel sogar noch stärker zum Tragen, da die sogenannten Opportunitätskosten der Bargeldhaltung nahe Null und damit zum Teil günstiger als negative Zinsen sind. Zwar gibt es auch Nachteile der Bargeldhortung, wie Verlust- oder Diebstahlrisiken; dies scheint viele Menschen aber nicht davon abzuhalten, sich für Banknoten und Münzen als Wertaufbewahrungsmittel zu entscheiden.

Abb. 45 Wilhelm Leibl, *Der Spargroschen*, 1877,
Kat.-Nr. 11

Bargeld ist also als Zahlungs- und als Wertaufbewahrungsmittel beliebt, nutzenstiftend und nachgefragt. Dies belegen verschiedene Zahlen. Nach Einführung des Euro als Bargeld waren Ende Januar 2002 Banknoten im Wert von 220 Milliarden Euro im Umlauf. 15 Jahre später lag dieser Wert bereits bei mehr als 1.100 Milliarden Euro: Er hat sich also in diesem Zeitraum verfünffacht. Von diesem Geld wurden mehr als 50 Prozent, nämlich über 600 Milliarden Euro, durch die Bundesbank emittiert. Auf jeden Bundesbürger entfallen also rein rechnerisch mehr als 7000 Euro. In der Praxis ist dies jedoch nicht der Fall. Denn Analysen der Deutschen Bundesbank zur Bargeldnutzung zeigen, dass circa 70 Prozent dieses emittierten Bargelds außerhalb Deutschlands gehalten werden – überwiegend sogar außerhalb des Euro-Währungsgebietes. Die hohe Geldwertstabilität des Euro mit Inflationsraten unter 2 Prozent dürfte hierbei eine entscheidende Rolle spielen.

Von dem Bargeld innerhalb Deutschlands werden ungefähr 10 Prozent für alltägliche Einkäufe verwendet und etwa 20 Prozent –

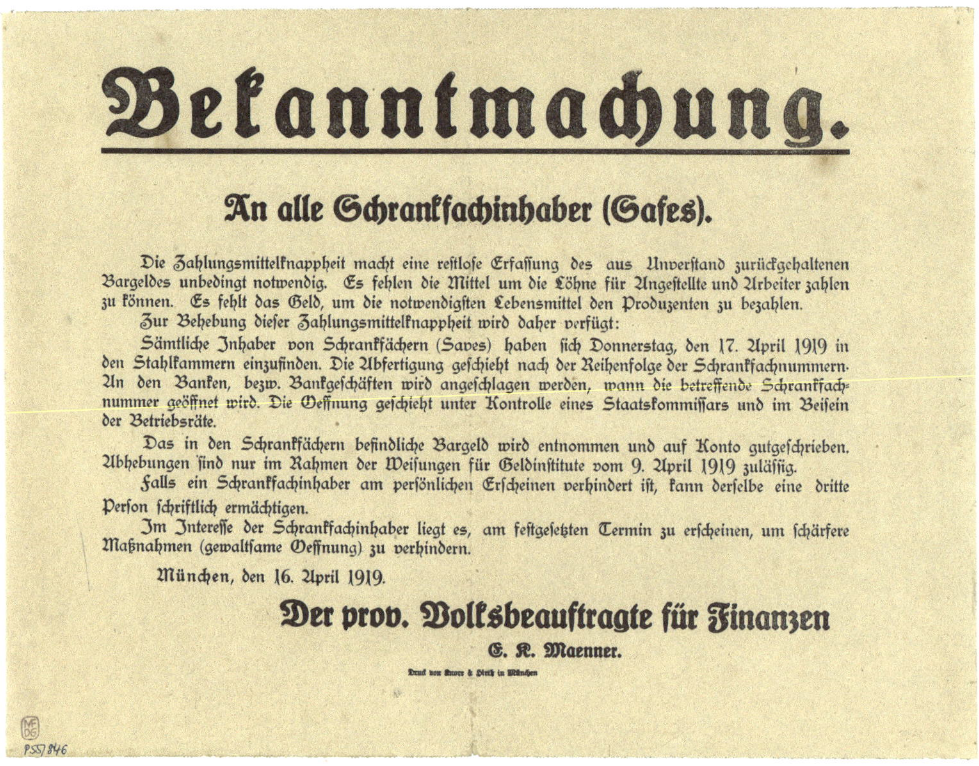

Bekanntmachung.

An alle Schrankfachinhaber (Safes).

Die Zahlungsmittelknappheit macht eine restlose Erfassung des aus Unverstand zurückgehaltenen Bargeldes unbedingt notwendig. Es fehlen die Mittel um die Löhne für Angestellte und Arbeiter zahlen zu können. Es fehlt das Geld, um die notwendigsten Lebensmittel den Produzenten zu bezahlen.

Zur Behebung dieser Zahlungsmittelknappheit wird daher verfügt:

Sämtliche Inhaber von Schrankfächern (Saves) haben sich Donnerstag, den 17. April 1919 in den Stahlkammern einzufinden. Die Abfertigung geschieht nach der Reihenfolge der Schrankfachnummern. An den Banken, bezw. Bankgeschäften wird angeschlagen werden, wann die betreffende Schrankfachnummer geöffnet wird. Die Oeffnung geschieht unter Kontrolle eines Staatskommissars und im Beisein der Betriebsräte.

Das in den Schrankfächern befindliche Bargeld wird entnommen und auf Konto gutgeschrieben. Abhebungen sind nur im Rahmen der Weisungen für Geldinstitute vom 9. April 1919 zulässig.

Falls ein Schrankfachinhaber am persönlichen Erscheinen verhindert ist, kann derselbe eine dritte Person schriftlich ermächtigen.

Im Interesse der Schrankfachinhaber liegt es, am festgesetzten Termin zu erscheinen, um schärfere Maßnahmen (gewaltsame Oeffnung) zu verhindern.

München, den 16. April 1919.

Der prov. Volksbeauftragte für Finanzen

E. K. Maenner.

Druck von Knorr & Hirth in München

Abb. 46 Bekanntmachung für Schließfachinhaber von Banken mit der Aufforderung, ihr Bargeld gegen Kontogutschrift der Staatskasse auszuhändigen, München 16. April 1919 also ein dreistelliger Milliardenbetrag – gehortet. Den Umfang der Hortung zu ermitteln, ist naturgemäß schwierig, da die Menschen nicht immer bereitwillig darüber Auskunft geben, wie viel Bargeld sie tatsächlich im Bankschließfach oder zuhause aufbewahren. Aber auch wenn wir die exakten Zahlen nicht kennen, so ist dennoch klar: Die Wertaufbewahrungsfunktion ist ein wichtiger Verwendungszweck für Bargeld. Wenn der Volksmund sagt: „Nur Bares ist Wahres", so ist da durchaus etwas dran.

Doch wie lange wird es die Möglichkeit, Bargeld als Zahlungs- und Wertaufbewahrungsmittel zu verwenden, überhaupt noch geben? Verschiedene Interessengruppen wollen die Bargeldverwendung zurückdrängen. Zu nennen sind hier beispielsweise die Anbieter unbarer Bezahlverfahren oder auch einige Politiker und Wissenschaftler. Die anhaltende Beliebtheit und häufige Verwendung von Bargeld ist diesen Akteuren mehr oder weniger ein Dorn im Auge. Sie führen vor allem zwei Gründe für ihre Haltung an. Erstens argumentieren einige Ökonomen wie zum Beispiel Kenneth Rogoff[1] oder Larry Summers[2] geldpolitisch: Bargeld verhindere die Durchsetzung negativer Zinsen, da die Möglichkeit bestünde, sein Geld jederzeit bar abzuheben. Deswegen das Bargeld zurückdrängen zu wollen, wäre aber wohl eine völlig unverhältnismäßige Antwort auf die Herausforderungen an der Nullzinsgrenze. Es sollte besser über Wege diskutiert werden, die zu mehr Wachstum führen. Denn dann könnte die Zeit von Negativzinsen enden und die Zinsen wieder steigen – und die Geldpolitik hätte wieder mehr „Wasser unter dem Kiel". Zweitens erwarten die Bargeldgegner, dass ohne Banknoten Geldwäsche, Schwarzarbeit oder Steuerhinterziehung zurückgedrängt werden könnten. Dabei wird nicht genug beachtet, dass Kriminelle auch andere Wege finden, um illegale Transaktionen zu tätigen, zum Beispiel in Fremdwährung, Naturalien oder anonymen Kryptowährungen. Und die Panama Papers haben deutlich gezeigt, wie man mit Briefkastenfirmen Geldwäsche oder Steuerhinterziehung betreiben kann. „In diesem Zusammenhang ist zu bedenken, dass die Aufhebung jeglicher Anonymität von Zahlungen an die Grundlagen einer freiheitlichen Gesellschaft rührt", so führt es der Wissenschaftliche Beirat beim Bundesministerium für Wirtschaft und Energie in einer aktuellen Studie aus. „So wird der Verzicht auf Bargeld als Abschaffung der ‚geprägten Freiheit' empfunden."[3]

Abb. 47 Karikatur aus einer Werbebroschüre des Deutschen Sparkassenverlags, Berlin 1936

Eines muss vor dem Hintergrund dieser Entwicklungen in aller Deutlichkeit dargelegt werden: Die Bundesbank hegt keinerlei Pläne für eine Abschaffung des Bargelds. Es ist davon auszugehen, dass es Banknoten und Münzen weiter geben wird. Für viele Bürgerinnen und Bürger wird Bargeld auch aus Wertaufbewahrungsmotiven gehalten. Viele haben ein Grundvertrauen in das Bargeld. Sie sehen es bei Anlagealternativen als kleineres Übel, verzichten auf Zinsen oder Erträge und vertrauen dem Medium Bargeld mehr als der Wertsicherung durch Anleihen oder Aktien. Zudem ist Bargeld jederzeit verfügbar – und damit hochliquide. Ob das Halten oder Horten von Bargeld die beste Anlageform ist, hat die Deutsche Bundesbank nicht zu entscheiden. Es ist ja auch nicht das Geld der Bundesbank, sondern das Geld der Bürgerinnen und Bürger. Die Bundesbank hat als vorrangigen Auftrag, die Geldwertstabilität sicherzustellen. Damit schützen wir den Wert des Geldes und auch den Wert des Ersparten. Diesem Auftrag ist die Deutsche Bundesbank verpflichtet und wird ihm auch weiter nachkommen.

1 Kenneth Rogoff, *Der Fluch des Geldes. Warum unser Bargeld verschwinden wird*, München 2016.

2 Vgl. dazu Daniel Stelter, *Bargeldverbot als Ultima Ratio*, erschienen unter www.manager-magazin.de/politik/weltwirtschaft/bargeldverbot-als-ultima-ratio-a-1033552.html (abgerufen am 4.12.2017).

3 Bundesministerium für Wirtschaft und Energie (BmWi), *Zur Diskussion um Bargeld und die Null-Zins-Politik der Zentralbank, Gutachten des Wissenschaftlichen Beirats beim Bundesministerium für Wirtschaft und Energie*, Berlin 2017, S. 12.

Abb. 48 Münzfund von Kornöd, um 1640, Deutsches Historisches Museum, Berlin, Kat.-Nr. 8

Stoffwertgebundenes Geld in Form von Münzen aus Gold und Silber wurde seit Jahrhunderten zur Wertaufbewahrung angespart und in Krisen-, Kriegs- und Notzeiten auf vielfältige Weise in Haus und Hof versteckt. War der Besitzer durch Tod oder Wegzug daran gehindert, seine Barschaft zu bergen, verblieb sie als Schatz bis zur zufälligen Hebung im Versteck. So grub am 29. März 1956 der Landwirt Jakob Schneiderbauer bei Erdaushubarbeiten für ein neues Gebäude in seinem Obstgarten in Kornöd einen „Blumentopf" aus, der einen Leinenballen voller Münzen enthielt. Während die Gefäßscherben mit dem Bauschutt abgefahren wurden, kamen die Münzen zur Reinigung und Registrierung in die zuständige Behörde nach München. Kurze Zeit später erhielt der Finder seinen Schatz zurück. 1992 kaufte das Deutsche Historische Museum die vollzählig erhaltenen Münzen an. Die jüngsten Münzen datieren von 1640, und es ist höchst wahrscheinlich, dass das Geld vergraben wurde, als im Januar 1641 schwedisches Militär bis vor Regensburg zog und die Kriegsgefahr in der Region wuchs. Der Dreißigjährige Krieg gehört zu den münzfundreichsten Perioden in der deutschen Geschichte, mehr als 2300 Funde sind bekannt, etwa 230 allein aus Bayern. Zu Kriegsbeginn kam es zu einer verheerenden Kleingeldinflation, der sogenannten Kipperzeit von 1619 bis 1623.

Als die Kornöder Summe um 1640 innerhalb kurzer Zeit aus dem niederbayerischen Geldumlauf akkumuliert wurde, waren die geringwertigen Kippersorten infolge strenger administrativer Maßnahmen bereits wieder aus der Zirkulation verschwunden. Der Fund enthält zu 71 Prozent nachkipperzeitliche Gepräge, vorwiegend Halbbatzen (2-Kreuzer). Hochwertige Talermünzen und mittlere Nominale fand der Schatzbildner im regionalen Geldumlauf allerdings kaum vor, und so griff er in Ermangelung besseren Geldes auf zum Teil hundert Jahre alte Münzen zurück, die seine kleine Barschaft auf insgesamt 12 Reichstaler und 14 Kreuzer auffüllten. MK

Literatur:
Walter Hävernick, *Die deutschen Münzfunde der Zeit von 750 bis 1815. Fundkatalog Mittelalter/Neuzeit der Numismatischen Kommission der Länder in der Bundesrepublik Deutschland. Leitfaden*, Hamburg 1976; Ulrich Rosseaux, *Die Kipper und Wipper als publizistisches Ereignis (1620–1626). Eine Studie zu den Strukturen öffentlicher Kommunikation im Zeitalter des Dreißigjährigen Krieges*, Berlin 2001 (= Schriften zur Wirtschafts- und Sozialgeschichte, Bd. 67).

Joanna Innes

DIE ARMEN UND DIE ARMENFÜRSORGE IM VEREINIGTEN KÖNIGREICH DES SPÄTEN 18. UND FRÜHEN 19. JAHRHUNDERTS

Um die Mitte des 18. Jahrhunderts stellten englische Publizisten erstmals fest, dass England – im Vergleich zu anderen Teilen der Britischen Inseln und zu europäischen Ländern – ein ungewöhnlich großzügiges und umfassendes, steuerfinanziertes Armenfürsorgesystem besaß. Die meisten fanden das beunruhigend; einige führten es dagegen auf Englands fortschrittliche Gesellschaft und Wirtschaft zurück und meinten, andere Länder sollten sich den englischen Standards mit der Zeit anpassen. Die Befürchtung, dass die Engländer gewohnheitsmäßig zu viel ausgäben, wodurch die Steuerzahler übermäßig belastetet und die Arbeitsmoral der Armen untergraben würden, führte im späteren 18. Jahrhundert zu einer verstärkten Förderung der Selbsthilfe. Die Förderung der Selbsthilfe und auch des Sparens währte bis in die 1820er Jahre, gleichzeitig stiegen die Ausgaben für die öffentliche Fürsorge. Weitere „Reformrunden" in den 1830er und 1840er Jahren nahmen in den drei Königreichen der Britischen Inseln gegensätzliche Formen an. In England zogen sie einen Rückgang, andernorts jedoch eine Steigerung der Ausgaben nach sich. In der Zusammenschau ihrer politischen Entscheidungen ist festzustellen, dass die Regierung des Vereinigten Königreichs ihr Engagement für ein steuerfinanziertes soziales Netz mit dessen Ausdehnung auf vorher nicht berücksichtigte Regionen bekräftigte und gleichzeitig alle, die dazu in der Lage waren, den eigenen Lebensunterhalt selbst zu verdienen, unter Druck setzte.

Das englische und das schottische Parlament hatten im späten 16. Jahrhundert gemeinsame Modelle der Armenfürsorge entwickelt, also in einer Zeit, in der viele europäische Städte und einige Länder ebenfalls neue Modelle erprobten, die Laien und Laieninstitutionen eine größere Rolle zuwiesen. Für sie war typisch, dass sie den Nutzen der Gemeinde als Verwaltungseinheit anerkannten; noch bezeichnender war, dass sie von örtlichen Steuerzahlern ausgewählten Laien (nur selten Frauen) offiziell die Verantwortung übertrugen, Mittel durch „Gebühren“ von den Besitzenden zu beschaffen, die sie an „impotente“ Arme, Junge wie Alte, auszahlten. Die Arbeitsfähigen, zu denen Junge wie Alte gehören konnten, wurden gedrängt, bei der Gemeinde eingelagerte Rohstoffe zu bearbeiten.

In England unterstützten ab den 1630er Jahren fast alle südlichen Gemeinden die Armen aus Gemeindesteuern, und ab den 1690er Jahren galt dies sogar für die mitunter sehr ausgedehnten nördlichen Gemeinden. Dieselben Gesetze galten in Wales, wurden aber – vielleicht wegen der weniger stark ausgeprägten Geldwirtschaft – viel lückenhafter umgesetzt. Stattdessen zogen die Armen bettelnd von Haus zu Haus oder wurden von Nachbarn unterstützt. In Schottland wurden die Armen nach wie vor vorzugsweise aus Kirchenkollekten versorgt; die Besteuerung galt nur als letztes Mittel. In Irland gab es keine gesetzlichen Regelungen zur Armenunterstützung; manchmal allerdings wurden Kollekten der Kirche von Irland für die Unterstützung protestantischer wie katholischer Armer verwendet.

Nach einer Umfrage des Handelsministeriums von 1696 wurden pro Jahr etwa £ 400 000 für Arme ausgegeben – eine glaubhafte Zahl, wenn man berücksichtigt, dass eine besser dokumentierte Umfrage von 1750 auf einen Jahresgesamtbetrag von £ 690 000 kam. In der Zwischenzeit hatte sich die Bevölkerungszahl kaum erhöht, und auch die Lebenshaltungskosten waren nicht stark angestiegen. Da aber die Mittel aufgrund der normalen Gemeindesteuereinnahmen jetzt stets verfügbar waren, wuchsen langsam auch die Erwartungen der Spender wie der Empfänger. Diesen wachsenden Erwartungen wollte man insbesondere durch die Gründung öffentlicher „Arbeitshäuser“ mit Ausgabendisziplin entgegenwirken. Die im 17. Jahrhundert nur in wenigen Städten anzutreffenden Arbeitshäuser breiteten sich in den 1720er und 1730er Jahren. Damals unterstützte die Society for the Promotion of Christian Knowledge (Gesellschaft für die Verbreitung christlicher Bildung) die Gründung von Arbeitshäusern und bot sogar eine Ausbildung für Werkmeister an. Unter den im

Folgenden beschriebenen Umständen kam es ab den 1760er Jahren zu einer weiteren Gründungswelle. Eine parlamentarische Untersuchung von 1776 ermittelte rund 1900 Arbeitshäuser in ganz England (in insgesamt rund 14 500 Gemeinden und sonstigen Hilfseinrichtungen), die einige wenige bis mehrere Hundert Arme aufnahmen. Bis zu diesem Zeitpunkt gab es in den meisten Städten und in einigen ländlichen Gemeinden, insbesondere in Südengland, wo die Pro-Kopf-Ausgaben generell höher waren als im Norden, Arbeitshäuser. Arbeitshäuser waren nicht billig, erfüllten aber verschiedene Funktionen wie die Beherbergung der Hilflosen und Obdachlosen. Arbeit wurde manchmal, aber nicht kontinuierlich angeboten. Ein Nutzen war die Abschreckung: Die Unterstützung konnte bei der Aufnahme in das Arbeitshaus unter Vorbehalt geleistet werden, unter Umständen mussten die Bewerber ihre wenigen Habseligkeiten abliefern. Die meisten ländlichen Gemeinden mit Arbeitshäusern nahmen eigene und auswärtige Anspruchsbedürftige auf. Tatsächlich gab es in den meisten ländlichen Gemeinden jedoch kein Arbeitshaus. Einige Gemeinden schlossen sich zu zentral verwalteten Bezirken mit einem gemeinsamen Arbeitshaus zusammen.

Studien deuten darauf hin, dass die begrenzten Mittel häufig durch Hilfszahlungen ergänzt wurden. Selbst von den Alten wurde erwartet, dass sie nach Möglichkeit arbeiteten. Umgekehrt wurde denen geholfen, die sich mit Arbeit nur knapp durchschlugen: So konnte Familien, die nicht alle ihre Mitglieder unterstützen konnten, zum Beispiel in Form bestimmter Leistungen wie Miete oder Kleidung geholfen werden. Die Armen nutzten die Hilfsmittel taktisch: Familien konnten ein Kind oder mehrere Kinder zur Verwahrung in einem Arbeitshaus unterbringen und sie später wieder zurücknehmen; Hausangestellte meldeten sich manchmal zwischen zwei Arbeitsstellen bei Arbeitshäusern an.

Oft hatten Gemeinden auch Spendenfonds eingerichtet, die sie teils nutzten, um die Belastungen der Gemeindesteuerzahler zu senken oder weniger regelmäßig hilfsbedürftigen „Second Poors" (also Arme, die keine Gemeindeunterstützung erhielten) zu helfen. Gelegentliche Mildtätigkeit wie die Verteilung von Speiseresten wurde weiterhin praktiziert; bei schlechter Ernte oder in einem strengen Winter boten spezielle Wohltätigkeitsaktionen außergewöhnlich vielen Bedürftigen Unterstützung. Sie schützten ärmere Gemeindesteuerzahler in

Krisenzeiten vor zusätzlichen Belastungen, sollten aber auch Erwerbsarme von einer gewohnheitsmäßigen Inanspruchnahme von Gemeindemitteln abhalten.

Besondere Probleme bereiteten mobile Menschen einem System, das die Gemeinden für ihre „eigenen" Armen in die Pflicht nehmen wollte – und viele Menschen waren mobil. Junge ledige Landarbeiter arbeiteten häufig in mehreren Gemeinden rund um einen Marktflecken; Jungen und manchmal auch Mädchen wurden fortgeschickt, um etwas zu lernen; Fachkräfte wanderten auf der Suche nach Arbeit ab; umherziehende Erntehelfer waren landesweit im Ernteeinsatz, und entlassene Soldaten und Seeleute und ihre Familien kehrten nach Hause zurück. Darüber hinaus reisten selbst Arme auch zum Vergnügen, etwa um Familienmitglieder oder Freunde zu treffen oder um sich Sehenswürdigkeiten anzuschauen. In der fehlenden öffentlichen Versorgung reisender Armer sahen manche ein Defizit – auch wenn Arbeitshäuser sie mitunter aufnahmen. Dank eines komplizierten, vom Parlament und von Gerichten erarbeiteten Regelsystems konnten Arme, die andernorts Arbeiten annahmen, in einigen Fällen neue „feste Wohnsitze" erhalten. Wenn Menschen ohne festen Wohnsitz in Not gerieten, konnten sie von der Gemeinde ihres Aufenthaltsorts zu ihrem offiziellen festen Wohnsitz zurückgeschickt werden (manchmal unterstützen die Heimatgemeinden sie aber bevorzugt an einem Ort, an dem sie sich bald wieder selbst versorgen konnten). In Städten und Industriegebieten hatten viele Menschen keinen festen Wohnsitz – vielleicht sogar die Mehrheit der Arbeiter. Diese Menschen sollten davon abgehalten werden, überhaupt um Hilfe nachzusuchen.

Die öffentliche Fürsorge war nicht immer eine gute Option für Menschen, die am Hungertuch nagten, schon allein deshalb nicht, weil man sich als Hilfesuchender den Gemeindebeauftragten ausliefern musste. Wer einen ersten Antrag auf Unterstützung stellte, hatte sicher häufig das Gefühl, eine Niederlage zu erleiden. Historiker folgen der Ansicht von Olwen Hufton, nach der Arme eine „Ökonomie der Notbehelfe" betrieben, in deren Rahmen die öffentliche Fürsorge nur eine Option war.[1] Zu den anderen Optionen zählten die Suche nach Lohnarbeit für verschiedene Familienmitglieder; die Selbstversorgung – der Anbau von Obst und Gemüse, die Tierhaltung oder Bevorratung mit wildwachsenden Früchten, Wild und

Totholz; die Nutzung unverhoffter Gelegenheiten wie Erntearbeit oder die Nachlese nach der Ernte – zur Bevorratung mit Geld und Getreide; das Teilen – auch der Kinderbetreuung und selbst der Kinder – unter Verwandten und Nachbarn; und das Schuldenmachen bei Kaufleuten in der Hoffnung auf bessere Zeiten.

„Sparen" bedeutete in diesem Kontext oft ein Sparen in Naturalien: etwa die Bevorratung mit Getreide oder Brennmaterial oder die Investition in Kleidung, Möbel oder Nutztiere zum Gebrauch, solange sie erschwinglich waren, und zur Verpfändung oder zum Verkauf, wenn sie es nicht waren. Es gab aber auch Möglichkeiten, Bargeld zu sparen. Nachbarn oder Kollegen schlossen sich immer häufiger in „Friendly Societies" (Hilfsvereine) zusammen, in die die Mitglieder regelmäßig einzahlten und auf die sie bei Arbeitsunfähigkeit zurückgreifen konnten. Einige wurde von Mitgliedern verwaltet, einige von großen Brauereien (sodass örtliche Schankwirte „Sparkassenbetreiber" wurden), einige von Arbeitgebern, die ihre mobilen Arbeitskräfte vor den Schikanen der Gemeindebeauftragten bewahren wollten. Ihre Leistungen waren oft großzügiger bemessen als die von den Gemeinden, und diese versorgten möglicherweise nicht die Ärmsten: Eine parlamentarische Untersuchung von 1803 legte den Schluss nahe, dass rund ein Drittel der erwachsenen männlichen Bevölkerung Hilfsvereinen angehörte. Einige von ihnen werden der Mittelschicht angehört haben, darunter auch Facharbeiter, deren Kapital ihre Fähigkeiten waren. Da es auch Hilfsvereine für Frauen gab, muss der Anteil aller zugehörigen Männer weniger als ein Drittel ausgemacht machen. Gelegentlich traten ihnen auch Landarbeiter bei. In der Regel waren die Vereine aber auf besser bezahlte Kräfte wie kleine Handwerker und Gesellen ausgerichtet.

Seit den 1760er Jahren wuchs die Bevölkerung auf den Britischen Inseln, in den 1820er Jahren beschleunigte sich diese Tendenz noch. Wegen der angespannten Nahrungsversorgungs- und Wohnungssituation stiegen auch die Lebenshaltungskosten. Noch komplizierter wurde die Lage durch die Inflation, die während der Napoleonischen Kriege einen Höchststand erreichte. In diesem Kontext schnellten die öffentlichen Ausgaben in die Höhe. Berichten zufolge stiegen die Ausgaben in England und Wales von jährlich £0,7 Millionen in den Jahren 1748–1750 auf £1,2 Millionen 1776 und £2 Millionen 1783–1785 an und erreichten 1803 £4,3 Millionen, als 12 Prozent der

Bevölkerung zumindest teilweise auf öffentliche Fürsorge angewiesen war. (Die meisten mussten darauf teilweise angewiesen gewesen sein, da sich als Mittelwert aus diesen Zahlen ergibt, dass die Zahlung sich auf einen Schilling und Sixpence pro Woche belaufen hat, was zwar kein geringer Betrag war, aber auch keine Existenzsicherung darstellte. Die durchschnittlichen Kosten pro Arbeitshausinsasse beliefen sich auf das Dreifache.) In diesen Jahren begannen mehr walisische und schottische Gemeinden Armensteuern zu erheben, und in Irland wurden einige Bezirksarbeitshäuser gegründet. Zu diesem Zeitpunkt nahmen die Engländer ihre Praktiken im Vergleich zu denen anderer Länder erstmals als unvorteilhaft wahr.

Einige Kommentatoren hoben hervor, dass unter Berücksichtigung des Bevölkerungswachstums und der Preissteigerungen die realen Pro-Kopf-Ausgaben in geringerem Maße gestiegen sein mussten als der nominelle Gesamtbetrag; vielleicht sanken sie sogar und die Differenz wurde „aus dem Fleisch, dem Blut und den Knochen der Armen herausgequetscht“.[2] Verbreiteter war allerdings die Annahme, dass die Ausgaben außer Kontrolle geraten waren. Jedenfalls lasteten die Steuern schwer auf den geringfügig weniger armen Arbeiterfamilien; hier bestand ein reales Problem. Selbst einige Radikale der 1790er Jahre und des frühen 19. Jahrhunderts, erklärte Verfechter der Volksinteressen, sprachen sich daher für die Abschaffung der Armensteuer und die Schaffung eines besseren Wohlfahrtssystems aus. Zu den Maßnahmen zur Ausgabenbegrenzung zählten unter anderem die Bestellung von Armenaufsehern, die öffentliche Bekanntgabe der Empfängernamen zur Identifizierung potenzieller Wohlfahrtsbetrüger und eine neue Welle von Arbeitshausgründungen. 1803 berichteten 3765 englische oder walisische Gemeinden, ihr eigenes Arbeitshaus zu haben oder Arme an andere Arbeitshäuser zu verweisen.

Ein Wandel der Einstellungen führte zu einer stärkeren Betonung der natürlichen Bereitschaft eines jeden und (unter normalen Umständen) seiner Fähigkeit, seine Situation aus eigener Kraft zu verbessern, und förderte in Verbindung mit diesen Ängsten den Trend zur Selbsthilfe (diese Formulierung kam jedoch erst in den 1850er Jahren in Gebrauch). Die Historikerin Donna Andrew konnte zeigen, dass dieser Wandel in den 1770er Jahren in London auch karitative Spenden betraf.[3] Die Spender waren weniger daran interessiert, an renommierte konventionelle Einrichtungen – wie das Findelhaus oder die Marine Society, die arme Jungen zur See schickte – zu spenden, sondern vielmehr an wohltätige Vereine, die zielorientierte, kostengünstige und vielleicht auch nicht an den Wohnsitz gebundene Interventionsformen versprachen wie öffentliche „Ambulanzen" – Kliniken, die erkrankten oder verletzten Erwerbsarmen helfen wollten. Hausbesuche kamen in Mode, um die Förderwürdigkeit der Empfänger zu überprüfen und ihnen die entsprechenden Einstellungen einzuflößen.

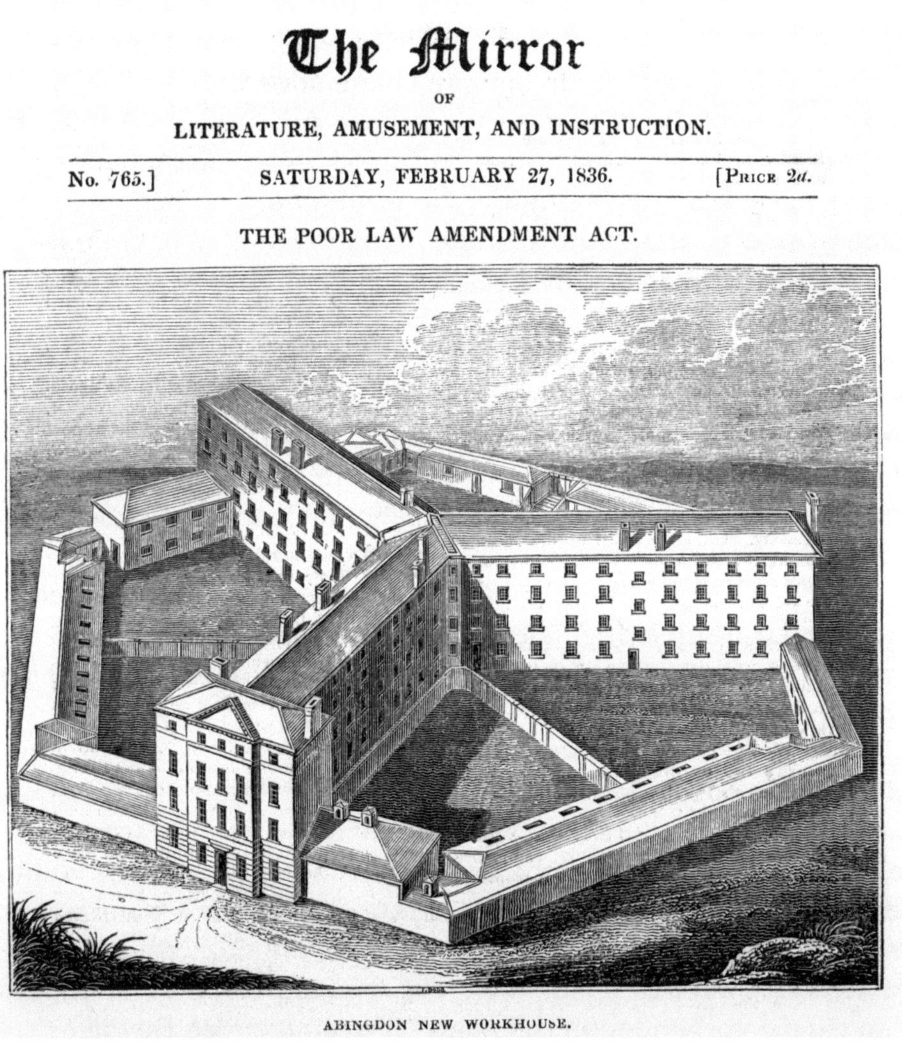

The Mirror
OF
LITERATURE, AMUSEMENT, AND INSTRUCTION.

No. 765.] SATURDAY, FEBRUARY 27, 1836. [Price 2d.

THE POOR LAW AMENDMENT ACT.

ABINGDON NEW WORKHOUSE.

Abb. 49 Titelseite der Zeitschrift *The Mirror of Literature, Amusement, and Instruction* mit einer Abbildung des Arbeitshauses in Abingdon (Oxfordshire), London, 27. Februar 1837

Ebenso wurden in allen ländlichen Regionen Englands – in Verbindung mit Bestrebungen, die Selbsthilfe zu erleichtern und anzuregen – Kampagnen gestartet, um die Arbeitsmoral der Armen zu verbessern, zum Beispiel durch die Gründung von Sonntagsschulen und die Begrenzung der Anzahl der Wirtshäuser. Zu den örtlichen, damals berühmten Experimenten zählten nicht wohnortgebundene „Arbeitsschulen", in denen arme Kinder Fertigkeiten erwarben und zu ihrem eigenen Unterhalt beitrugen, Zuweisungspläne, in deren Rahmen Arbeiter kleine Parzellen Land erhielten, und Pläne, die es armen Familien ermöglichten, Kühe zu kaufen. Die Gründung von Hilfsvereinen fand breite Unterstützung, trotz einiger Widerstände seitens der Arbeitgeber, da sich dahinter möglicherweise eine Gewerkschaftsbewegung verbarg. In einigen Gemeinden unterstützten Grundstückseigentümer Vereine für örtliche Arbeiter, um Anreize für umsichtiges Verhalten zu schaffen. In Devon (einer Grafschaft mit einer bedeutenden Textilindustrie, die wahrscheinlich schon gut mit Vereinen versorgt war) wurde für die Jahre 1768–1772 flächendeckend ein System kommunaler Hilfsvereine erprobt.

1796/97 startete der Premierminister William Pitt in außergewöhnlicher Weise einen Versuch zur Reformierung des alten Armenrechts (in der Regel wurden Reformen eher von parlamentarischen Hinterbänklern mit Ortserfahrung angestoßen). Pitt wollte die traditionelle steuerfinanzierte Hilfe beibehalten, sie aber mit anderen Maßnahmen kombinieren, darunter Arbeitsschulen, Pläne für den Kauf von Kühen und die Verpflichtung zur Gründung kommunaler Hilfsvereine. Seine Ideen wurden jedoch als zu kompliziert und untauglich kritisiert, und man befürchtete einen weiteren massiven Anstieg der Ausgaben.

Zu Beginn des neuen Jahrhunderts machte T. R. Malthus mit seinem Vorschlag auf sich aufmerksam, die öffentliche Armenfürsorge abzuschaffen. Er empfahl, sie schrittweise abzuschaffen, sodass künftig geborene Kinder sie nicht mehr erwarten würden.[4] Er argumentierte, dass Arme wegen der Verfügbarkeit der Hilfe ermutigt würden zu heiraten und Kinder zu bekommen, die sie nicht versorgen konnten, und so ein die vorhandenen Hilfsmittel übersteigendes Bevölkerungswachstum begünstigten. Er erhielt einige Unterstützung – 1820 wurde dem Parlament ein entsprechender Gesetzesentwurf vorgelegt. Zeitgleich wurden Vorschläge zur Einführung eines

Armenrechts nach englischer Art in Irland (nach dem Zusammenschluss zum Vereinigten Königreich im Jahr 1801) wiederholt abgelehnt. Im Großen und Ganzen aber –wenn auch nur aus Angst vor den Protesten des Volks im Falle der Einstellung der Unterstützung – waren die Begüterten dem Anschein nach dort für die Aufrechterhaltung eines sozialen Netzes, wo es bereits existierte, doch sollte eine sorgfältige Zugangskontrolle erfolgen, und die Eigenständigkeit der Armen sollte durch freiwillige, kommunale Bemühungen gefördert werden.

Nach 1815 veränderte sich die Situation. Das Ende des ein Vierteljahrhundert währenden Krieges gegen Frankreich bedeutete de facto auch das Ende der Schutzmaßnahmen für die Landwirtschaft, wodurch das Land in eine Wirtschaftskrise stürzte. Die Rückkehr zum Goldstandard brachte einen Preisverfall mit sich. Technisierung und Wettbewerb führten in einigen Industriesektoren zur Verelendung. Trotz der Stabilisierung oder des Rückgangs der englischen

Abb. 50 Abendessen im Arbeitshaus der englischen Gemeinde St. Pancras, um 1900

Unterstützungsausgaben sorgte man sich über das Ausmaß der Abhängigkeit von Unterstützungen und ihrer „demoralisierenden" Wirkung (ein neues Wort für eine nicht ganz neue Sorge). Einige schottische Parlamentsmitglieder waren empört über die Ausgaben für Manufakturarbeiter und versuchten erfolglos, die Zuständigkeit für diesbezügliche Entscheidungen zu verlagern. In Irland drängten einige einflussreiche Persönlichkeiten, darunter der angesehene katholische Bischof James Doyle, darauf, dass ein steuerfinanziertes Fürsorgesystem eingeführt werden müsse, um die armen, zumeist katholischen Bauern vor Hoffnungslosigkeit und der

Abb. 51 Obdachlose Kinder fertigen im Berliner Arbeitshaus Zigarettenkisten an, nach einer Zeichnung von Herbert König, 1857.

Arbeitshäuser waren auch in Preußen wichtige Institutionen der Sozialfürsorge.

einhergehenden Erniedrigung zu bewahren und einen Teufelskreis zu durchbrechen, in dem die Hoffnungslosigkeit aus einer wirtschaftlichen Stagnation erwächst und selbst möglicherweise wiederum gewalttätige Protestwellen auslöst, die zu wirtschaftlichen Schwierigkeiten führen.

Die Bewegung zur Ausweitung und „Reformierung" des Wahlrechts brachte 1830 ein „Reformministerium" an die Macht, das sich verpflichtete, gesetzgeberische Lösungen für die Probleme des Landes zu finden. Dieses Ministerium reformierte 1834 das englische Armenrecht grundlegend und führte 1838 ein Armenrecht in Irland ein. (Eine Reform des schottischen Armenrechts folgte erst 1845, nachdem eine Spaltung der Kirche von Schottland ein weniger kirchlich orientiertes Fürsorgesystem erforderlich machte.) Von zentraler Bedeutung für die neuen englischen und irischen Programme waren große Bezirksarbeitshäuser. In England wurden alle arbeitsfähigen Anspruchsberechtigten in Arbeitshäuser geschickt; in Irland wurde Unterstützung nur in Arbeitshäusern gewährt. Das Prinzip des sozialen Netzes wurde bekräftigt – wer jedoch eigenständig leben wollte, musste dafür künftig eigene Mittel finden. Die Arbeitgeber, die ebenfalls eine Zielgruppe darstellten, verloren Gemeindesubventionen und mussten existenzsichernde Löhne zahlen. Es gab nur wenig andere öffentliche Hilfsangebote für Arme – außer im ehrenamtlichen und privaten Bereich. Die Institutionen und Praktiken, die darauf ausgerichtet waren, armen Einzelpersonen bei der Verbesserung ihrer Lebensumstände zu helfen, nahmen weiter zu, zum Beispiel in Form einer preiswerten Schulausbildung, eines den Aktivitäten von Hilfsvereinen förderlichen Gesetzesrahmens und in Form der Sparkassen („Savings Banks"), eine Erfindung des frühen 19. Jahrhunderts. Im 18. Jahrhundert war das Adjektiv „achtbar" den Wohlhabenden vorbehalten; im frühen 19. Jahrhundert wurde erstmals argumentiert, dass auch erwerbstätige Arme „Achtbarkeit" erlangen könnten – eine Bedingung dafür war allerdings, dass sie Existenzmittel finden mussten, ohne auf öffentliche Fürsorge zurückzugreifen.

1 Steven King/Alannah Tomkins (Hg.), *The Poor in England, 1700–1850: An Economy of Makeshifts*, Manchester 2003.

2 John Howlett, *The Insufficiency of the Causes to which the Increase of our Poor, and of the Poor's Rate, have been commonly Ascribed*, London [1788], S. 65.

3 Donna Andrew, *Philanthropy and Police: London Charity in the Eighteenth Century*, Princeton, NJ, 1989.

4 Thomas Robert Malthus, *An Essay on the Principle of Population*, London 1798 [2., stark erw. Ausg. 1803].

Felix Driver, *Power and Pauperism. The Workhouse System 1834–1884*, Cambridge 1993.

Peter Gray, *The Making of the Irish Poor Law. 1815–43*, Manchester 2009.

Joanna Innes, „The State and the Poor: Eighteenth-Century England in Comparative Perspective", in: John Brewer/Eckhart Hellmuth (Hg.), *Rethinking Leviathan: The Eighteenth-Century State in Britain and Germany*, Oxford 1999.

Dies., „The Distinctiveness of the English Poor Laws 1750–1850", in: Patrick O'Brien/Donald Winch (Hg.), *The Political Economy of British Historical Experience 1688–1914*, Oxford 2002.

Steven King, *Poverty and Welfare in England 1700–1850: A Regional Perspective*, Manchester 2000.

John R. Poynter, *Society and Pauperism: English Ideas on Poor Relief 1795–1834*, London 1969.

Keith D. M. Snell, *Parish and Belonging: Community, Identity and Welfare in England and Wales, 1700–1950*, Cambridge 2006.

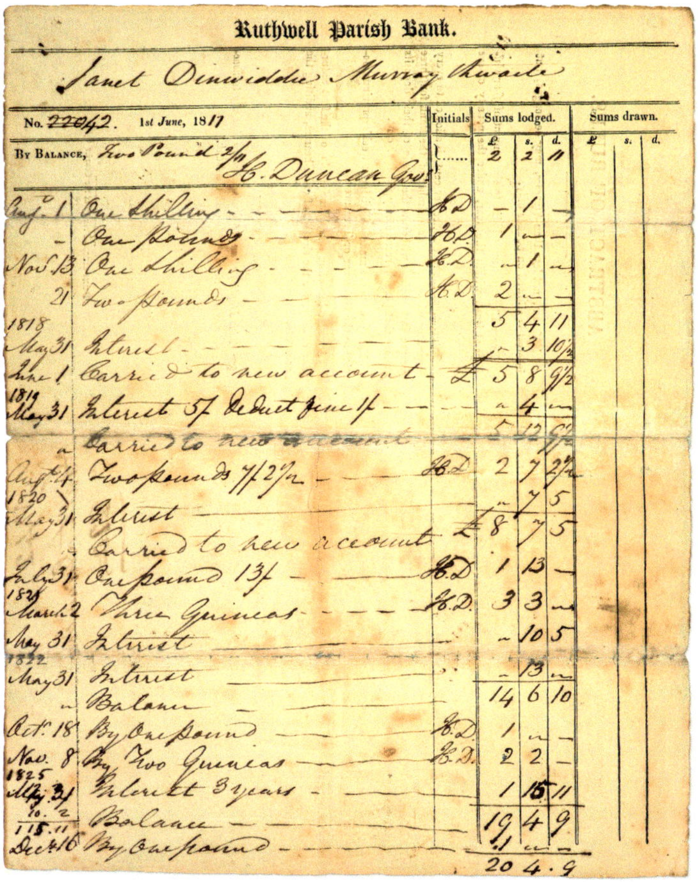

Ruthwell Parish Bank.

Janet Dinwiddie Murraythwaite

No. ~~220~~42. 1st *June*, 18*17*

Date		Initials	Sums lodged £	s.	d.	Sums drawn £	s.	d.
	By Balance, *Two Pound 2/11* H. Duncan Gov.r	......	2	2	11			
Aug.t 1	One Shilling	H.D.	–	1	–			
–	One Pounds	H.D.	1	–	–			
Nov.r 13	One Shilling	H.D.	–	1	–			
21	Two Pounds	H.D.	2	–	–			
			5	4	11			
1818 May 31	Interest		–	3	10½			
June 1	Carried to new account	£	5	8	9½			
1819 May 31	Interest 5/ deduct fine 1/		–	4	–			
			5	12	9½			
–	Carried to new account							
Aug.t 4	Two pounds 7/2½	H.D.	2	7	2½			
1820 May 31	Interest		–	7	5			
–	Carried to new account	£	8	7	5			
July 31	One pound 13/	H.D.	1	13	–			
1821 March 2	Three Guineas	H.D.	3	3	–			
May 31	Interest		–	10	5			
1822 May 31	Interest		–	13	–			
–	Balance		14	6	10			
Oct.r 18	By One Pound	H.D.	1	–	–			
Nov. 8	By Two Guineas	H.D.	2	2	–			
1825 May 31	Interest 3 years		1	15	11			
10. 2 / 115.11	Balance		19	4	9			
Dec.r 16	By One pound		1	–	–			
			20	4	9			

Abb. 52 Übersicht der Spareinlagen von Janet Dinwiddie bei der Ruthwell Parish Bank, Ruthwell (Schottland) 1817–1825, Lloyds Banking Group plc Archives Edinburgh, Kat.-Nr. 33

Die Übersicht der Spareinlagen von Janet Dinwiddie stammt aus der Frühzeit der ersten Sparkasse Großbritanniens, der im Jahr 1810 im schottischen Ruthwell gegründeten Ruthwell Parish Bank. Janet Dinwiddie wurde im späten 18. Jahrhundert geboren und stammte aus der in der Landwirtschaft tätigen Familie McCracken, wohnhaft in dem einige Kilometer von Ruthwell entfernten Ecclefechan. Seit dem Jahr 1800 war sie mit John Dinwiddie verheiratet, mit dem sie vier Kinder hatte und einen landwirtschaftlichen Betrieb in Murraythwaite führte. Sie starb im Jahr 1840.

Für Kleinsparer wie Janet Dinwiddie hatte der Pfarrer und Sozialreformer Henry Duncan (1774–1846) die Ruthwell Parish Bank gegründet. Seine Motivation beschrieb er 1815 in einem Essay (Kat.-Nr. 32) über das Wesen der Parish Banks. In dem Essay erklärt er, dass es für die besser gestellten Bevölkerungsschichten nur eine Möglichkeit gebe, Benachteiligten Hilfe zukommen zu lassen, ohne sie gleichzeitig ihres Antriebs zu berauben und damit zu ruinieren, und zwar die Ermunterung zu Fleiß und Tugend durch eigenverantwortliche finanzielle Vorsorge. Außergewöhnliche Sparsamkeit und Wohlverhalten sollten belohnt werden. Die Neigung zur Verschwendung geißelt er hingegen. Duncan hebt explizit die persönliche Freiheit hervor, die dem Sparer bei einer Geldanlage in einer Parish Bank zukomme, da dieser über seine Einlagen frei verfügen könne.

Henry Duncan war seit seiner Studienzeit in Edinburgh stark von der Common-Sense-Philosophie, der sogenannten schottischen Schule, und hier vor allem von dem Aufklärer und Philosophen Dugald Stewart (1753–1828) geprägt. Hieraus resultierte bei Henry Duncan eine starke Parteinahme für die Eigenverantwortlichkeit des Einzelnen. Diese Grundhaltung ähnelte derjenigen der frühen, von der Aufklärung inspirierten Sparkassengründer in Deutschland.

Später entwickelten sich die Spartraditionen in Großbritannien und Deutschland allerdings sehr unterschiedlich. RM

Literatur:
Henry Duncan, *An essay on the nature and advantages of Parish Banks*, Edinburgh 1815; Michael Moss/Iain Russell, *An invaluable treasure. A history of the TSB*, London 1994.

Michael Moss

EIN PENNY IST SEHR WENIG: DIE SPARBEWEGUNG IM VEREINIGTEN KÖNIGREICH VON DER RUTHWELL BANK BIS ZUR PRIVATKUNDENBANK

Weithin herrscht Übereinstimmung darüber, dass die erste „Savings Bank“ (Sparkasse), zumindest im Vereinigten Königreich, 1810 von Reverend Duncan, dem Pfarrer der Kirche von Schottland zu Ruthwell in Dumfriesshire, im ländlichen Südwesten Schottlands, gegründet wurde. Henry Duncan, der 1774 geboren wurde und an der St. Andrews University studierte, hatte zunächst in der Liverpool Bank of Arthur Heywood & Sons gearbeitet, bevor er beschloss, Pfarrer zu werden. Mit der Eröffnung einer Savings Bank wollte er Arme zu langfristigem Sparen anregen, damit sie sich in Notzeiten nicht an Pfandleiher oder die Armenfürsorge wenden mussten. Die Ruthwell Bank gilt als erste reguläre Savings Bank. Allerdings gab es schon früher kurzlebige Vorläufer. Duncan war ein erfolgreicher Polemiker, der im gesamten Vereinigten Königreich für seine Ideen warb. Einige seiner Kritiker machten geltend, dass die Armen nicht über die erforderlichen Mittel zum Sparen verfügten und für die Wechselfälle des Lebens häufig Kredite benötigten. Im Gegensatz zu ihren Pendants in den meisten anderen europäischen Ländern gewährten die Savings Banks im Vereinigten Königreich bis kurz vor dem Ende ihres Bestehens keine Kredite.

Der wichtigste Verfechter der Savings Banks war jedoch das Parlamentsmitglied George Rose, der 1816 *Observations on Banks for Savings* verfasste und 1817 eine Gesetzgebung über die sichere Investition von Mitteln in Staatsanleihen unterstützte. Die unter dem Namen Trustee Savings Banks (Treuhandbanken) bekannten

Abb. 53 Andrew Geddes, Porträt von Henry Duncan,
1. Hälfte 19. Jahrhundert, Kat.-Nr. 31

Sparkassen fanden auf Anhieb Zulauf. Bis Ende 1817 waren im gesamten Vereinigten Königreich 101 Savings Banks eröffnet worden. Ein Jahr später folgten 125 weitere. Bis 1822 wurden über 6 Millionen Pfund in den Sparkassenfonds bei der Kommission zur Senkung der Staatsschulden investiert. Ein konjunktureller Abschwung und eine mit ihm einhergehende Finanzkrise setzten die neuen Savings Banks 1825 einer Bewährungsprobe aus; sie erwiesen sich aber trotz eines Nettofinanzmittelabflusses als widerstandsfähig. Innerhalb von drei Jahren waren die Spareinlagen auf 15 Millionen Pfund angestiegen. Als Reaktion auf die Kritik an dem allzu großzügigen Zinssatz senkte die Regierung 1828 die Rendite, und infolgedessen verlangsamte sich das Wachstum. In den frühen 1830er Jahren wurden etwas mehr als 400 000 Einleger, weniger als 3 Prozent der Bevölkerung, registriert. Dennoch gab es Anzeichen dafür, dass die Savings Banks ihre Ziele umsetzten. Die Parlamentsreform von 1832 und die Reform des Armenrechts von 1834 bestätigten das Engagement für die individuelle Selbstbestimmung.

Die politische Unterstützung verlagerte sich von den Savings Banks zu den älteren Hilfsvereinen, die sogar schon in den ersten Jahren der Mitgliedschaft in Krankheits- oder Todesfällen sofort einsprangen. Daher stieg die Zahl der Savings Banks nur langsam und die Summe der Spareinlagen blieb unverändert. Die Zahl der Einleger erhöhte sich dagegen bis 1844 auf über eine Million. Es wurde vermutet, dass diese Einleger wohlhabend waren und einfach nur einen Sicherheitsvorteil nutzen und von dem im Vergleich zu Staatsanleihen hohen Zinssatz profitieren wollten. Mehr als ein Drittel der Einleger hatte Guthaben von über 100 Pfund auf ihren Konten. Dieser Betrag überstieg deutlich den Jahreslohn der Mehrheit der Bevölkerung. Nach verbreiteten Protesten der Bevölkerung und als Reaktion auf befürchtete Massenabhebungen führte die Schatzkammer eine minimale Zinssenkung ein. Das Vertrauen in die Savings Banks wie auch in Hilfsvereine wurde durch Betrugsfälle, insbesondere den 1849 aufgedeckten Diebstahl von 72 000 Pfund bei der Rochdale Savings Bank in Nordengland, erschüttert, den ihr geschäftsführender Aktuar, ein prominenter lokaler Kaufmann und Quäker begangen hatte. Daher verwundert es nicht, dass die Spareinlagen landesweit stagnierten.

Treuhänder und Aktuare waren weiterhin davon überzeugt, dass die Savings Banks ihre Dienstleistungen nicht nur besser gestellten Handwerkern und Hausangestellten anbieten sollten. Engagiert führten sie in Penny Banks (Sparkassen ohne Mindesteinlage) und Schulsparkassen Neuerungen ein, um den ärmsten Familien sichere Orte für ihre Ersparnisse zu bieten und Kindern die Tugend der Sparsamkeit zu vermitteln. In den frühen 1850er Jahren kehrte bei steigendem Wohlstand und fallenden Preisen das Vertrauen zurück. Laut einer Untersuchung von 1853 waren die meisten Einleger Handwerker, Kleinbauern, Angestellte, Mechaniker und Kunsthandwerker mit Einlagen von über 6 Millionen Pfund, gefolgt von Hausangestellten, Waschfrauen, Krankenschwestern und Wäscherinnen mit fast 5,5 Millionen Pfund. Trotz ihrer Rhetorik hatten die Savings Banks offensichtlich die Industriearbeiterschaft kaum anziehen können. Diese Erkenntnisse bestärkten Politiker in ihren Forderungen nach weiteren Zinssenkungen, die bei den Savings Banks erneut einen Sturm der Entrüstung auslösten. Die Kriegserklärung an Russland im Jahre 1854 führte zu einer Kurssenkung bei den Staatsanleihen und folglich zu einer Steigerung der Renditen. Vor allem in London stiegen viele Einleger im Interesse höherer Renditen auf andere Anlagen um und bestätigten damit die Ansicht, dass die Savings Banks sich in den Dienst der Mittelschicht stellten.

1859 veröffentlichte Samuel Smiles, Journalist und radikaler, entschiedener Anhänger des Freihandels, seinen Bestseller *Self Help* (Selbsthilfe), eine Apologie der gesamten Vorsorgebewegung. Seiner Ansicht nach entsprach die Verschwendungssucht der menschlichen Natur, Vorsorge zu treffen sei ein ständiger, aber lohnenswerter Kampf. Er schrieb: „Ein Penny ist sehr wenig, und doch hängt für tausende Familien ein komfortables Leben davon ab, dass sie ihre Pennys zweckmäßig ausgeben und sparen." Enttäuscht von der Reformverweigerung der Savings Banks, gründete der damalige Schatzkanzler William Gladstone zwei Jahre später die Postsparkasse. Bei ihr konnten ein Schilling oder höchstens 30 Pfund pro Jahr bis zu einer Obergrenze von 150 Pfund eingezahlt werden. Im Unterschied zu den Savings Banks präsentierte sich die Postsparkasse von Anfang an ganz offen als staatliche Bank, die trotz Gladstones gegenteiliger Versicherungen in direktem Wettbewerb zu den Savings Banks stand. Umgehend sank die Zahl der Savings Banks und ihrer Einleger.

Als Reaktion darauf koordinierten sie ihre Anstrengungen, um ihre Arbeit voranzutreiben und vor allem um neue Banken zu gründen. Gestärkt wurde ihre Position durch die Finanzkrise von 1866 und den Bankrott des Wechselmaklers und der Teilzahlungs- und Finanzierungsbank Overend, Gurney and Co. sowie der Birmingham Banking Company. Kleinkunden wechselten von den risikobehafteten Geschäftsbanken zu den Savings Banks, deren Einlagen sicher in Staatsanleihen investiert wurden. Angesichts fallender Preise und steigender Löhne orientierte sich das Sparhalten zunehmend an der Vorstellung zu sparen, um auszugeben. Selbst Smiles stellte in seinem zweiten Bestseller *Thrift* (Sparsamkeit) die Frage: „Warum sollte es nicht auch zu Hause etwas Eleganz geben?" 1887 gründeten die Savings Banks nach der Aufdeckung eines schweren Betrugs in der Cardiff Savings Bank und wegen zunehmender Konkurrenz seitens der Post eine Vereinigung, die Einfluss auf die Regierung nehmen und nationale Werbemaßnahmen entwickeln sollte.

Danach befand sich die gesamte Bewegung der Savings Banks bis zum Ausbruch des Ersten Weltkrieges in der Defensive. Ein 1889 eingesetzter Gläubigerausschuss stellte fest, dass zahlreiche Savings Banks gegen eigene Regeln und gesetzliche Auflagen verstoßen hatten. Von den 178 geprüften Banken waren 167 in Verzug. Der Ausschuss benötigte einige Zeit, um die Situation der Savings Banks in Ordnung zu bringen. Erschwerend kamen der spektakuläre Zusammenbruch der Liberator Building Society von Jabez Balfour und hohe Verluste der Savings Banks an die Post hinzu. Zum Ende des Jahrhunderts hatten sich die Spareinlagen wieder erholt.

Es bestand allerdings zunehmend die Befürchtung, dass die Savings Banks ihren ursprünglichen Zweck, nämlich bei dem Drittel der Bevölkerung, das in Armut lebte, für Sparsamkeit zu werben, nicht erfüllten. Wie schon in der Vergangenheit fragten sich einige, ob Sparförderung überhaupt angebracht war. Gleichzeitig hatten die Wohlhabenden immer mehr Möglichkeiten, Geld für Luxusgüter, Strandurlaub und Musik- und Tanzsäle auszugeben. Dieser verschwenderische Luxus wurde für den Rückgang der Spareinlagen in den Jahren vor dem Kriegsausbruch verantwortlich gemacht. Die Wahl der liberalen Regierung im Jahre 1905 wirkte sich wegen ihres Bekenntnisses, die Fiskalpolitik zur Umverteilung des Wohlstands nutzen und eine Sozialfürsorge einführen zu wollen, unmittelbar auf die Sparbewegung aus. Zweck des Sparens konnte nicht mehr sein, etwas auf die hohe Kante zu legen, da der Staat Leistungen bei Alter und Krankheiten zahlte. Sogleich warben die stärker zukunftsorientierten Savings Banks für die Idee, Ersparnisse als aufgeschobene Ausgaben für Bedarfsartikel und sogar Luxusgüter wie Urlaubsreisen aufzufassen. Bei Ausbruch des Krieges war die Bewegung voller Zuversicht; das Management war reformiert und das öffentliche Vertrauen wiederhergestellt.

Der Krieg führte wie in anderen europäischen Ländern, den Vereinigten Staaten und den Überseegebieten zu einem völlig veränderten Sparverhalten. Lokale Initiativen wurden durch nationale Kampagnen ersetzt, die ideenreich für Staatsanleihen zur Finanzierung eines immer länger andauernden und kostspieligeren Konflikts warben. Zunächst waren die Savings Banks zu ihrer Empörung von dieser Kampagne ausgeschlossen. Infolge der seit 1916 bestehenden Lebensmittelknappheit war die Rückkehr zu Sparsamkeit und Austerität von entscheidender Bedeutung für den Sieg. Der uneingeschränkte U-Boot-Krieg gefährdete die Lebensmittelversorgung des Landes. Die Sparkampagne für den Krieg war in gewisser Weise eine politische Illusion, die die Einsatzbereitschaft und Unterstützung der an der Heimatfront kämpfenden Soldaten demonstrieren sollte. Die Regierung gewährte tatsächlich Darlehen, um dem Volk durch Kriegsanleihen zu helfen. Indessen waren die Kampagnen in Städten in ganz England beispiellos erfolgreich, und sie bestärkten die Regierung darin, die nationalen Sparprogramme nach dem Krieg mit Zertifikaten fortzuführen, die von Postämtern verteilt werden sollten, da sie höhere Zinssätze als die Savings Banks boten. Gleichzeitig förderte die Regierung Kommunalbanken als Institute, die es ermöglichten, Geld für eine Gemeindeerschließung, insbesondere für den Bau von Häusern, aufzunehmen.

Der konjunkturelle Abschwung im Anschluss an den kurzzeitigen Nachkriegsboom erlaubte den Savings Banks erneut, die Bedeutung der Sparsamkeit für die ärmsten Mitglieder der Gesellschaft und die Leistungsbezieher zu betonen. Aufgrund der Wiederbelebung des Wohnungsbaus benötigten die Bessergestellten Ersparnisse für die Einrichtung und Gestaltung ihres neuen Zuhauses. Mit dem Aufkommen des Haushaltsstroms wurden neue, arbeitssparende Geräte wie Staubsauger, Bügeleisen und Öfen angeschafft. Der Kauf

Abb. 54 Britisches Plakat mit Aufruf zum Kauf von Kriegssparzertifikaten, 1914–1918, Kat.-Nr. 77

von Gebrauchsgütern erreichte in den Zwischenkriegsjahren Rekordhöhen. Vor diesem Hintergrund ist es nicht überraschend, dass die Bausparkassen auf Kosten der Savings Banks prosperierten. Unter dem Wettbewerbsdruck fusionierten einige der Banken, um Ertragssteigerungen zu erzielen.

Nach dem Ausbruch der Weltwirtschaftskrise in den frühen 1930er Jahren wurden erneut Forderungen nach Sparsamkeit und dem Ende der Verschwendung laut. Zunächst erfolgreich, vermochten sie jedoch nicht, die Ausgaben für Gebrauchsgüter zu stoppen, die bis zum Kriegsausbruch rasch wieder anstiegen. In Deutschland nutzten die Nationalsozialisten das Versprechen, neue Wohnungen zu bauen und einzurichten, erfolgreich für die Propagierung ihrer Vision von einer prosperierenden Zukunft. Zur Bewältigung der Wirtschaftskrise und zur Reduzierung der Ausgaben senkte die britische Regierung 1932 die Verzinsung der Kriegsanleihen von 5 auf 3,5 Prozent. Ungeachtet ihrer Einkommensverluste demonstrierten die Sparer mit der Umwandlung von über 90 Prozent der Kriegsschulden ihre patriotische Haltung. Erst in den späten 1930er Jahren erholten sich mit fortschreitender Konjunkturverbesserung auch die Sparquoten.

Bei Ausbruch des Krieges 1939 wurde die Sparkampagne für den Krieg neu belebt. Dieses Mal waren allerdings sowohl die Postsparkassen als auch die Treuhandbanken in vollem Umfang an dem Verkauf von staatlichen Sparzertifikaten und Verteidigungsanleihen beteiligt. Erneut orientierten sich die Werbekampagnen an aussagekräftigen nationalen Slogans wie „Salute the Soldier" (Grüß den Soldaten) und „Wings for Victory" (Flügel für den Sieg). Aus Angst davor, dass die Forderung des Ökonomen John Maynard Keynes nach einem durch Lohnabzüge erzwungenen Sparzwang ernst genommen werden könnte, warben die Savings Banks mit verschiedenen neuen Initiativen, insbesondere mit Gruppenplänen für Kriegsanleihen. Die Einzahlungen flossen, zum Teil auch wegen mangelnder Gelegenheit zum Geldausgeben, da Produkte fast aller Art rationiert waren. Bis in die frühen 1950er Jahre dauerte die Rationierung an. Nach dem Rückzug aus Dünkirchen und angesichts der Tatsache, dass Großbritannien Deutschland allein gegenüberstand, wurde die Aufforderung zum Sparen immer lauter. Bis zum Kriegsende war die Sparquote aufgrund der Sparkampagnen und der

Rationierungsmaßnahmen auf historische 15 Prozent angestiegen und der Anteil der Ausgaben am Gesamteinkommen von 87 auf 57 Prozent gesunken. Infolgedessen hatte sich die Zahl der Kleinsparer verdoppelt.

Nach der Wiederherstellung der Verhältnisse der Friedenszeit im Jahre 1950 waren die Zukunftsaussichten für die Savings Banks ungewiss. Die Verbraucher, die sich wegen der Rationierung hatten einschränken müssen, wollten wieder Geld ausgeben. Für die Regierung hatte der Wohnungsbau Priorität. Der Eigenheimanteil verdoppelte sich von 1953 bis 1991 von knapp über 30 Prozent auf mehr als 60 Prozent, und die Ausgaben für Gebrauchsgüter schnellten in die Höhe. Die Savings Banks hatten keine andere Wahl, als aufgeschobene Ausgaben ins Feld zu führen, insbesondere deshalb, weil der neue staatliche Gesundheitsdienst eine wichtige Säule der alten Sparsamkeitsrhetorik verabschiedet hatte. Sie waren nun einem zunehmenden Wettbewerb mit den Geschäftsbanken ausgesetzt, die sich zwischenzeitlich als Nationalbanken mit landesweiten Filialnetzwerken konsolidiert hatten. Noch beunruhigender war, dass sie ihre Gebühren für Kunden mit einem stabilen Kontostand von 50 Pfund senkten und ihnen die Ausstellung von bis zu 30 Schecks pro Halbjahr gestatteten. Das war genau die Art von Konto, die sich viele Sparkasseneinleger wünschten, und sie nutzten ihre Konten zunehmend für kurzfristige Spareinlagen, während sie ihre langfristigen Investitionen bei Bausparkassen tätigten, die sich ebenfalls konsolidiert hatten. Überdies wurden 1958 die Kreditkontrollen aufgehoben, sodass Geschäftsbanken und andere Institute flexiblere Darlehen und Ratenkauf für Konsumgüter anbieten konnten.

1965 führten die Savings Banks mit Verspätung Girokonten ein; Überziehungen waren allerdings nicht erlaubt. Die Reaktion fiel bescheiden aus, da viele Kunden bereits zu den Clearingbanken abgewandert waren. Eine Lösung für die hohe Fluktuation auf den Konten bot die Automatisierung, die 1962 einsetzte und 1969 zum One-Line-Real-Time-Banking (OLRT) führte. Die Kosten der Automatisierung führten unweigerlich zu einer Zusammenlegung regionaler Gruppierungen und letztendlich zur Umwandlung der TSB in eine „vollwertige Bank". Auch wenn sich bei einigen Einlegern Widerstand regte, wurde die TSB 1986 erfolgreich an der Börse gelistet. Nur eine Savings Bank blieb unabhängig, die Airdrie Savings Bank in

Westschottland. Die Anpassung an die wettbewerbsorientierte Welt der Privatkundengeschäfte erwies sich als schwierig, und 1995 fusionierte die TSB mit der Lloyds Bank zur Lloyds TSB Group. Nach der Bankenkrise von 2008 wurde die Marke TSB rasch wiederbelebt und von der spanischen Sabadell Group erworben. Gleichzeitig wurden die meisten Bausparkassen und diverse Lebensversicherungsgesellschaften von Privatkundenbanken mit dem Interesse erworben, Leistungen anzubieten, die als „Bankassekuranzen" bezeichnet wurden. Diese Verflechtung führte unmittelbar zur Bankenkrise von 2007/08. Das Finanzunternehmen Northern Rock, das aus der Fusion verschiedener Bausparkassen hervorging und als Bank an der Börse notiert war, brach 2007 zusammen, weil es sich bei der Finanzierung seiner Hypotheken stärker auf den Geldmarkt als auf Einlagen gestützt und damit gegen die für solide Bankgeschäfte geltende Kardinalregel verstoßen hatte, indem sie kurzfristige Kredite aufgenommen und langfristige Kredite vergeben hatte.

Unmittelbar nach der Finanzkrise im Jahre 2008 und im folgenden Jahr erholten sich die Sparquoten im Vereinigten Königreich von 5 auf über 10 Prozent, da die Haushalte ihre Bilanzen sanierten. Wie in den Vereinigten Staaten brachen die Quoten in den vergangenen fünf Jahren ein, und historisch billiges Geld befeuerte die zunehmende Verschuldung der Haushalte. Von 1993 bis 2014 verdreifachten sich die ungesicherten Kredite von 50 Milliarden Pfund auf über 160 Milliarden Pfund. Das gibt Anlass zur Besorgnis. Nachfolgende Regierungen haben mit verschiedenen Initiativen wie steuerfreien Sparkonten (Independent Savings Accounts – ISA) und einer obligatorischen Altersvorsorge versucht, Sparanreize zu setzen. Wie schon in der Vergangenheit erwiesen diese sich als attraktiv für Bessergestellte. Interessanterweise erlebte die Postsparkasse nun unter dem Namen National Savings & Investments eine Renaissance. Sie verwaltet ein Vermögen von über 100 Milliarden Pfund und nutzt immer noch die Postämter als Vertriebskanal. Nach der Schließung zahlreicher Privatkundenbanken hat sich die Post bei kleineren und älteren Sparern bewährt, die keinen Zugang zum Internet haben oder ihm kein Vertrauen schenken. Alle Einlagen und Investitionen werden von der Regierung garantiert. 2017 musste die Airdrie Savings Bank schließen, weil sie nicht mehr wettbewerbsfähig war.

Trotz aller in den letzten beiden Jahrhunderten unternommener Anstrengungen besteht auch weiterhin das Problem, dass nicht alle Menschen Zugang zu Finanzinstituten haben. 2017 berichtete die Financial Inclusion Commission, dass 1,5 Millionen Menschen im Vereinigten Königreich über kein Bankkonto verfügen, und 2012, dass 2 Millionen Menschen teure Darlehen aufnahmen, weil sie keinerlei Zugang zu Krediten hatten. Der Rückgang der Reallöhne wird die Lage noch weiter verschlechtern. In ihrer Finanzstudie *Financial Lives Survey* von Oktober 2017 gelangte die britische Finanzaufsichtsbehörde Financial Conduct Authority zu dem Schluss, dass 50 Prozent der Erwachsenen durch eine Verschlechterung der Wirtschaftslage gefährdet seien. Der höchste Anteil wurde unter den Personen ohne Zugang zu Finanzinstituten und den Arbeitslosen registriert. Jeder Versuch einer Problemlösung ist bisher gescheitert. Kreditgenossenschaften, die die Lücke schließen könnten, haben keinen Zulauf, und das Wachstum ist verhalten. Es ist kaum vorstellbar, wie die Vision von Henry Duncan und George Rose, jedermann zugängliche Bankdienstleistungen anzubieten, angesichts des aktuellen finanziellen Klimas ohne staatliche Intervention verwirklicht werden kann.

Michael S. Moss/Iain Russell, *An Invaluable Treasure. A History of the TSB*, London 1994.

Michael Moss, „La campagne en faveurdes économies de guerre en Grande-Bretagne: naissance d'une politique moderne de l'épargne", in: Florence Descamps/ Laure Quennouëlle-Corre (Hg.), *La mobilisation financière pendant la Grande Guerre. Le front financier, un troisième front*, Paris 2015 (Histoire économique et financière – XIXe–XXe), S. 227–261.

Michael Moss/Anthony Slaven (Hg.), *From Ledger Book to Laser Beam. A History of the TSB in Scotland from 1810 to 1990*, Glasgow 1992.

Zu den Sparquoten der Konsumentenhaushalte im Vereinigten Königreich: https://tradingeconomics.com/united-kingdom/personal-savings (abgerufen am 12.12.2017).

Sally Hills et al., „The UK recession in context — what do three centuries of data tell us?", in: *Bank of England Quarterly Bulletin*, Q4, 2010 S. 277–291.
John Tidd Pratt, *The History of Savings Banks in England, Wales and Ireland*, London 1839.

Samuel Smiles, *Self-Help. With Illustrations of Character and Conduct*, London 1859.

H. Oliver Horne, *A History of Savings Banks*, Oxford 1947.

Archibald Richard Burdon Haldane/Trustee Savings Banks Association, *One Hundred and Fifty Years of Trustee Savings Banks*, London 1960.

Peter H. J. H. Gosden, *The Friendly Societies in England*, Manchester 1961.

Paul Johnson, *Saving and Spending – Working-class Economy in Britain, 1870–1939*, Oxford 1985.

David R. Green et al. (Hg.), *Men, Women, and Money: Perspectives on Gender, Wealth, and Investment 1850–1930*, Oxford et al. 2011. Zur Studie der Financial Conduct Authority: www.fca.org.uk/publications/research/understanding-financial-lives-uk-adults (abgerufen am 12.12.2017).

Berliner
Sparkasse
Sparkassenbuch

Abb. 55 Das Sparkassenbuch „Gold" der Berliner Sparkasse, Berlin 2009, Historisches Archiv der Berliner Sparkasse, Kat.-Nr. 203

2009 führte die Berliner Sparkasse das Sparkassenbuch „Gold" ein. Nach der Finanzkrise von 2007/08 war dies ein Versuch, das Vertrauen der Kunden in die Produkte der Finanzindustrie wieder herzustellen. Die beworbene Sicherheit der Spareinlagen wird in der Gestaltung des Sparbuchs symbolisch aufgegriffen. Die abgebildete Quadriga des Brandenburger Tors hebt in Abgrenzung zu den internationalen Finanzmärkten den regionalen Charakter der Sparkasse hervor. Der goldene Schriftzug steht für Wertbeständigkeit.

Die Furcht, dass die deutschen Sparer angesichts weltweit insolventer Finanzinstitutionen in Panik verfallen könnten, veranlasste die Bundesregierung bereits im Jahr 2008 dazu, eine weitreichende Garantie der deutschen Sparguthaben auszusprechen.

Unbedingt sollten Szenen vermieden werden, wie sie sich beispielsweise am 13. Juli 1931 durch die Insolvenz der Darmstädter und Nationalbank, seinerzeit die zweitgrößte deutsche Bank, vor dem damaligen Hauptgebäude der Berliner Sparkasse am Mühlendamm zugetragen haben (Kat.-Nr. 96). Aufgrund der Angst vor einer Zahlungsunfähigkeit der Sparkassen hatten viele Sparer versucht, ihre Sparguthaben abzuheben, was zum Verbrauch der Bargeldreserven einiger Sparkassen und anderer Finanzinstitute geführt hatte. Um die Lage zu beruhigen, verordnete die Reichsregierung für den 14. und 15. Juli 1931 die Schließung aller Finanzinstitute, die sogenannten Bankfeiertage. Die bis dahin die Sparkassen tragenden Kommunen befürchteten soziale und politische Unruhen für den Fall, dass die Sparkassen bei ihrer Wiedereröffnung nicht mit ausreichenden Finanzmitteln ausgestattet sein sollten (Kat.-Nr. 100).

Um derlei Vorfälle im Rahmen der Finanzkrise 2007/08 zu vermeiden, erklärten Bundeskanzlerin Angela Merkel und Finanzminister Peer Steinbrück bei einer spontan einberufenen Pressekonferenz am 5. Oktober 2008, dass die Bundesregierung die Sicherheit der Spareinlagen der Bürger garantiere. Nach seinem Ausscheiden aus der Bundesregierung betonte Peer Steinbrück jedoch wiederholt öffentlich, dass für die ausgesprochene Garantie keinerlei rechtliche Legitimation vorgelegen habe und die Finanzierung der Einlagensicherung problematisch geworden wäre.

Eine tatsächliche Gefahr für die Spareinlagen ergab sich allerdings durch die letztlich aus der Finanzkrise hervorgegangene langanhaltende Niedrigzinsphase. Sie hat auch das Anlegen von Spargeldern auf dem hier gezeigten Sparkassenbuch „Gold" in Anbetracht der den Zinssatz übersteigenden Inflationsrate zu einem für die Kunden verlustreichen Unterfangen gemacht. Allgemein hatte das Eintreten in die Niedrigzinsphase jedoch keine nennenswerten Effekte auf die deutsche Sparquote. Das Sparen scheint in Deutschland häufig keinem ökonomischen Kalkül zu folgen. Ganz offenbar hat es sich – nicht nur auf Ebene der privaten Haushalte – habitualisiert. RM

Literatur:
Johannes Bähr/Bernd Rudolph, *Finanzkrisen 1931, 2008*, München 2011.

Sheldon Garon

WARUM AMERIKA GELD AUSGIBT, WÄHREND EUROPA UND ASIEN SPAREN

Das Geldsparen ist in den Vereinigten Staaten kein besonders attraktives Thema, nachdem die dortigen Politiker lange den *Konsum* als Motor des Wirtschaftswachstums herausgestellt hatten. Nur wenige Amerikaner würden dem populären deutschen Slogan „Geiz ist geil!" zustimmen. Die meisten Amerikaner finden Sparen eher langweilig – jedenfalls war das bis zum Jahr 2008 der Fall. Im Sog der weltweiten Finanzkrise wurde mehr als deutlich, dass Millionen von Amerikanern keine Ersparnisse haben, mit denen sie sich gegen Arbeitslosigkeit, Krankheit und Zwangsversteigerungen ihrer Häuser absichern könnten. Bei einem plötzlichen Einkommensverlust verfügt laut einer amtlichen Umfrage derzeit etwa die Hälfte (44 Prozent) der amerikanischen Haushalte über „Ersparnisse, die für weniger als drei Monate zur Deckung ihrer Grundbedürfnisse auf Armutsniveau ausreichen würden".[1]

Mein jüngstes Buch *Beyond Our Means* beschäftigt sich mit der Frage, wie die Amerikaner derart miserable Sparer werden konnten, aber auch damit, wie die Menschen in vielen Ländern Europas und Asiens zu sparen lernten.[2] Bekanntlich sind Ostasiaten viel sparsamer als Amerikaner. In den 1970er Jahren sparten die Japaner 23 Prozent ihres verfügbaren Haushaltseinkommens, und heute legen die Chinesen etwa genauso viel zurück. Häufig schreiben wir die ostasiatische Sparsamkeit der vermeintlich einzigartigen Kultur der Region, ihrem konfuzianischen Erbe oder einfach den „asiatischen Werten" zu. Die meisten Amerikaner wissen allerdings nicht, dass auch die Kontinentaleuropäer große Sparer sind. Nicht nur deutsche, sondern auch französische, belgische, schweizerische und österreichische Haushalte haben in den letzten Jahrzehnten über 10 Prozent gespart.[3]

Amerikanische Wirtschaftsexperten taten sich schwer, den Spareifer der Europäer zu erklären. Nach ihren Theorien sollten Europäer *nicht* sparsam sein. Die vergleichsweise großzügigen Sozialleistungen der europäischen Wohlfahrtsstaaten bieten den Haushalten angeblich *negative Sparanreize*, und in den alternden Gesellschaften Europas sollten Rentner ihr Vermögen lieber ausgeben als sparen. Vielleicht können Historiker wie ich dieses Rätsel besser lösen: Die Länder in Europa und Asien, in denen viel gespart wird, können alle auf eine lange Tradition der Sparförderung durch Institutionen zurückblicken, die die „kleinen Leute" zum Sparen animieren.

Die transnationale Geschichte des Sparens

Zwar akkumulieren Menschen seit Langem Überschüsse, um sich auf knappe Zeiten vorzubereiten; die verbreitete Praxis, Geldersparnisse Finanzinstituten anzuvertrauen, besteht jedoch erst seit zwei Jahrhunderten. Die frühesten Institutionen dieser Art waren die „Savings Banks" (Sparkassen). Sie entstanden um 1800 in verschiedenen europäischen Ländern, darunter auch die Sparkassen in den deutschen Städten. Zivilbehörden und Sozialreformer gründeten Sparkassen, die kleine Spareinlagen entgegennahmen und Zinsen zahlten. Sie waren in erster Linie darauf ausgerichtet, die Lebensbedingungen der Erwerbsarmen zu verbessern. Auch Angehörige der Mittelschichten waren in großem Umfang Sparkassenkunden. Die Sparkassen waren, wie alle modernen Sparinstitutionen, ein „transnationales Phänomen". Die Entwicklungen in anderen Ländern wurden von den Reformern intensiv untersucht und nachgeahmt, sodass sich Sparkassen schnell in ganz Europa, Nordamerika und Australien verbreiteten.

Die frühen Sparkassen wurden lokal verwaltet; ab Mitte des 19. Jahrhunderts aber intervenierten Zentralstaaten, um ihre Bevölkerung zum Sparen anzuhalten. 1861 präsentierte die britische Regierung der Welt das innovative Modell der Postsparkasse. Bis 1885 hatten alle größeren europäischen Länder Postsparsysteme eingeführt. Eine bemerkenswerte Ausnahme bildete Deutschland, weil die örtlichen Sparkassen dagegenhielten, dass sie bereits den Bedürfnissen der meisten Kleinsparer genügten. Erst 1939 wurden in Deutschland Postsparkassen eingeführt. In den meisten Ländern erhöhte sich mit den Postspareinlagen der Anteil der Bevölkerung, der über ein Sparkonto verfügte, deutlich. Die Postämter nahmen sehr kleine Spareinlagen an. Der Staat garantierte alle Spareinlagen, und die flächendeckende Verfügbarkeit von Postämtern bot der Land- und der Erwerbsbevölkerung einen wesentlich besseren Zugang. Als wahrhaft globale Praxis etablierte sich das Sparen bei der Post, als der japanische Staat 1875 – mehrere Jahre vor den meisten europäischen Ländern – das Postsparen einführte. Japans Postsparwesen breitete sich rasant aus. 1910 verfügten die Japaner bereits über 17,5 Millionen Postsparkonten und erreichten damit den zweithöchsten Stand der Welt.

Die Behörden schärften auch ihren jüngsten Bürgern ein zu sparen. Mit Belgien in den 1860er Jahren und Frankreich in den 1870er Jahren gründeten zwei Zentralstaaten landesweit Schulsparkassen. Rasch hatten in ganz Europa, Australasien, Nordamerika und

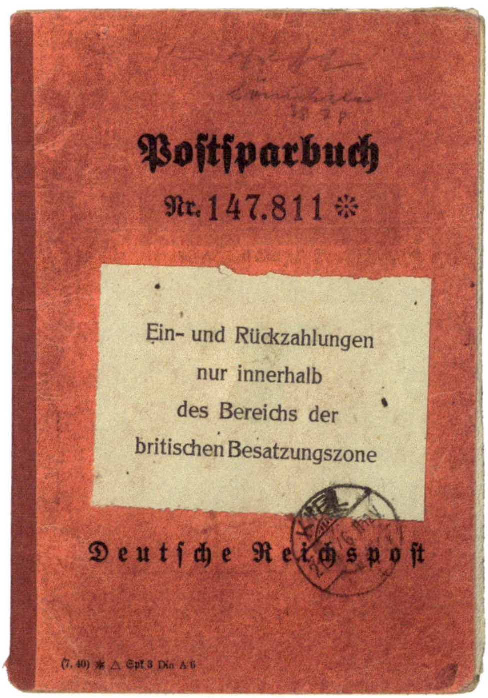

Abb. 56 Sparbuch der Deutschen Reichspost in Garding, 1942–1946, Kat.-Nr. 166

Abb. 57 Sparbuch der Deutschen Reichspost in Köln-Bayenthal, 1940–1943, Kat.-Nr. 167

Japan Schulsparprogramme Hochkonjunktur. In einem bemerkenswert transnationalen Moment brachten Kinder – rund um den Globus – ihre Münzen einmal in der Woche mit in die Schule, damit ihre Lehrer die kleinen Beträge auf Konten bei der örtlichen Sparkasse und der Post einzahlen konnten.

Abb. 58 Australische Schüler zahlen in ihre Schulsparkasse ein, um 1930

Während der beiden Weltkriege intervenierten die Länder wie nie zuvor zugunsten der Sparförderung. Regierungen initiierten Sparkampagnen und schufen neue Sparinstrumente, wie Kriegsanleihen oder staatliche Sparzertifikate, die die Ersparnisse der Menschen direkt für die Kriegsanstrengungen einsetzten. Die Bürger wurden dazu angehalten, nicht nur für sich selbst, sondern auch aus patriotischen Gründen zu sparen. Da Millionen Männer für den Krieg oder die Munitionsfertigung mobilisiert worden waren, richteten sich die Sparkampagnen für den Krieg insbesondere an Frauen, die für das Sparen und Wirtschaften an der Heimatfront zuständig waren. Die Regierungen in Europa und Nordamerika gründeten neue Agenturen, um die örtlichen Sparvereine und -gemeinschaften in der Nachbarschaft, am Arbeitsplatz und in der Schule in landesweiten Netzwerken zu organisieren. Im Zweiten Weltkrieg führten auch japanische Regierungsvertreter, ausgehend von ihren Untersuchungen über die Sparkampagnen anderer Länder im Ersten Weltkrieg, in aller Eile Sparkampagnen durch.

Nach 1945 verschwanden die nationalen Sparkampagnen der Kriegszeit in Europa und Ostasien jedoch nicht von der Bildfläche. Vielmehr wurden sie im Rahmen von Sparprogrammen fortgeführt. Angesichts massiver Kriegsschäden und enormer Kriegsschulden benötigten viele Länder dringend die Ersparnisse ihrer Bevölkerung, um den Wiederaufbau und den Wohlfahrtsstaat zu finanzieren.

Abb. 59 Haskell Coffin, US-amerikanisches Plakat mit der Aufforderung zum Kauf von Kriegssparmarken, 1918

Nach dem Zweiten Weltkrieg ermahnte die britische Regierung ihre Bürger weiter zu sparen, und der japanische Staat führte verschiedene „Sparkampagnen zur Rettung der Nation“ durch. Die staatlich organisierten Sparkampagnen hielten sich in Japan bis in die 1990er Jahre. Dort arbeiteten Beamte eng mit nationalen und lokalen

Frauenverbänden zusammen und hielten verheiratete Frauen dazu an, ein detailliertes Haushaltsbuch zu führen. Ab den 1960er Jahren wurden kontinuierliche Sparaktionen, das Postsparen und das Schulsparen nach japanischem Vorbild auch in mehreren aufstrebenden asiatischen Volkswirtschaften eingeführt – unter anderem in Südkorea, Singapur, Malaysia und China.

Abb. 60 Japanisches Plakat, in dem ein Mitglied der patriotischen Frauenvereinigung ihre Nachbarn zum Kauf von Sparbriefen zur Unterstützung des japanischen Kriegs gegen China aufruft, um 1939

Auch wenn die öffentlichkeitswirksamen nationalen Nachkriegssparkampagnen in Westeuropa nach den 1950er Jahren von der Bildfläche verschwanden, fördern die Regierungen und Finanzinstitute Sparaktivitäten der Haushalte bis zum heutigen Tag. Immer mehr Staaten – wie das Vereinigte Königreich, die Niederlande, Japan und Australien – führen neuerdings Finanzbildungsprogramme landesweit in Lehrpläne ein. Die Schüler lernen nicht nur zu sparen, sondern auch den Umgang mit Kreditkarten und Eigenheimkrediten. Bestärkt durch die aktuelle EU-Politik setzen sich die meisten Mitgliedsstaaten dafür ein, dass jeder Zugang zu einem Basissparkonto hat. Dichte Sparkassen-, Postsparkassen- und Bausparkassennetze erleichtern die Umsetzung dieses Ziels. In Frankreich zum Beispiel haben fast 100 Prozent der Bürger Bankkonten, die auf Programme wie das Livret A, ein staatlich subventioniertes Kleinsparerkonto, zurückgehen, für das keine Gebühren anfallen und das überdurchschnittliche, nicht zu versteuernde Zinsen bietet. Im Gegensatz dazu haben in den Vereinigten Staaten 7 Prozent der Haushalte „keinen Zugang zu Finanzinstituten“ und verfügen daher über *kein einziges* Konto. Weitere 20 Prozent haben „zu wenig Zugang zu Finanzinstituten“; sie haben zwar ein Giro- oder Sparkonto, verlassen sich aber auf teure „alternative Finanzdienstleistungen“ wie Zahltagdarlehen.[4]

Amerika, die große Ausnahme

Die Vereinigten Staaten stellen in der globalen Geschichte der Sparförderung einen Sonderfall dar. Traditionell sparen die Amerikaner vor allem deshalb weniger als die Europäer, weil viele Amerikaner kaum Zugang zu Sparinstitutionen hatten. Die Vereinigten Staaten sind ein dezentralisiertes Gemeinwesen mit enormen regionalen Unterschieden. Seit dem frühen 19. Jahrhundert wurden in den Neuengland- und Mittelatlantikstaaten und später in einigen Staaten des Mittleren Westens und an der Pazifikküste Sparkassen nach englischem Vorbild gegründet. In Bundesstaaten, in denen es Sparkassen gab, verfügte auch ein hoher Anteil der Bevölkerung über Sparkonten. Im Rest des Landes breiteten sich die Sparkassen aber nie aus. Es gab Bundesstaaten, in denen Kleinsparer bei keiner einzigen Bank willkommen waren. Noch 1910 verfügten nur 10 Prozent der Amerikaner über ein Sparkonto bei einer Sparkasse beziehungsweise 16 Prozent bei einem anderen Finanzinstitut. Im Vergleich dazu hatten in Japan und verschiedenen europäischen Ländern mehr als 30 Prozent der Bevölkerung Sparkonten bei Spar- oder Postsparkassen. Es ist bemerkenswert, dass nur 3,4 Prozent der Südstaatenbewohner und 4,6 Prozent der Bewohner binnenländischer Weststaaten ein Sparkonto bei überhaupt *irgendeiner* Bank besaßen.[5]

Diese regionale Uneinheitlichkeit hätte die Regierung offenkundig ausgleichen können, wenn sie, ausgehend von dem flächendeckenden Netz der Poststellen, ein zugängliches Postsparsystem etabliert hätte. Aber auch in dieser Hinsicht hinkten die Vereinigten Staaten hinter europäischen Ländern und Japan hinterher. Zwar hatten Bundespostbeamte schon 1873 erstmals eine Postsparkasse angeregt, doch der US-Kongress verhinderte in den folgenden 36 Jahren jegliches Postspargesetz. 1910 erließ der Kongress endlich ein Postspargesetz. Da die mächtigen Geschäftsbanken das Gesetz jedoch abschwächen konnten, gewann das US-Postsparsystem im Vergleich zu den Postsparkassen anderer Länder nie einen nennenswerten Teil der Bevölkerung für sich. Die Postsparkassen zahlten niedrigere Zinsen als Privatbanken, und viele ländliche Postämter boten gar keinen Sparservice an. 1966 wurde das ineffektive US-amerikanische Postsystem vollständig abgeschafft.

Auch Schulsparprogramme litten darunter, dass die Ausbildung in Amerika lokal organisiert war. Ob eine Schule eine Schulsparkasse einführte, hing von den Entscheidungen des lokalen Bildungsausschusses ab und davon, ob es in der Gemeinde eine Sparkasse gab, die in Kooperation mit den Lehrern die kleinen Spareinlagen der Kinder annahm. Unter dem Einfluss europäischer Programme sponserten einige Städte im Mittleren Westen sowie an der Ost- und der Westküste in der ersten Hälfte des 20. Jahrhunderts blühende Schulsparkassen. In den meisten Städten aber gab es für die amerikanischen Kinder keine solchen Schulsparkassen.

Erst seit den Sparkampagnen während der beiden Weltkriege handelte die US-Regierung insofern ähnlich wie andere Staaten, als auch sie landesweit unmissverständlich zum Sparen aufforderte. Am erfolgreichsten war das US-Sparbriefprogramm, das 1935 startete und im Zweiten Weltkrieg stark ausgeweitet wurde. Im Gegensatz zu anderen Sparinstitutionen waren diese Sparbriefe in kleiner Stückelung für die meisten Amerikaner sehr leicht zugänglich. Die Sparbriefe waren bei Postämtern, Banken oder ehrenamtlich Tätigen in der Nachbarschaft erhältlich. Die Sparbriefe wurden auch im Rahmen von Sparplänen verkauft, die auf freiwilligem Lohnabzug basierten und 27 Millionen Menschen erreichten. Die Schulkinder wurden zum Kauf der kleineren US-Kriegssparmarken angehalten. Im Zweiten Weltkrieg begannen Millionen Amerikaner systematisch zu sparen,

Abb. 61 Japanisches Werbeplakat der Postbank, in dem eine Hausfrau zum Sparen auffordert, 1955

und zwar indem sie Sparbriefe kauften. Zudem erließ der Kongress 1933 Rechtsvorschriften zur Einführung des Einlagensicherungsfonds der Vereinigten Staaten, mit dem die Regierung die Spareinlagen aller Geschäftsbanken und Sparkassen sicherte. Aufgrund dieser Regierungspolitik entwickelten sich die meisten Amerikaner nach dem Zweiten Weltkrieg zu regelmäßigen Sparern, die bei den zunehmend vernetzten, staatlich abgesicherten Banken sowohl Schatzbriefe als auch Sparkonten besaßen.

Die zuletzt rückläufigen Sparaktivitäten in Amerika

Von 1946 bis in die 1970er Jahre waren die Amerikaner mit Sparquoten von 7 bis 11 Prozent des verfügbaren Haushaltseinkommens recht gute Sparer. In den 1980ern begannen die Sparquoten der Haushalte zu sinken. Bis 2005 waren sie auf 2,6 Prozent abgestürzt. Wie lässt sich der amerikanische Sparkollaps erklären?

Beginnen wir mit den langfristigen Faktoren. Anders als in Japan und den europäischen Ländern hatten es die Vereinigten Staaten nach dem Zweiten Weltkrieg nicht nötig, das Sparen und die Sparsamkeit zu fördern. Amerika war nach dem Krieg ein sehr reiches Land. Seine Städte waren nicht bombardiert worden, und es verfügte über die Hälfte der weltweiten Produktionskapazitäten. Einflussreiche Amerikaner – Ökonomen, Politiker, Geschäftsleute und Arbeiterführer – hielten einmütig den Massenkonsum und nicht das Sparen für den Schlüssel zum Wirtschaftswachstum. Zudem wurden den Kunden nirgendwo sonst auf der Welt so großzügige Verbraucherkredite in Form von Ratenkäufen für Autos und Haushaltsgeräte angeboten wie von amerikanischen Unternehmen. Schließlich förderte die US-Regierung das „Sparen" dadurch, dass sie zinsgünstige Hypotheken für Wohneigentum versicherte. Zwischen 1940 und 1960 stieg die Anzahl der Hausbesitzer von 44 auf 62 Prozent. Dieses System war in den ersten Nachkriegsjahrzehnten weitgehend zukunftsfähig. Amerikaner liehen sich Geld; sie gaben Geld aus, aber sie sparten auch und zahlten ihre Schulden zurück.

In den vergangenen 35 Jahren zeichneten sich jedoch Entwicklungen ab, die die Sparbereitschaft der Amerikaner stark verminderten. Die erste Entwicklung war die Zunahme „revolvierender

Kreditkarten", bei denen der Kunde die Buchungen am Ende jedes Monats nicht vollständig zurückzahlen muss. Stattdessen kann man seine Schulden gegen hohe Zinsbelastungen im Zeitverlauf zurückzahlen. Zurzeit haben fast 40 Prozent der amerikanischen Haushalte Kreditkartenschulden. Zweitens waren Hausbesitzer nach der Steuerreform von 1986 zunehmend auf Eigenheimkredite mit steuerfreien Zinszahlungen angewiesen. Der Eigenheimkredit ist ein zweiter Kredit, für den die Kreditnehmer den Wert ihrer Häuser als Sicherheit verwenden. Die Banken ermunterten die Kunden, hohe Kredite aufzunehmen, indem sie einfach Schecks auf die Kreditlinie zur Eigenheimfinanzierung ausstellten. Drittens sprach die Finanzbranche nach 2000 einkommensschwächere Menschen an, denen sie „Subprime"-Hypotheken mit zunächst niedrigen „Zinslockangeboten" und kleiner oder gar keiner Anzahlung offerierte. Schnell verloren viele Menschen ihre Häuser, als sie die steigenden Zinsen nicht mehr bezahlen konnten, ihren Arbeitsplatz verloren oder krank wurden. In den Anfangsjahren des 21. Jahrhunderts hatten Millionen Amerikaner das Sparen eingestellt: „Warum sparen, wenn es so einfach ist, sich Geld zu leihen?" Hinzu kamen schließlich die stagnierenden Haushaltseinkommen. Die Reallöhne der erwerbstätigen Amerikaner stiegen nach 1979 kaum mehr an. Erstaunlicherweise stagnierten die Haushaltseinkommen ab dem Jahr 2000, oder sie sanken auf etwas über 90 Prozent. Die Amerikaner machten Schulden in Rekordhöhe in einer Zeit, in der sie sie am wenigsten zurückzahlen konnten.

Nach der Finanzkrise von 2008 begannen die Amerikaner wieder zu sparen. Viele bezahlen jetzt ihre Kreditkartenrechnungen fristgerecht. Die *gesamte* Sparquote der Haushalte stieg von 5 auf 6 Prozent. Dennoch hat fast die Hälfte der Haushalte geringe oder gar keine Ersparnisse; die Studienkreditschulden übersteigen inzwischen die Kreditkartenschulden, und die Verbraucher sind nicht angemessen vor den skrupellosen Kreditvergabepraktiken der Finanzbranche geschützt. Werden die Amerikaner bessere Sparer? Oder kehren sie bald wieder zu der Konsum- und Schuldenkultur des späten 20. Jahrhunderts zurück?

1 Corporation for Enterprise Development, *2016 Assets & Opportunity Scorecard*, https://cld.bz/bookdata/cv7zGmy/basic-html/page-1.html (abgerufen am 9.12.2017).

2 Sheldon Garon, *Beyond Our Means. Why America Spends While the World Saves*, Princeton, NJ, 2012.
3 OECD iLibrary, *Statistics, Household Accounts, Household Savings*, www.oecd-ilibrary.org/economics/household-savings/indicator/english_cfc6f499-en (abgerufen am 9.12.2017); Garon, *Beyond Our Means*, S. 381.

4 Federal Deposit Insurance Corporation, *2015 FDIC National Survey of Unbanked and Underbanked Households*, online: www.fdic.gov/householdsurvey/ (abgerufen am 9.12.2017).

5 Garon, *Beyond Our Means*, S. 93–100.

Dispositionskredit
Er nutzt unsere neue
Kreditart.
Sie auch?*
* Sie verfügen jederzeit über „mehr" Geld

Abb. 62 Werbeplakat der Sparkasse zum Dispositionskredit, 1968, Deutscher Sparkassen Verlag GmbH Stuttgart, Kat.-Nr. 179

Fritz Butschkau (1901–1971), seit 1953 Präsident des Deutschen Sparkassen- und Giroverbands, notierte in seinem 1967 erschienenen Buch *Im Dienste des Sparers*: „Bedenklich erscheinen uns ferner Einrichtungen, deren Existenz davon abhängt, den Menschen das freiwillige Sparen abzugewöhnen. Dazu gehören u. a. die überall entstehenden Konsumfinanzierungsinstitute, die nicht vom ‚An'sparen, sondern vom sogenannten ‚Ab'sparen leben. Es gibt heute schon Zehntausende, die außer ihrem vollverbrauchten Einkommen stets noch einen Saldo bei solchen Instituten in Anspruch nehmen und diesen Kredit ebenso pflegen und schätzen wie in früheren Zeiten ein Sparer sein Sparguthaben. [...] Es scheint wahr zu sein, daß solche Leute für das Sparen nicht nur verloren sind, sondern auch verloren bleiben oder besser: endgültig für das Sparen verdorben sind. Sie mit weiterer Werbung in diesen Zustand hineinzubringen, bedeutet für uns in Deutschland die Labilität der politischen und moralischen Struktur unseres Volkes zunehmen zu lassen und uns damit alle zu gefährden."

Die westdeutsche Kreditwirtschaft hatte in den 1950er Jahren ihre anfängliche Zurückhaltung gegenüber Konsumentenkrediten aufgegeben, woraufhin dieser Geschäftsbereich befördert durch das steigende Masseneinkommen und die anschwellende Nachfrage nach langfristigen Konsumgütern wie Möbel und Automobile ein dynamisches Wachstum erfuhr. Anders als von Fritz Butschkau befürchtet, erodierte die Sparneigung der Deutschen hierdurch nicht. In Ostdeutschland war das Sparen wegen der geringen Verfügbarkeit von Krediten ohnehin weitgehend konkurrenzlos.

Aber auch im Westen des Landes erfreute sich das Sparbuch – letztlich bis in die Gegenwart – weiterhin sehr großer Beliebtheit. Die neue Art der Konsumfinanzierung, der schnell zur Gewohnheit gewordene Konsumentenkredit, existierte parallel zu den steigenden Sparguthaben. Zwar nahm durch die Verfügbarkeit der Kredite die Verschuldung der Haushalte in Westdeutschland rasch zu – in den 1970er Jahren kam es beinahe zu einer Verfünffachung der Schulden –, dennoch blieben die Haushalte Nettogläubiger.

Zu der wachsenden Verschuldung beigetragen hatte die offensive Werbung der Kreditinstitute, nachdem es 1967 zu einer wettbewerbsrechtlichen Deregulierung in der Kreditwirtschaft gekommen war. Jetzt konnten Kredite aktiv beworben werden, so auch der Überziehungskredit, der Ende 1967 erstmals – wie im hier abgebildeten Plakat – unter der marktgängigeren Bezeichnung „Dispositionskredit" beworben wurde.

Dem Sparverhalten der Westdeutschen schadete diese Ausweitung der Konsumentenkredite allerdings nicht. Die Sparquote erreichte 1975 mit gut 16 Prozent einen neuen Höchststand.

Literatur:
Fritz Butschkau, *Im Dienste des Sparers. Reden und Aufsätze*, Stuttgart 1967, S. 82f.; Hans Pohl et. al., *Wirtschafts- und Sozialgeschichte der deutschen Sparkassen im 20. Jahrhundert*, Stuttgart 2005, S. 346ff.

Axel Börsch-Supan und Tabea Bucher-Koenen

WIE DER DEMOGRAFISCHE WANDEL DAS SPARVERHALTEN DER DEUTSCHEN ÄNDERT[1]

Der demografische Wandel ist einer der Megatrends des 21. Jahrhunderts. Grafik 1 zeigt, wie sich das Gleichgewicht zwischen Jung und Alt verschieben wird.

Damit geraten insbesondere die umlagefinanzierten Rentensysteme unter Druck. Mehr Rentner müssen von weniger Beitragszahlern finanziert werden. Das gefährdet die Zukunftsfähigkeit dieser Rentensysteme. Als Reaktion auf die Herausforderungen des demografischen Wandels wurden in den vergangenen Jahrzehnten in zahlreichen Ländern, darunter auch Deutschland, tiefgreifende Reformen der Rentensysteme durchgeführt. Eine Gemeinsamkeit dieser Reformen ist, dass sie einen Teil der Verantwortung für das Einkommen nach dem Renteneintritt vom Staat auf den Einzelnen verlagern. Sie senken die Ersatzquoten der öffentlichen Säule ab und transformieren monolithische öffentliche Renten- in Mehrsäulensysteme, die stärker auf die private und betriebliche Altersvorsorge aufbauen. Damit muss jeder Einzelne eigenverantwortlich für das Alter vorsorgen.

Wird es dadurch auch tatsächlich zu einer grundlegenden Änderung des Sparverhaltens und der Finanzmarktaufteilung kommen? Die Wirtschaftstheorie formuliert eine klare Prognose. Wenn das Einkommen aus der gesetzlichen Rente sinkt, so sagt sie, werden die Menschen ihre Konsum- und Sparentscheidungen an die neue Situation anpassen. Das werden wir in Abschnitt 2 näher erläutern.

Erfüllt sich diese Prognose aber tatsächlich? Sind die Menschen vorausschauend genug, ihre private und betriebliche Altersvorsorge zu erhöhen? Oder wird das Aufschieben von Sparentscheidungen dominieren, gepaart mit einem Mangel an Wissen über das kompli- zierte öffentliche Rentensystem und die noch komplizierteren Finanzprodukte der privaten und betrieblichen Altersvorsorge?

Für die Beantwortung dieser Fragen bietet Deutschland nahezu ideale Laborbedingungen. Das öffentliche Rentensystem in Deutschland war derart großzügig, dass der Lebensstandard selbst nach dem Renteneintritt gewährleistet werden konnte. Angesichts des demografischen Drucks wurde das System in den beiden vergangenen Jahrzehnten mehrfach reformiert. Größere Reformen wurden 1992, 2001, 2004 und 2007 durchgeführt. Sie führten zu

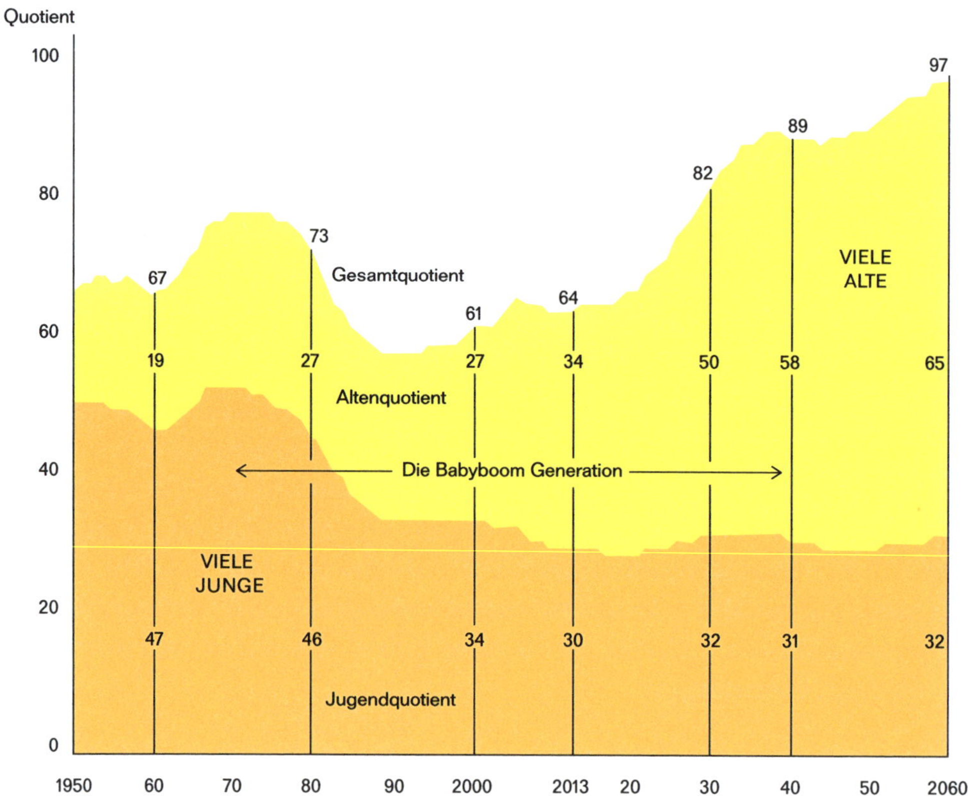

Grafik 1 Demografischer Wandel: Jugend-, Alten- und Gesamtquotient mit den Altersgrenzen 20 und 65 Jahren*
Ab 2014 Ergebnisse der 13. koordinierten Bevölkerungsvorausberechnung (Variante 1: Kontinuität bei schwächerer Zuwanderung) Quelle: Statistisches Bundesamt 2015
*Jugendquotient: unter 20-jährige je 100 Personen im Alter von 20 bis 64 Jahren;
Altersquotient: 65-Jährige und Ältere je 100 Personen im Alter von 20 bis 64 Jahren;
Gesamtquotient: unter 20-Jährige und ab 65-Jährige je 100 Personen im Alter von 20 bis 64 Jahren

erheblichen Einschnitten bei den gesetzlichen Rentenleistungen und verursachten eine im Vergleich zu vergangenen Leistungsniveaus wachsende Alterseinkommenslücke. Daher wurden durch die Politik Anreize gesetzt, die die Deutschen zur Anpassung ihres Sparverhaltens anhielten, um die drohende Rentenlücke durch private und betriebliche Renten zu schließen.

Im Anschluss an eine kurze Präsentation der verfügbaren Daten (Abschnitt 3) beschäftigt sich der Hauptteil dieses Artikels mit der Frage, inwieweit die Haushalte ihre Spar- und Finanzentscheidungen tatsächlich an das neue politische Umfeld angepasst haben und welche Schlüsse sich daraus ziehen lassen (Abschnitt 4). Eine zentrale Erkenntnis ist, dass das Wissen über die Änderungen im Rentensystem sehr unterschiedlich in der Bevölkerung ausgeprägt ist – einige sind gut informiert und passen ihr Verhalten an die neuen Institutionen an, während andere nicht gut über die institutionelle Lage informiert sind und daher auch keine Verhaltensanpassung vornehmen. Dies wird in Abschnitt 5 erörtert. Im letzten Abschnitt 6 fassen wir die allgemeinen Erkenntnisse zusammen, die aus den deutschen Erfahrungen zu ziehen sind, und kommentieren aktuelle politische Diskussionen. Insgesamt orientiert sich dieser Beitrag eng an einem Übersichtsartikel, den die Autoren gemeinsam mit Michela Coppola und Bettina Lamla für das *Journal of Economic Surveys* verfasst haben.[2]

Eine einfache Theorie

Die sogenannte Lebenszyklus- bzw. permanente Einkommenshypothese bildet den traditionellen Rahmen, in dem Wirtschaftswissenschaftler analysieren, wie sich Renten auf das individuelle Sparverhalten auswirken. Sie stützt sich auf die Arbeiten von Modigliani/Brumberg (1954) sowie Friedman (1957).[3] In der schlichtesten Version dieses Modells entscheiden vollkommen rationale und vorausschauende Individuen, wie viel sie in jeder Lebensphase aufgrund ihres permanenten Einkommens, das heißt der ihnen in ihrer gesamten Lebenszeit zur Verfügung stehenden Mittel, konsumieren (und damit, wie viel sie sparen). Der Konsum wird also im Lebenszyklus so ausgeglichen, dass der Grenznutzen im Zeitverlauf konstant bleibt. Folglich wird in Zeiten, in denen man ein hohes

Einkommen bezieht, mehr gespart, sodass der gesparte Betrag zur Aufrechterhaltung des Konsumniveaus in Zeiten mit geringerem oder überhaupt keinem Einkommen genutzt werden kann. In einem derart vereinfachten Rahmenwerk führt die Verfügbarkeit gesetzlicher Renten zu einem geringeren Bedarf an privaten Ersparnissen.[4] Dies ist in Grafik 2 dargestellt.

Wenn umgekehrt gesetzliche Rentenleistungen gekürzt werden, müssen die Beitragszahler durch vermehrtes Sparen potenzielle Lücken in ihrer Altersvorsorge schließen.

Die Rolle gesetzlicher Renten wurde in Friedmans früher Studie gewürdigt; aber erst mit der bahnbrechenden Arbeit von Feldstein (1974) wurde die potenzielle Auswirkung gesetzlicher Renten formell in das Lebenszyklusmodell aufgenommen.[5] Er erkannte, dass die Verfügbarkeit und Großzügigkeit gesetzlicher Renten das Arbeitsangebot der Beitragszahler beeinflussen, da sie Anreize für den vorzeitigen Eintritt in den Ruhestand setzen. Daher erweiterte er das grundlegende Lebenszyklusmodell, um den Eintritt in den Ruhestand zu modellieren. In diesem Rahmenwerk haben die gesetzlichen Renten keine eindeutige Auswirkung auf private Sparentscheidungen. Einerseits treten die Rentenleistungen an die Stelle der Haushaltsvermögen, sodass ihre Erhöhung (Verringerung) durch eine

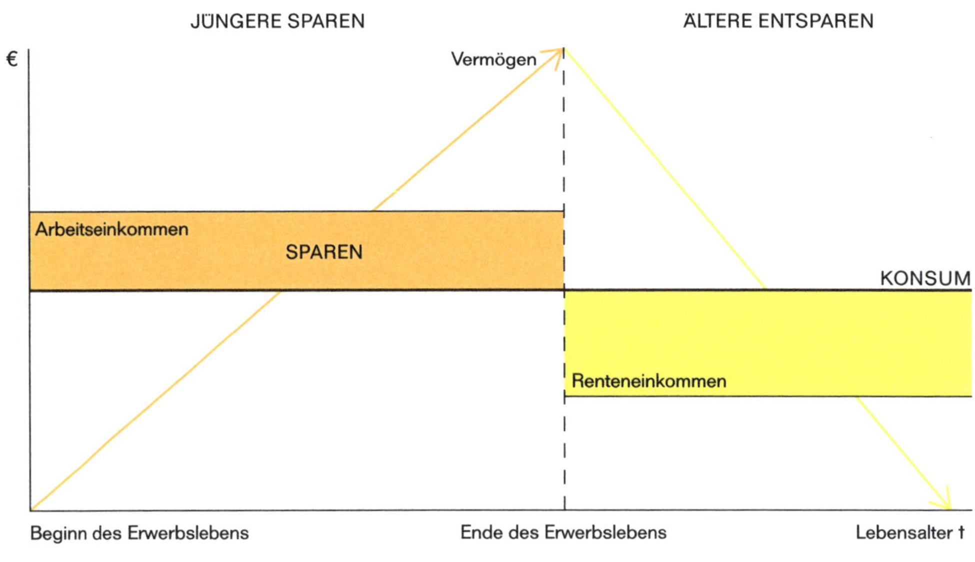

Grafik 2 Die Lebenszyklustheorie des Sparens
Quelle: eigene Darstellung

Verringerung (Erhöhung) der privaten Ersparnisse kompensiert werden sollte. Andererseits können höhere (niedrigere) gesetzliche Renten die Privatersparnisse auch erhöhen (senken), weil sich mit dem induzierten früheren (späteren) Ruhestand der Zeitraum verlängert (verkürzt), auf den das kumulierte Vermögen verteilt wird.

Die Literatur zu Ruhestand und Sparverhalten hat seit Feldsteins Artikel erheblich zugenommen. Im Unterschied zu früheren – ihrem Wesen nach statischen – Modellen tragen neuere Modelle der Sequenzialität einer Verhaltensanpassung an laufende Ereignisse Rechnung. Darüber hinaus wurden sie schrittweise um realitätsnähere Merkmale wie Unzulänglichkeiten auf den Kapitalmärkten, Gesundheitsstatus oder heterogene Präferenzen erweitert.[6] Neuere Arbeiten trugen auch den Unzulänglichkeiten der menschlichen Natur Rechnung und ließen die Haushalte in ihren Modellen mit der Einführung zeitinkonsistenter und zögerlicher Verhaltensweisen als weniger vorausschauend erscheinen.[7] Bemerkenswert an dieser Stelle ist, dass Richard Thaler für seine Arbeiten zu menschlichen Fehlwahrnehmungen und -entscheidungen kürzlich den Nobelpreis der Wirtschaftswissenschaften erhielt. Er entwickelte unter anderem die sogenannte Behavioral Life-Cycle Hypothesis.[8] Bestehen bleibt jedoch die Essenz ökonomischen Denkens, dass die meisten in einem gewissen Ausmaß vorausschauend denken und daher planen, zumindest einen Teil ihres Einkommens für das Alter zu sparen. In welchem Ausmaß dies geschieht, muss die empirische Forschung dann zeigen.

Empirische Evidenz aus Deutschland

Eine große Herausforderung bei der empirischen Erfassung der Verhaltensreaktionen auf Rentenreformen stellen die Datenanforderungen dar. Die Verhaltensreaktionen weisen eine beträchtliche Heterogenität, nicht nur zwischen Einkommensklassen, sondern auch innerhalb der Einkommensklassen auf. Daher sind Mikrodaten zur Ersparnisbildung und zum Arbeitsangebot von essenzieller Bedeutung. Attanasio/Rohwedder (2003) betonen, dass es nur wenige Datensätze mit personenbezogenen Informationen über Ersparnisse gibt.[9] Zudem ist das in staatlichen Programmen und betrieblichen Vorsorgeplänen angesammelte Rentenvermögen nur schwer erfassbar.[10] Zwar lassen sich die für die Erfassung des öffentlichen Rentenvermögens erforderlichen Informationen im Rahmen von Haushaltserhebungen zuverlässig ermitteln, doch werden Panelumfragen, die das gesamte Erwerbsleben der Befragten abdecken, relativ selten durchgeführt. Daher müssen Wissenschaftler entweder überzeugende Annahmen zum Wert der betreffenden Variablen in den nicht erhobenen Jahren formulieren oder sich auf retrospektive Daten stützen, was wiederum mit erheblichen Messfehlern verbunden sein kann. Informationen zu betrieblichen Rentenvermögen setzen voraus, dass die Befragten wissen, ob sie in eine betriebliche Altersvorsorge eingebunden sind und, wenn ja, nähere Einzelheiten dieses Vorsorgeplans kennen. Oft aber wissen die Leute nicht, ob sie durch solche Vorsorgepläne abgesichert sind und über welchen Rentenversicherungsschutz sie verfügen.[11] Die Datenlage zur Analyse des Finanzverhaltens von Haushalten war in Deutschland lange Zeit ungewöhnlich eingeschränkt, da die vorhandenen Datensätze keine detaillierten Daten zu den für die Erfassung der Verhaltensreaktionen auf Rentenreformen erforderlichen Variablen enthielten.

Die in den folgenden Abschnitten angeführten Nachweise basieren mehrheitlich auf der SAVE-Umfrage.[12] Die Studie wurde 2001 unter der zentralen Zielsetzung initiiert, eine auf das Verständnis des Sparverhaltens und der Vermögensentscheidungen der Haushalte ausgerichtete empirische Grundlage zu schaffen. Daher war sie dafür konzipiert, detaillierte Informationen über Einkommen und Finanzanlagen inklusive Immobilien und Schulden in Kombination mit einem breiten Spektrum an psychologischen Fragen, Fragen zum Gesundheitsstatus, zu Erwartungen und Einstellungen zu sammeln. Die Umfrage wurde als Längsschnittstudie angelegt, um die Entwicklung des Sparverhaltens im Zeitverlauf zu verfolgen.[13] Nach der ersten Welle von 2001 wurde 2003/04 eine zweite Welle gestartet. Zwischen 2005 und 2011 wurde die Umfrage jährlich durchgeführt. 2013 wurde die zehnte und letzte Welle der Studie erhoben. SAVE hat also den Anpassungsprozess deutscher Haushalte über einen Zeitraum nachverfolgt, in dem das Rentensystem grundlegenden Änderungen unterworfen wurde. Der Katalog der in jeder Erhebung wiederkehrenden Kernfragen wurde laufend durch zusätzliche Module zu aktuellen Themen ergänzt. 2009 und 2010 wurden zum Beispiel gezielt Fragen zur Auswirkung der Wirtschafts- und

Finanzkrise auf das Sparverhalten der Haushalte eingefügt. Darüber hinaus wurden die Teilnehmer bei der 2011 erhobenen Umfrage um eine schriftliche Genehmigung gebeten, ihre Antworten aus dem SAVE-Fragebogen mit Verwaltungsdaten der Bundesagentur für Arbeit verknüpfen zu dürfen, die auch Informationen über den Arbeitgeber der Befragten enthalten.[14]

Änderungen im deutschen Sparverhalten

Traditionell haben deutsche Haushalte eine hohe Sparquote. Seit 1960 sind die Sparquoten in Deutschland stets höher als zum Beispiel in den Vereinigten Staaten, wobei sich der Unterschied im Zeitverlauf noch vergrößerte.[15] Laut OECD sparten die deutschen Haushalte im Jahre 2000 – vor der Einführung der Riester-Rentenreform durchschnittlich 9,4 Prozent ihres verfügbaren Einkommens, während der Vergleichswert in den Vereinigten Staaten bei nur 4 Prozent lag (Grafik 3). Die Verteilung der Sparquoten war allerdings

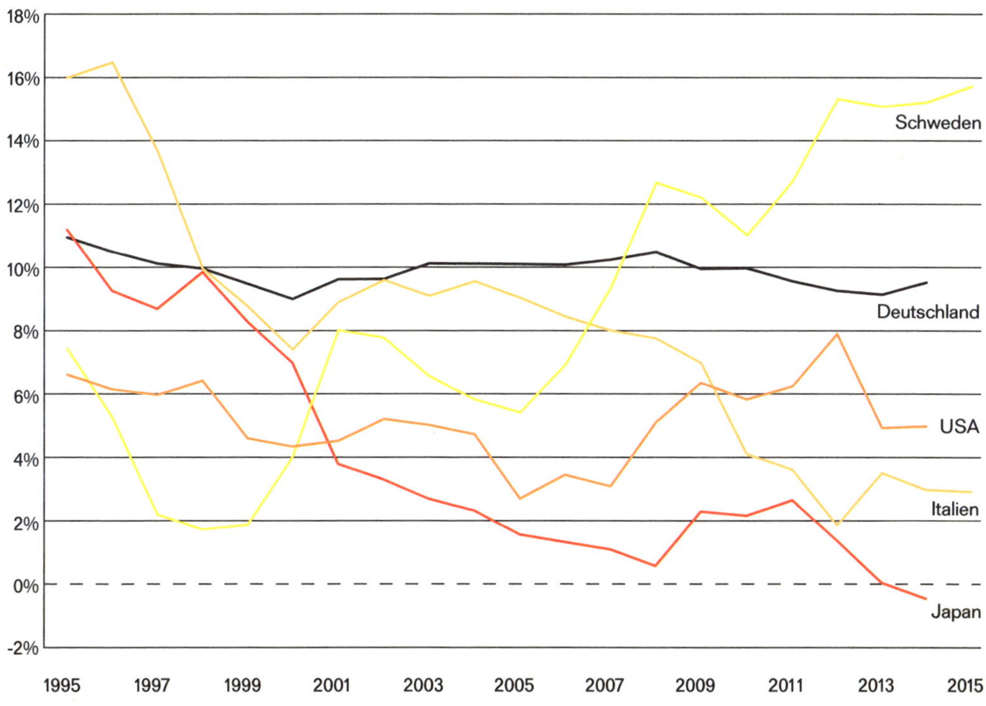

Grafik 3 Nettosparquoten der Haushalte (in Prozent des verfügbaren Haushaltseinkommens)
Anmerkung: Für Deutschland, Japan und die USA lagen für 2015 noch keine Daten vor.
Quelle: Darstellung auf Basis von OECD Data, Economy, Household Accounts, Household Savings [https://data.oecd.org/hha/household-savings.htm], 02.09.2016.

relativ asymmetrisch, da die Median-Sparquote unter dem Durchschnitt lag.[16] Börsch-Supan et al. (2005) nutzen ein auf der SAVE-Welle 2003 basierendes Mikrosimulationsmodell, um abzuschätzen, wie viele Haushalte in der Lage wären, die durch die Riester-Reform entstandene Lücke zu schließen, wenn sie ihr (seinerzeit) aktuelles Sparverhalten beibehielten.[17] Im Durchschnitt reichten die vorgesehenen Ersparnisse aus, um die Lücke zwischen dem Betrag zu schließen, den sie als gesetzliche Rente nach dem alten und nach dem neuen Rentensystem erhalten würden. Während jedoch rund ein Viertel der Haushalte mit Annuitäten überversorgt war, verfügte ein Drittel über gar kein Privatvermögen, wird also im Ruhestand vollständig von den sinkenden gesetzlichen Rentenleistungen abhängig sein. Daher ist die entscheidende Frage, ob und inwieweit sich das Sparverhalten der deutschen Haushalte im letzten Jahrzehnt geändert hat.

Nach der Riester-Rentenreform stiegen die Haushaltssparquoten leicht an und erreichten 2008 den Höchststand von 11,5 Prozent, doch in den letzten Jahren sanken sie wieder (Grafik 3). Bezüglich der durchschnittlichen Haushaltssparquoten sind in den Aggregatdaten keine wesentlichen Änderungen zu beobachten. Die gesamtwirtschaftlichen Sparquoten folgten einem ähnlichen Muster; sie stiegen tatsächlich in der Zeit an, in der auch die Fördermittel für die Riester-Rente stiegen. In diesen Jahren waren viele andere Entwicklungen zu beobachten. Immerhin gibt es aber keinen *prima-facie*-Beweis dafür, dass die Staatsausgaben für die Riester-Förderung die erhöhte Sparquote der Haushalte ausglichen.

Im letzten Jahrzehnt änderte sich allerdings, teilweise als Reaktion auf die Rentenreformen, die Zusammensetzung der Vermögenswerte in den Portfolios deutscher Haushalte dramatisch. Bis zur Jahrhundertwende enthielten die Finanzportfolios vorwiegend relativ sichere Anlagen (z. B. Giro- und Sparkonten sowie inländische Anleihen), während die Lebensversicherung den wichtigsten Vermögenswert der Altersvorsorge darstellte.[18] Private und betriebliche Renten waren in Deutschland zwar seit Langem etabliert, machten aber nur einen kleinen Teil der Haushaltsersparnisse aus und waren einfach nur das Sahnehäubchen.[19]

Nach einem relativ verhaltenen Start, der 2005 zu einer Vereinfachung des ursprünglichen Konzepts führte, stieg die Nachfrage nach Riester-Renten signifikant an. Zurzeit liegt die Deckungsrate bei den anspruchsberechtigten Haushalten bei rund 40 Prozent. Börsch-Supan et al. (2012) messen die Wirksamkeit der Subventionen.[20] Nach Schätzung der Autoren wurde für jeden Euro an Fördergeldern zusätzliche Altersvorsorge in der Höhe zwischen 1,90 und 2,20 Euro geschaffen. Nach Abzug der Subventionskosten zeigt sich also ein positiver Nettoeffekt der Anreize auf aggregierter Ebene.

Sie untersuchen unter Verwendung der SAVE-Daten auch, wie hoch die Abdeckung durch zusätzliche Renten ist. Nach einer Aktualisierung der Ergebnisse dieses Beitrags können wir feststellen, dass der Anteil der Haushalte, die überhaupt keine zusätzliche Altersversicherung haben, kontinuierlich von mehr als 70 Prozent bei SAVE 2003 auf weniger als 40 Prozent bei SAVE 2013 (Grafik 4) gesunken ist. Die Reduktion des Anteils von Haushalten ohne private Zusatzrenten ist vor allem auf die dynamische Entwicklung der Riester-Renten und die vermehrte Inanspruchnahme von Betriebsrenten zurückzuführen. Im Unterschied dazu waren die Deckungsraten bei anderen (nicht geförderten) privaten Renten relativ stabil – sie lagen in den vergangenen zehn Jahren bei rund 16 Prozent (Grafik 5). Darüber hinaus kombinieren die Haushalte verschiedene Sparinstrumente miteinander: Rund ein Viertel der

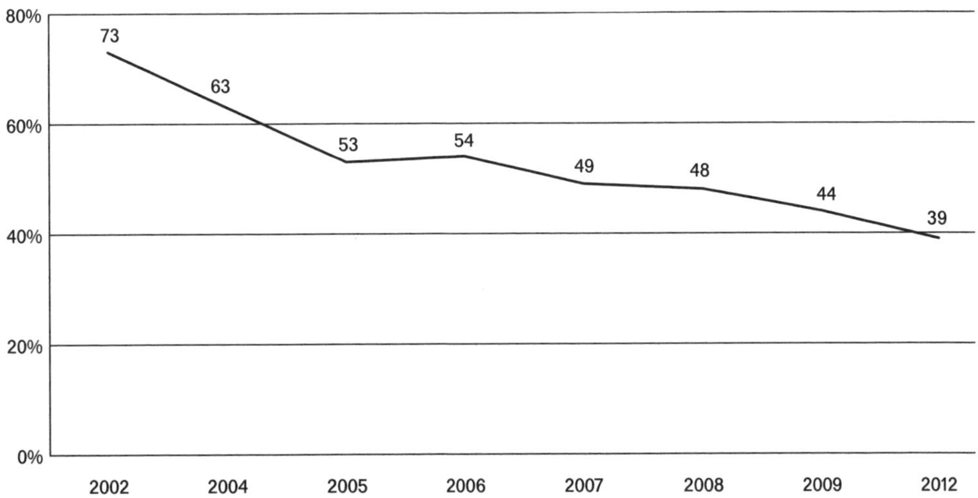

Grafik 4 Anteil der Haushalte ohne Zusatzrenten im Zeitverlauf
Quelle: SAVE 2003-2013. Börsch-Supan et al. (2015)

Haushalte haben mindestens zwei verschiedene ergänzende Altersvorsorgeprodukte.[21]

Die Inanspruchnahme zusätzlicher Rentenversicherungen ergibt jedoch über alle sozioökonomischen Gruppen hinweg ein sehr heterogenes Bild. So lässt sich beispielsweise bei einem Blick auf die Betriebsrenten beobachten, dass die Haushalte in den oberen 20 Prozent der Einkommensverteilung nicht nur höhere Deckungsraten aufweisen, sondern auch eine wesentlich höhere Dynamik im Zeitverlauf zeigen (Grafik 6). Im Gegensatz dazu sind die Deckungsraten im unteren Einkommensquintil extrem niedrig und stagnieren praktisch im Zeitverlauf.

Eine ähnliche Heterogenität lässt sich bei der Verbreitung der Riester-Renten über die Quintile der Haushaltseinkommen hinweg beobachten. Auch hier können wir große Unterschiede in der Abdeckung durch Riester-Produkte zwischen dem oberen und dem unteren Quintil der Einkommensverteilung beobachten. Nach der SAVE-Umfrage von 2013 haben fast 60 Prozent der Haushalte im oberen

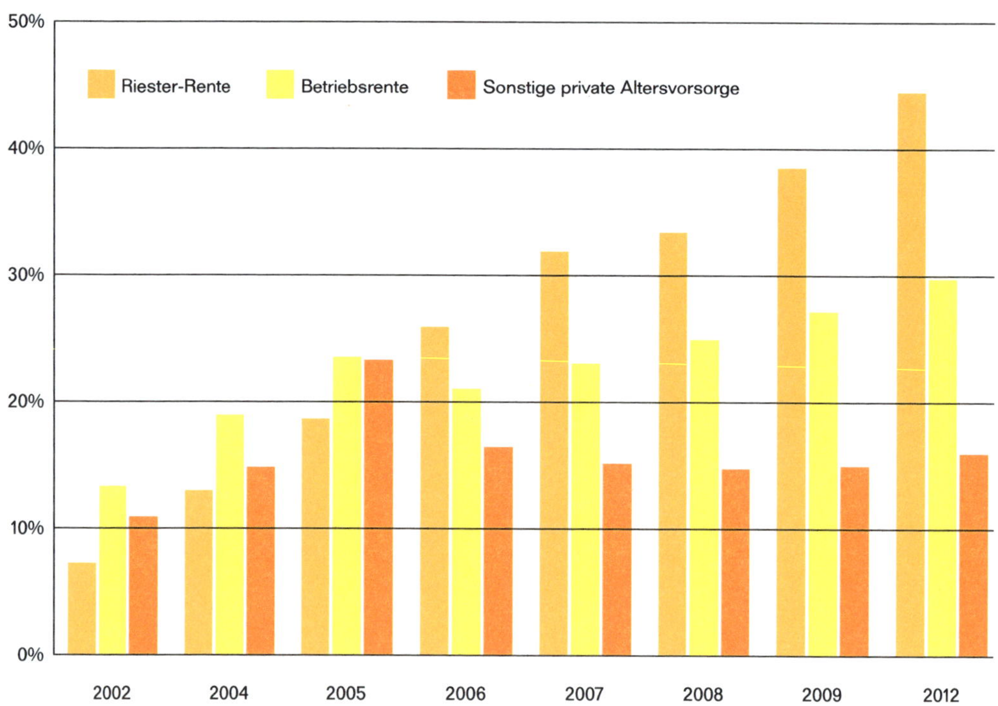

Grafik 5 Prozentualer Anteil der Haushalte, die Zusatzrenten in Anspruch nehmen, 2002 bis 2012
Quelle: SAVE 2003-2013. Börsch-Supan et al. (2015)

Einkommensquintil zumindest eine Riester-Rente in ihren Portfolios, während im unteren Quintil weniger als 20 Prozent solche Produkte haben. Doch im Gegensatz zu den vorliegenden Daten über die Betriebsrenten verlief die Entwicklung bei den Riesterrenten auch in den unteren Einkommensquintilen sehr dynamisch (Grafik 7). Angesichts der großzügigen Fördermittel für einkommensschwache Haushalte ist die relativ geringe Inanspruchnahme aber trotzdem rätselhaft. Eine zentrale Erkenntnis ist hier, dass man einkommensschwache Haushalte allein mit hohen Fördermitteln nicht erreichen kann. Im nächsten Kapitel wird vor allem gezeigt, wie wichtig Informationen sind, um diese Gruppe zu erreichen.

Wie in Abschnitt 2 betont, ist eine, bislang noch nicht beantwortete, relevante empirische Frage, inwieweit die erfolgreiche Inanspruchnahme von Riester-Verträgen andere Formen des Sparens, insbesondere andere Arten von Privatrenten, verdrängt hat. Corneo et al. (2009) und Pfarr/Schneider (2013) liefern ökonometrische Analysen, die die Hypothese, dass durch die Förderung von Riester-Renten nur Verdrängungseffekte erzeugt werden, nicht widerlegen können.[22]

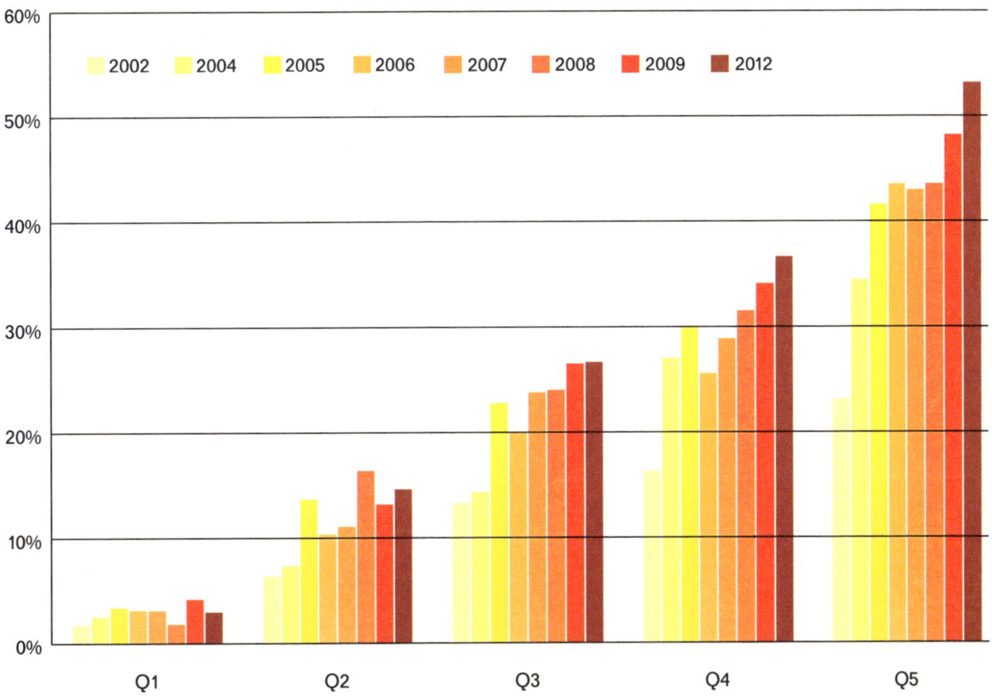

Grafik 6 Prozentualer Anteil der Haushalte, die Betriebsrenten in Anspruch nehmen, in Quintilen des monatlich verfügbaren Haushaltseinkommens. Quelle: SAVE 2003-2013. Börsch-Supan et al. (2015)

Beide Artikel gehen allerdings von starken impliziten Annahmen aus, um das Problem einer fehlenden kontrafaktischen Konstellation in den Griff zu bekommen (nach dem Konzept des Riester-Modells ist praktisch jeder anwartschaftsberechtigt, sodass es keine natürliche Kontrollgruppe gibt). Sie nehmen beispielsweise an, dass die Entscheidung für eine Riester-Rente und für andere Sparformen unabhängig voneinander getroffen wird.

Coppola/Reil-Held (2010) verfolgen einen anderen Ansatz. Sie fragen Haushalte direkt danach, in welchem Maße die Ersparnisse nach dem Kauf eines subventionierten Produkts stiegen oder sanken. Antworten auf Fragen nach Verhaltensänderungen können subjektiv sein und Wunschvorstellungen oder eine Ex-post-Begründung beinhalten.[23] Dennoch ist der von den Autorinnen vorgelegte Befund (Grafik 8) eindeutig: Nur eine Minderheit der Haushalte berichtet, insgesamt weniger zu sparen, seit sie in einen Riester-Rentenplan einzahlt; die meisten Haushalte berichten, mehr zu sparen. Besonders bemerkenswert ist, dass ein sehr großer Teil der einkommensschwachen Haushalte angibt, mehr zu sparen.

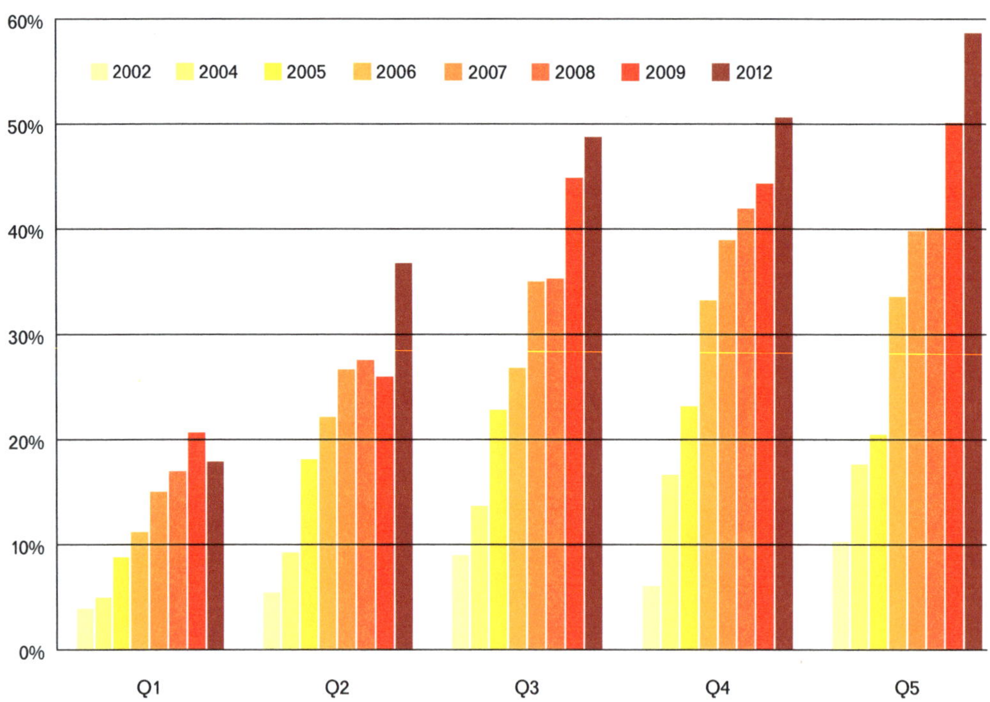

Grafik 7 Prozentualer Anteil der Haushalte, die Riester-Renten in Anspruch nehmen, nach Einkommensquintilen im Zeitverlauf. Quelle: SAVE 2003-2013. Börsch-Supan et al. (2015)

Börsch-Supan et al. (2008) liefern eine ökonometrische Analyse der zusätzlichen Altersvorsorge.[24] Ausgehend von der Erhebung der SAVE-Studie von 2006, wird ein bivariates Probit-Regressionsmodell geschätzt, in dessen Rahmen die Entscheidungen, mit einem Riester-Rentenplan zu beginnen oder in andere, nicht subventionierte private Vorsorgepläne einzuzahlen, gleichzeitig modelliert werden. Die Autoren prüfen nicht nur die üblichen sozioökonomischen Indikatoren (wie Alter, Bildung, Einkommen und Vermögen), das Niveau der finanziellen Bildung und die Relevanz verschiedener Sparmotive, sondern führen auch eine Variable ein, die das Vorhandensein weiterer Mittel für eine zusätzliche Altersvorsorge anzeigt (wie betriebliche Altersvorsorgepläne oder Lebensversicherungsprodukte). Der Koeffizient dieser Variablen erweist sich als positiv und als statistisch relevant. Er zeigt, dass Haushalte, die bereits durch einen dieser alternativen Vorsorgepläne abgesichert sind, mit höherer Wahrscheinlichkeit auch einen Riester-Vertrag haben. Das Ergebnis spricht also für eine Art „Crowding-in" bei den Rentenprodukten. Gleichzeitig weisen Börsch-Supan et al. (2008) auch auf mögliche Verdrängungseffekte zwischen Altersvorsorge und Immobilienkauf hin.

Planen und Sparen für den Ruhestand: ein heterogenes Bild

Sparentscheidungen im Lebenszyklus zu treffen, ist eine komplexe Aufgabe, bei der zahlreiche Aspekte zu berücksichtigen sind. Die Personen müssen gut über ihr mögliches zukünftiges Einkommen aus dem öffentlichen Rentensystem und aus anderen Quellen informiert sein. Darüber hinaus müssen sie Sparpotenziale bewerten und Erwartungen an zukünftige Renditen entwickeln. Schließlich müssen sie für die Festlegung des Planungshorizonts Erwartungen an ihre Gesundheit und Lebenserwartung entwickeln. In den vergangenen Jahren erschien eine umfangreiche Literatur zur Bewertung der Fähigkeiten einzelner Personen, dieser höheren Verantwortung für die Altersvorsorge gerecht zu werden.

Finanzielle Kompetenzen sind wiederholt mit der Planung der Altersvorsorge assoziiert worden.[25] Ein zentraler empirischer Befund dieser Literatur ist, dass Finanzwissen in vielen Ländern nicht weit verbreitet ist und Deutschland keine Ausnahme bildet.[26] Insbesondere Frauen, Ostdeutsche, Personen mit geringer Bildung, Arbeitslose und Personen mit geringem Einkommen weisen ein niedriges Niveau an finanzieller Bildung auf. Bucher-Koenen/Lusardi (2011) untersuchen, wie sich die Finanzkompetenz auf die Altersvorsorge auswirkt.[27] Sie stellen fest, dass die Altersvorsorgeplanung in Deutschland allgemein nicht sehr verbreitet ist. 2009 versuchte weniger als ein Viertel der deutschen Bevölkerung unter 65 Jahren in Erfahrung zu bringen, wie viel sie für die Finanzierung ihres Ruhestands sparen muss. Dabei zeigte sich auch, dass bei höherem Finanzwissen auch die Planungswahrscheinlichkeit signifikant höher ist.

Das Wissen über Finanzen und Renten erwies sich auch in spezifischeren Kontexten als ausschlaggebend. Auf finanzielle Anreize für eine private Altersvorsorge, wie sie seit geraumer Zeit geboten werden, haben manche Haushalte allem Anschein nach nicht reagiert. Allerdings reagieren Menschen auch nur auf Anreize, die ihnen bekannt sind.[28] Für den deutschen Kontext weisen Coppola/Gasche (2011) nach, dass ein Großteil der Bevölkerung über die Anreize der Riester-Rente nicht gut informiert ist.[29] Die Autoren vergleichen die selbst eingeschätzte Förderberechtigung auf staatliche Subventionen nach dem Riester-Modell mit der tatsächlichen Förderberechtigung der Umfrageteilnehmer, der sich aus den Informationen zur sozialrechtlichen Stellung in den SAVE-Daten ablesen lässt. Die Ergebnisse belegen, dass insbesondere einkommensschwache Haushalte nicht wissen, dass sie einen Anspruch auf Förderung nach dem Riester-Modell haben. Darüber hinaus konstatieren die Autoren, dass ein geringes Wissen über das Rentensystem mit einer höheren Wahrscheinlichkeit korreliert, den Anspruch eines Haushalts auf Riester-Förderung falsch anzugeben. In einem ähnlichen Kontext kommen Ziegelmeyer/Nick (2013) nach der Analyse der Gründe für die Kündigung von Riester-Verträgen zu dem Schluss, dass in etwa einem Drittel der Fälle die Kündigung von Riester-Verträgen oder die Einstellung der Beitragszahlung allein auf Falschberatung oder schlechte Produkte zurückzuführen sind.[30] Das deutet darauf hin, dass die Personen nicht gut informiert waren, als sie sich für diese Vorsorgepläne entschieden.

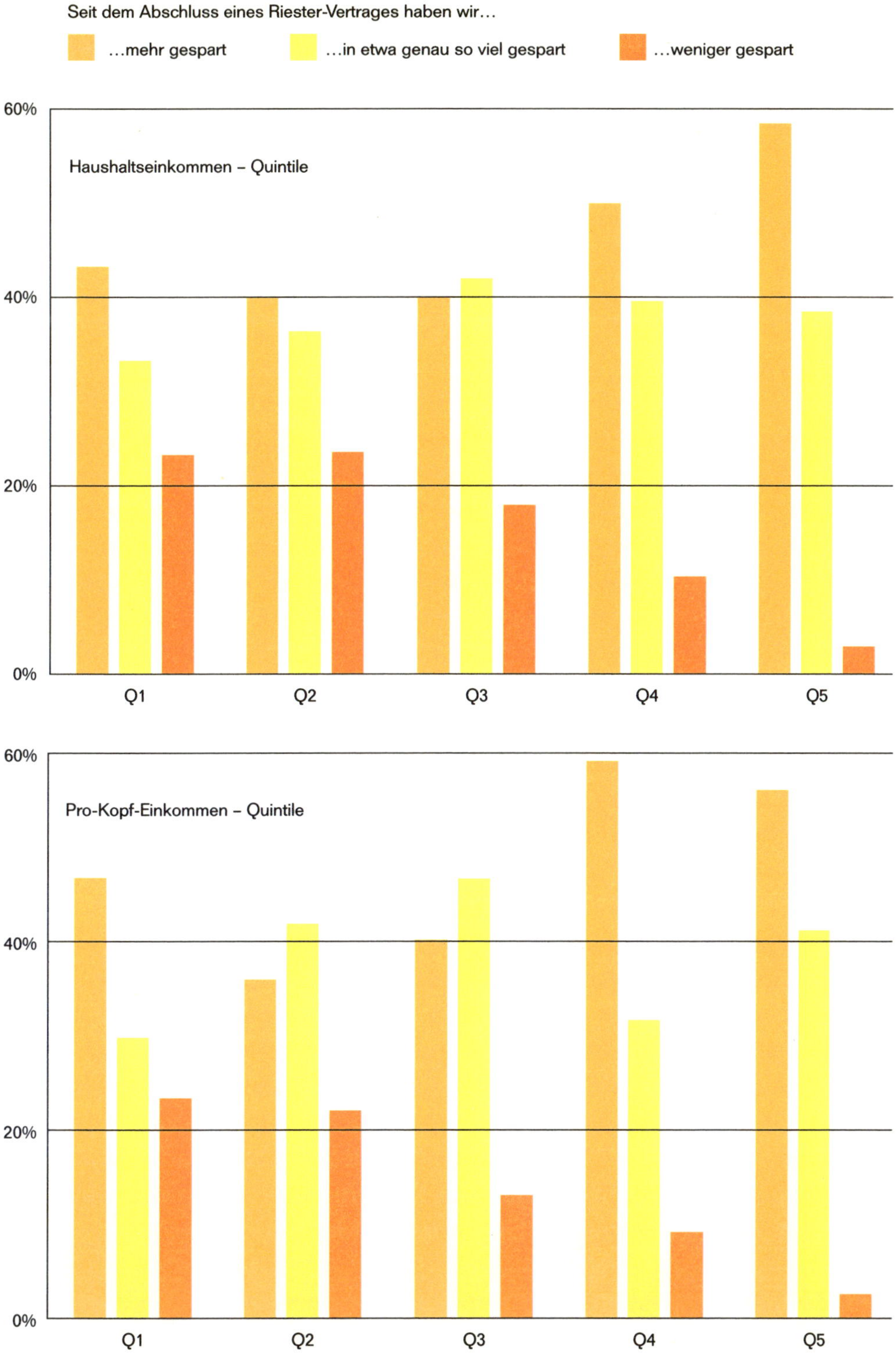

Grafik 8 Veränderung der Gesamtersparnisse nach Abschluss einer Riester-Rente (in prozentualen Anteilen der Haushalte). Quelle: Coppola und Reil-Held (2010), auf der Basis von SAVE (2008).

In ähnlicher Weise untersuchen Lamla/Coppola (2013), welche Faktoren den wahrgenommenen Anspruch auf eine Betriebsrente bei Beschäftigten bestimmen. Für ihre Analyse verknüpfen die Autoren zur Erstellung eines Arbeitgeber–Arbeitnehmer-Datensatzes SAVE-Daten der Umfrage 2011 mit Verwaltungsdaten der Bundesagentur für Arbeit.[31] Sie stellen fest, dass die aktuelle Regelung, nach der jeder Arbeitnehmer Anrecht auf eine betriebliche Altersversorgung hat, nicht das Problem gelöst hat, dass Arbeitnehmer ihren Anspruch auf eine Betriebsrente nicht kennen: Nur etwa die Hälfte der Arbeitnehmer weiß, dass sie einen Anspruch auf eine betriebliche Altersversorgung hat.

Außerdem sind viele Haushalte nicht gut über die institutionellen Rahmenbedingungen für den Bezug ihrer gesetzlichen Rente informiert und entwickeln daher möglicherweise falsche Erwartungen, die sie ihren Sparentscheidungen zugrunde legen. Honekamp/Schwarze (2010) zeigen, dass die Menschen sich mit der Prognose ihres gesetzlichen Rentenanspruchs schwertun.[32] Anhand der SAVE-Daten von 2005 bis 2008 zeigen sie, dass Frauen, Personen mit niedrigeren Bildungsabschlüssen, Menschen ohne Vollzeitbeschäftigung oder mit niedrigen Löhnen ihre Lohnersatzquote weniger gut prognostizieren können. Darüber hinaus stellen Lamla/Gasche (2014) fest, dass 38 Prozent der Haushalte glauben, im Alter auf Grundsicherung angewiesen zu sein.[33] Für diese Menschen erscheint es vernünftig, heute nicht für das Alter zu sparen, da sämtliche Ersparnisse bei der Bedürftigkeitsprüfung für den Grundsicherungsbezug berücksichtigt werden. Tatsächlich zeigen Lamla/Gasche (2014) auch, dass die Menschen, die glauben, später auf Grundsicherung angewiesen zu sein, aktuell mit geringerer Wahrscheinlichkeit für den Ruhestand sparen. Allerding schätzt mehr als die Hälfte dieser Haushalte ihre zukünftigen Rentenansprüche falsch ein, da sie schon heute genügend gesetzliche Rentenansprüche akkumuliert haben, um über dem Schwellenwert der Bedürftigkeitsprüfung zu liegen. Diese Haushalte treffen daher mit großer Wahrscheinlichkeit heute falsche Sparentscheidungen.

Die Menschen müssen nicht nur gut über potenzielle Einkünfte aus öffentlichen, betrieblichen und privaten Quellen informiert sein, sondern auch Erwartungen an ihren Planungshorizont entwickeln und Steigerungen ihrer Lebenserwartung entsprechend

Abb. 63 Werbeplakat für die Stadtsparkasse, 1953

mitberücksichtigen. Bucher-Koenen/Kluth (2012) zeigen auf, dass Frauen und Männer ihre individuelle Lebenserwartung deutlich unterschätzen.[34] Im Durchschnitt gehen Frauen im Vergleich zu den (für jede Kohorte angepassten) offiziellen Sterbetafeln für Deutschland von einer um rund 7 Jahre kürzeren und Männer von einer um rund 6,5 Jahre kürzeren Lebenserwartung aus. Dies kann erhebliche Konsequenzen für die privaten Ersparnisse haben, da die Menschen keine ausreichenden Reserven für die Finanzierung ihrer zusätzlichen Lebensjahre bilden. Bucher-Koenen/Kluth (2012) finden heraus, dass Frauen mit einer höheren subjektiven Lebenserwartung mit signifikant höherer Wahrscheinlichkeit eigene Riester-Verträge abschließen; für Männer ist ein solcher Selektionseffekt dagegen nicht festzustellen. In ähnlicher Weise nutzen Doerr/Schulte (2012) SAVE-Daten von 2005, um zu erforschen, welche Rolle die subjektive Lebenserwartung bei der Entscheidung für eine nicht subventionierte private Altersvorsorge spielt.[35] Sie finden Belege für eine „adverse Selektion" im privaten Rentenmarkt: Die Wahrscheinlichkeit des Kaufs einer Privatrente ist umso höher, je länger die Menschen zu leben glauben.

Zusammenfassend lässt sich festhalten, dass die verfügbaren Informationen, auf denen Menschen ihre Entscheidungen gründen können, für die angemessene Reaktion auf Reformen der öffentlichen, betrieblichen und privaten Rentensysteme eine entscheidende Rolle spielen. Sie müssen über Zugangsregelungen und ihre Ansprüche aus dem öffentlichen Rentensystem gut informiert sein. Darüber hinaus benötigen die Haushalte Informationen über ihre Zugangsberechtigung zu und die Ausgestaltung von den vielen staatlich geförderten Programmen, die ihnen z. B. durch staatliche Zulagen und Steuererleichterungen zusätzliche Mittel zum Aufbau ihrer Altersvorsorge bereitstellen. Schließlich müssen die Menschen gut über ihre Lebenserwartung informiert sein, um für die zusätzlichen Jahre, die ihnen vergönnt sein mögen, angemessen sparen zu können.

Fazit: gewonnene Erkenntnisse und aktuelle Entwicklungen

Deutschland liefert ein ausgezeichnetes „historisches Experiment" für die Analyse der Spar-, Finanz- und Ruhestandsentscheidungen.

Die deutschen Rentenreformen zwischen 1992 und 2007 haben, wie es in der Ökonomensprache heißt, einen sehr großen Schock ausgelöst. Derzeit beobachten wir, wie die deutschen Haushalte auf diesen Schock reagieren.

Und sie haben reagiert. Seit 2001, dem Beginn der Riester-Förderung, sank der Anteil der Personen ohne zusätzliche Altersvorsorge von 73 Prozent auf 39 Prozent. Die deutschen Haushalte haben also zum großen Teil auf die erwarteten Einschnitte bei der Rentenhöhe und die Anreize im Rahmen der privaten Altersvorsorge reagiert. Diese Reaktion deckt sich mit den Prognosen der Lebenszyklustheorie und ist aus sozialpolitischer Sicht angemessen; im Durchschnitt wird die entstehende Lücke zwischen zukünftigen gesetzlichen Rentenleistungen und dem gewohnten Leistungsniveau durch private und betriebliche Altersversorge sogar mehr als geschlossen.

Allerdings fällt diese Reaktion sehr unterschiedlich aus. Während Haushalte mit höherem Einkommen und höherer Bildung auf das verschobene Renteneintrittsalter reagiert und, häufig unter Nutzung mehrerer Quellen, in erheblichem Umfang privates Sparvermögen gebildet haben, hat ein beträchtlicher Teil der Haushalte – und nicht nur diejenigen mit geringer Bildung, geringem Einkommen und geringerer finanzieller Bildung – nicht ausreichend auf die Reformen reagiert. Aus sozialpolitischer Sicht bietet dies Anlass zur Sorge. Diese Haushalte schließen mit geringerer Wahrscheinlichkeit zusätzliche Altersvorsorge-Produkte ab, haben falsche Erwartungen bezüglich der Höhe der zukünftigen Leistungen, passen das Rentenalter nicht an und sprechen auch nicht auf die Anreize des Riester-Modells an. Während also ein großer Teil der deutschen Bevölkerung allem Anschein nach gut für die Bewältigung der neuen Herausforderungen durch das reformierte Rentensystem gerüstet ist, scheint ein Teil der Bevölkerung weniger gut informiert und nicht in der Lage zu sein, angemessene Entscheidungen über Rentenalter und Altersvorsorge zu treffen. Ihr Verhalten stimmt nicht mit den Vorhersagen des Lebenszyklusmodells zum langfristigen Planen überein.

Diese mangelnde Verhaltensanpassung geht einher mit erheblichen Informationslücken. So unterschätzt die/der durchschnittliche Deutsche ihre/seine Lebenserwartung deutlich: Frauen um 7 und

Abb. 64 Werbeplakat der Sparkasse anlässlich der Rentenreform, 2001

Männer um 6,5 Jahre. Diese Unterschätzung korrespondiert mit rund einem Drittel des zu erwartenden Ruhestandslebens und wird aller Wahrscheinlichkeit nach ernste Probleme bei der Altersvorsorge verursachen.

Das schlichte Lebenszyklusmodell eignet sich auch nicht als Orientierungshilfe für ein vernünftiges Konzept der Rentenpolitik. Die freiwillige Riester-Rente ist daher kein geeignetes Instrument für diejenigen mit geringer Bildung und geringem Einkommen; eine Alternative wäre z. B. eine bessere Abdeckung dieser Bevölkerungskreise durch Betriebsrenten.

Das politische Klima in Deutschland zeigt Anzeichen einer Antireformbewegung, ähnlich den in Frankreich und Italien zu beobachtenden Tendenzen. Während es vernünftig wäre, das reguläre Renteneintrittsalter an die gestiegene Lebenserwartung anzupassen, formiert sich in allen drei Ländern eine lautstarke Opposition (Börsch-Supan et al. 2016).[36] In Deutschland irritierte die 2007 verabschiedete Erhöhung des Renteneintrittsalters den linken Flügel der Sozialdemokratischen Partei. Mit ihrem Eintritt in die Regierung nach den Wahlen von 2012 schwächten die SPD die Erhöhung des Renteneintrittsalters durch die Einführung von Ausnahmeregelungen für Arbeitnehmer, die 45 Erwerbsjahre vorweisen können, ab. Auch andere Maßnahmen wie die Einführung einer Mütterrente deuten auf den Beginn einer Phase populistischer Gegenreaktionen hin.

Zur Förderung eines stärker von Rationalität geprägten Handelns wäre es hilfreich, wenn die Menschen besser über die demografische Lage in Kenntnis gesetzt würden. Auch sollten ihnen leichter verständliche Informationen über ihre individuelle Lebenserwartung und ihrer diversen Rentenanwartschaften zur Verfügung gestellt werden. Schließlich wäre es nur angemessen, deutlich offensiver die möglichen Ansprüche auf private und betriebliche Versorgungsprogramme und die damit verbundenen hohen staatlichen Förderquoten darzustellen. Dies würde auch mit einer höheren Transparenz der häufig sehr intransparenten Preisgestaltungen dieser Vorsorgepläne einhergehen müssen.

Insgesamt hat die Politik es zwar geschafft, durch die anfangs geschilderten Rentenreformen das Altersvorsorgesystem Deutschlands einigermaßen nachhaltig zu gestalten; sie hat es jedoch nicht ausreichend vermocht, die Menschen „mitzunehmen", damit sie angemessen auf den Reformschock reagieren können.

1 Wir danken Caroline Knebel für ihre Hilfe beim Editieren dieses Artikels.

2 Axel Börsch-Supan et al., „Savings in Times of Demographic Change: 2 Lessons from the German Experience", in: *Journal of Economic Surveys*, 29, 2015, S. 807–829.

3 Franco Modigliani/Richard Brumberg, *The Collected Papers of Franco Modigliani – The Life-Cycle Hypothesis of Saving*, Cambridge, MA, 1954; Milton Friedman, *A Theory of the Consumption Function*, Princeton, NJ, 1957.

4 Friedman, *A Theory*.

5 Martin S. Feldstein, „Social Security, Induced Retirement, and Aggregate Capital Accumulation", in: *Journal of Political Economy*, 84, 1974, S. 905–926.

6 Zu den Kapitalmärkten vgl. John Rust/Christopher Phelan, „How Social Security and Medicare Affect Retirement Behavior in a World of Incomplete Markets", in: *Econometrica*, 65, 1997, S. 781–832; zum Gesundheitsstatus: Peter A. Diamond/Jerry A. Hausman, „Individual Retirement and Savings Behavior", in: *Journal of Public Economics*, 23, 1984, S. 81–114; zu heterogenen Präferenzen: Allan L. Gustman/Thomas L. Steinmeier, „The Social Security Early Entitlement Age in a Structural Model of Retirement and Wealth", in: *Journal of Public Economics*, 89, 2005, S. 441–463.

7 Richard H. Thaler, „Psychology and Savings Policies", in: *American Economic Review - Papers and Proceedings*, 84, 1994, S. 186–192; David Laibson, „Golden Eggs and Hyperbolic Discounting", in: *Quarterly Journal of Economics*, 112, 1997, S. 443–477; Matthew Rabin, „Incorporating Limited Rationality into Economics", in: *Journal of Economic Literature*, 51, 2013, S. 528–543; Axel Börsch-Supan et al., „Social Security and Public Insurance", in: John Piggott/Alan Woodland (Hg.), *Handbook of the Economics of Population Aging, Volume 1B*, Amsterdam 2016, S. 781–864; alle Strotz wieder aufgreifend: Robert H. Strotz, „Myopia und inconsistency in dynamic utility maximization", in: *Review of Economic Studies*, 23, 1956, S. 165–180.

8 Hersh M. Shefrin/Richard H. Thaler, „The Behavioral Life-Cycle Hypothesis", in: *Economic Inquiry*, 26, 1988, S. 609–643.

9 Orazio Attanasio/Susann Rohwedder, „Pension wealth and household saving: Evidence from pension reforms in the United Kingdom", in: *American Economic Review*, 93, 2003, S. 1499–1521.

10 Agar Brugiavini et al., *Measuring Pension Wealth. Paper prepared for LWS Workshop: Construction and Usage of Comparable Microdata on Wealth: the LWS, Banca d'Italia*, Perugia 2005; Allan L. Gustman et al., „Mismeasurement of Pensions Before and After Retirement: The Mystery of the Disappearing Pensions with Implications for the Importance of Social Security as a Source of Retirement Support", in: *Journal of Pension Economics and Finance*, 13, 2014, S. 1–26.

11 Zu den Vorsorgeplänen vgl.: Kathrin Dummann, „What determines supply and demand for occupational pensions in Germany?", in: *Journal of Pension Economics and Finance*, 7, 2008, S. 131–156; Bettina Lamla/Michaela Coppola, *Is it all about access? Perceived access to occupational pensions in Germany. MEA-Discussion-Paper 277-2013*, MEA- Max Planck Institute for Social Law and Social Policy, München 2013; zum Rentenversicherungsschutz: Allan L. Gustman/Thomas L. Steinmeier, „What People Don't Know About Their Pensions and Social Security", in: William G. Gale et al., Private Pensions and Public Policies, Washington, D.C., 2004, S. 57–125.

12 SAVE steht für „Sparen und AltersVorsorgE in Deutschland". Vgl. etwa 12 Axel Börsch-Supan et al., *The German SAVE Study – Design and Results*, 2. Aufl., Mannheim 2009.

13 Für eine detailliere Beschreibung des wissenschaftlichen Hintergrunds der Studie und ihrer Entwicklung siehe Börsch-Supan et al. (2009).

14 Michaela Coppola/Bettina Lamla, *Empirical Research on Household's Saving and Retirement Security: First Steps towards an Innovative Triple-Linked-Dataset. MEA Discussion Paper 07-2012*, MEA- Max Planck Institute for Social Law and Social Policy, München 2012.

15 Axel Börsch-Supan, „Savings in Germany – Part I, Incentives", in: James Poterba (Hg.), *Public Policies and Household Saving*, Chicago/London 1994, S. 81–104, bes. Tab. 4.1.

16 Ders., „Savings in Germany – Part II, Behavior", in: Poterba (Hg.), *International Comparisons*, S. 207–236.

17 Axel Börsch-Supan et al., *Rentenlücken und Lebenserwartung. Wie sich die Deutschen auf den Anstieg vorbereiten. Deutsches Institut für Altersvorsorge*, Köln 2005.

18 Axel Börsch-Supan/Lothar Essig, „Stockholding in Germany", in: Luigi Guiso et al. (Hg.), *Stockholding in Europe*, New York 2002, S. 110–140.

19 Axel Börsch-Supan/Martin Gasche, *Zur Sinnfähigkeit der Riester-Rente. MEA Discussion Paper 197–2010.* MEA Universität Mannheim, Mannheim 2010.

20 Axel Börsch-Supan et al., *Riester Pensions in Germany. Design, Dynamics, Targeting Success and Crowding-in. NBER Working Paper 18014*, Cambridge, MA, 2012.

21 Ebd.

22 Giacomo Corneo et al., „The Riester Scheme and Private Savings: An Empirical Analysis Based on the German SOEP", in: *Schmollers Jahrbuch*, 129, 2009, S. 321–332; Christian Pfarr/Udo Schneider, „Choosing between subsidized or unsubsidized private pension schemes: evidence from German panel data", in: *Journal of Pension Economics and Finance*, 12, 2013, S. 62–91.

23 Michaela Coppola/Anette Reil-Held, „Jenseits staatlicher Alterssicherung: die neue regulierte private Vorsorge in Deutschland", in: Lutz Leisering (Hg.), *Die Alten der Welt. Neue Wege der Alterssicherung im globalen Norden und Süden*, Frankfurt/M. 2010, S. 215–243.

24 Axel Börsch-Supan et al., „Saving incentives, old-age provision and displacement effects: Evidence from the recent German pension reform", in: *Journal of Pension Economics and Finance*, 7, 2008, S. 295–319.

25 Für einen Überblick der jüngsten Literatur siehe Annamaria Lusardi/Olivia Mitchell, „The Economic Importance of Financial Literacy: Theory and Evidence", in: *Journal of Economic Literature*, 52, 2014, S. 5–44.

26 Zum Finanzwissen vgl. Lusardi/Mitchell, *The Economic Importance*; zum Finanzwissen speziell für Deutschland: Tabea Bucher-Koenen/Annamaria Lusardi, „Financial literacy and retirement planning in Germany", in: *Journal of Pension Economics and Finance*, 10, 2011, S. 565–584; Tabea Bucher-Koenen/Bettina Lamla, „The Long Shadow of Socialism: Puzzling Evidence On East-West German Differences in Financial Literacy", in: *Economic Notes*, Dezember, 2017, S. 1–26.

27 Bucher-Koenen/Lus 27 ardi, *Financial literacy*.

28 Sewin Chan/Anne Huff Stevens, „What You Don't Know Can't Help You: Pension Knowledge and Retirement Decision Making", in: *Review of Economics and Statistics*, 90, 2008, S. 253–266.

29 Michaela Coppola/Martin Gasche, „Die Riester-Förderung – Mangelnde Information als Verbreitungshemmnis", in: *Wirtschaftsdienst*, 91, 2011, S. 792–799.

30 Michael Ziegelmeyer/Julius Nick, „Backing out of private pension provision: lessons from Germany", in: *Empirica*, 40, 2013, S. 505–539.

31 Lamla/Coppola, *Is it all about access?*

32 Ivonne Honekamp/Johannes Schwarze, „Pension Reforms in Germany: Have They Changed Savings Behaviour?", in: Pensions: *An International Journal*, 15, 2010, S. 214–225.

33 Bettina Lamla/Martin Gasche, „Erwarteter Bezug von Grundsicherung im Alter: Verhaltensunterschiede und Fehleinschätzungen", in: *Schmollers Jahrbuch*, 133, 2014, S. 539–562.

34 Tabea Bucher-Koenen/Sebastian Kluth, *Subjective Life Expectancy and Private Pensions. MEA-Discussion-Paper 265-2012*, MEA-Max Planck Institute for Social Law and Social Policy, München 2012.

35 Ulrike Doerr/Katharina Schulte, „Betting on a Long Life – the Role of Subjective Life Expectancy in the Demand for Private Pension Insurance of German Households", in: *Schmollers Jahrbuch*, 132, 2012, S. 233–263.

36 Börsch-Supan et al., *Social Security and Public Insurance*.

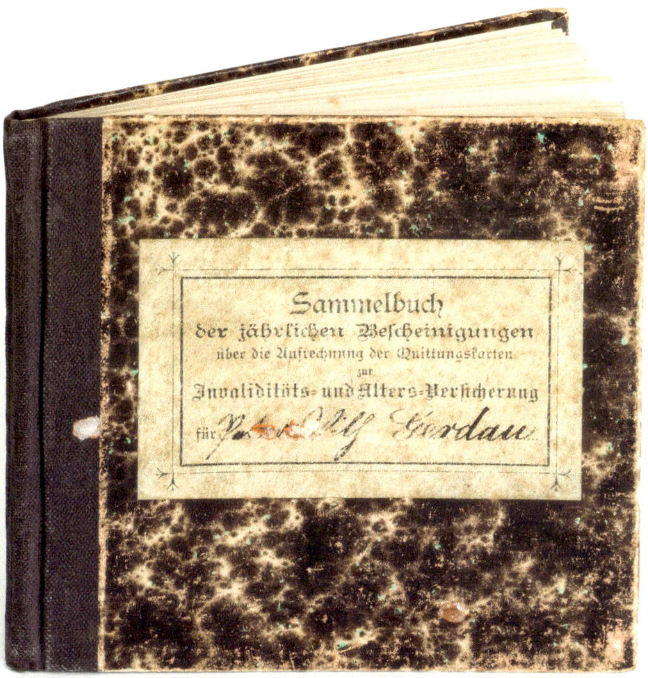
Sammelbuch
der jährlichen Bescheinigungen
über die Aufrechnung der Quittungskarten
zur
Invaliditäts- und Alters-Versicherung
für

Abb. 65 ***Sammelbuch der jährlichen Bescheinigungen zur Invaliditäts- und Alters-Versicherung für den Dienstknecht Peter Wilh. Gerdau*, hrsg. von der Versicherungs-Anstalt Hannover, Lüneburg 1892–1907, Deutsches Historisches Museum, Berlin, Kat.-Nr. 50**

Am 17. November 1881 ließ Kaiser Wilhelm I. (1797–1888) von Reichskanzler Otto von Bismarck (1815–1898) zur Eröffnung der fünften Legislaturperiode des Reichstags eine Rede verlesen, die später als „Kaiserliche Sozialbotschaft" (Kat.-Nr. 55) in die Geschichte eingehen sollte. In ihr hieß es:

„Schon im Februar dieses Jahres haben Wir Unsere Ueberzeugung aussprechen lassen, daß die Heilung der sozialen Schäden nicht ausschließlich im Wege der Repression sozialdemokratischer Ausschreitungen, sondern gleichmäßig auf dem der positiven Förderung des Wohles der Arbeiter zu suchen sein werde."

Hiermit war das Startsignal für eine Reihe von im Fortlauf der Rede in Aussicht gestellter Gesetze gegeben, die zusammen das deutsche Sozialversicherungssystem begründen sollten. Ziel der Sozialgesetzgebung war die Beilegung der sozialen und politischen Konflikte, die sich aus der schwierigen Arbeits- und Lebenssituation vieler Arbeiter und Arbeiterinnen ergeben hatten. Die ebenfalls erwähnte Repression fand einen wesentlichen Ausdruck im 1878 erlassenen sogenannten Sozialistengesetz, welches bis in das Jahr 1890 die legale politische Organisation der deutschen Arbeiterschaft erschwerte.

Ebenso wie o. g. Gesetze zielte die bewusste politische Förderung der Sparsamkeit in dieser Zeit auf eine Stabilisierung der Verhältnisse ab. Allerdings wirkten sich die Sozialgesetze auch auf die ursprünglichen Motive des Sparens aus.

So ist im Jahr 1883 zunächst das „Gesetz, betreffend die Krankenversicherung der Arbeiter" erlassen worden, dem im Folgejahr das „Unfallversicherungsgesetz" folgte. Das auf drei Säulen ruhende deutsche Sozialversicherungsmodell des Kaiserreichs wurde im Jahr 1889 mit dem „Gesetz, betreffend die Invaliditäts- und Altersversicherung" komplettiert.

Alle bis dahin bestehenden zentralen Motive des Sparens waren hierdurch berührt. Das Sparen für das Alter etwa ist von jeher als ein Hauptmotiv des Sparens propagiert worden. Obwohl Anwärter auf die Invaliditäts- bzw. Altersrente wie der „Dienstknecht" Peter Wilh. Gerdau, dem das hier vorgestellte *Sammelbuch der jährlichen Bescheinigungen zur Invaliditäts- und Alters-Versicherung* gehörte, nur geringe Rentenzahlungen zu erwarten hatten, legen neuere Untersuchungen die Vermutung nahe, dass der Versicherungsschutz zu einer – wenn auch geringen – Schwächung der Sparmotivation geführt hat. Nach den Rentenreformen der letzten Jahrzehnte wird heute auch staatlicherseits hingegen wieder zur privaten Vorsorge aufgefordert. RM

Literatur:
Verhandlungen des Deutschen Reichstags. Reichstagsprotokolle 1867–1895, 1881/82, 1, online: http://www.reichstagsprotokolle.de/Blatt3_k5_bsb00018436_00051.html; Sibylle Lehmann-Hasemeyer/Jochen Streb, „Does Social Security Crowd Out Private Savings? The Case of Bismarck's System of Social Insurance", in: Working Papers of the Priority Programme 1859 „Experience and Expectation. Historical Foundations of Economic Behaviour" (Nr. 1 September), Berlin 2016.

Heike Gfrereis

GELD ODER GEIST.
SPAREN IN DER DEUTSCHEN LITERATUR

„Spar in der Zeit, so hast Du in der Not ein Brot", „Auf Sparen folgt Haben" (wie es auch an einer Wand im Berliner Roten Rathaus zu lesen ist), „Erspart ist auch erobert", „Auf den Sparer folgt der Zehrer", „Der Vater ein Sparer, der Sohn ein Geuder". In Karl Simrocks *Sammlung deutscher Sprichwörter* von 1846 sind über 30 Sprichwörter zum Sparen versammelt, die den Kreislauf einer liberalen Marktwirtschaft samt seiner Risiken beschreiben: Wer nichts hat, kann etwas haben, indem er spart; wer etwas hat, kann es verlieren, weil er zu viel ausgibt; wer Pech hat, hat selbst nichts vom Sparen. Carpe diem also, schon im Volksmund, und nicht nur: Sparste was, haste was.

Doch: Wie wird in der deutschen Literatur überhaupt das Sparen behandelt?

Natürlich und häufig zwangsläufig bei diesem tendenziell prekären Berufsstand (der Not und nicht nur den bürgerlichen Tugenden der Aufklärung und der pietistischen Erziehung geschuldet) gibt es sparsame oder zumindest besonnen Geld ausgebende Schriftsteller. Alfred Döblin und Hermann Hesse etwa sparten am Papier. Theodor Fontane geizte mit dem Porto. Franz Kafka versteckte das Sparbuch in einem abschließbaren Schreibtisch.[1] Eduard Mörike und Friedrich Schiller – die Autoren von zwei berühmten, moralisch (miss)verstehbaren Bescheidenheits- und Sparsamkeitsgedichten, *Gebet* und *Die Glocke* – führten Buch über alle Ausgaben. Ernst Jünger nutzte die Taschenkalender der Kreissparkasse Riedlingen, verziert mit dem Werbespruch „Viel wenig macht auch viel“, als Tagebuch.[2] Sparen ist zumindest theoretisch ein Ideal auch vieler Schriftsteller. „Ich bitte Gott, dass er mich täglich haushälterischer werden lasse um freygebig sein zu können es sey mit Geld oder Gut, Leben oder Tod“, berichtete der wohlhabende Kaufmannssohn Goethe 1781 Charlotte von Stein,[3] und der ständig verschuldete Landadelige Heinrich von Kleist beruhigte seine Schwester Ulrike mit einem Hinweis auf das vorbürgerliche „Von der Hand in den Mund“: „Von allen Sorgen vor dem Hungertod bin ich aber, Gott sei Dank, befreit, obschon alles, was ich erwerbe, so grade wieder drauf geht. Denn, Du weißt, daß mir das Sparen auf keine Art gelingt. Kürzlich fiel es mir einmal ein, und ich sagte dem Mädeli [Kleists Mitbewohnerin auf einer Insel in der Aare, ein Bauernmädchen]: sie sollte sparen. Das Mädchen verstand aber das Wort nicht, ich war nicht imstande ihr das Ding begreiflich zu machen, wir lachten beide, und es muß nun beim alten bleiben.“[4]

Abb. 66 Heimsparbüchse mit Sparsprüchen und Bildmotiven, um 1900, Kat.-Nr. 266

Doch, noch einmal: Ist etwas, sobald es in der Welt ist, immer gleich in der Literatur zu finden? Oder ist die Literatur nicht nahezu notwendig der blinde Fleck des Sparens, weil sie ganz eigenen Gesetzen folgt und sich für die Dinge des Lebens und der Zeit nur interessiert, um sie innerhalb dieses konstanten künstlichen und globalen Systems auf eigensinnige Weise umzuwerten und zu verflüssigen, anstatt sie als Dogma zu verfestigen? Man muss in der Tat viele Blätter drehen und wenden, um das Sparen als eindeutige Tugend in der deutschen Literatur zu finden. Anders als die aufregenderen Extreme der Geldwirtschaft, das Spekulieren und Verspekulieren, Verschwenden, Ausbeuten, Schulden und Pfänden, das Klauen, Betrügen und Abzocken, die Gier und der Geiz, die Armut und der Reichtum, das Nichtshaben, Vielgewinnen und Allesverlieren, das coole Leben auf Pump und das Schnorren, die Börse, die Spielbank und der Bankraub. Noch schlechtere Ergebnisse gelten für das institutionalisierte Sparen: Das fleißig-bescheidene „zur Bank bringen", Zinsansammeln und Geldabheben, das Kreditaufnehmen, Investieren und Gewinnerwirtschaften, Kreditkarten und Sparbücher, überhaupt das Versichern und Vorsorgen sind in der deutschen Literatur selten ein Thema – selbst dann nicht, wenn man sie, weil Leser sich nicht an diese Ordnungskriterien halten, über die traditionellen Grenzen der Gattungen, des Kanons und der Nationalliteraturen hinweg in einem weiten Sinn querbeet daraufhin absucht und literarische Grenzerscheinungen und einflussreiche Übersetzungen hinzunimmt. Wenn es in der deutschen Literatur ums Geld und manchmal tatsächlich auch ums Sparen geht, dann, um die großen Fragen des Menschseins wie der Literatur zu verhandeln: 1. Was ist Sinn? 2. Was ist Glück? 3. Was ist Freiheit?

1. Sinn

Geld ist der Antrieb vieler Abenteuergeschichten und der Motor der Märchen, zunächst in seiner anscheinend wertkonstanten Form, dem Gold, dann in seiner zweifelhaftesten Erscheinungsweise, dem Papiergeld, und in anderen Rohstoffen, die Reichtum versprechen: Öl und Diamanten etwa. Gut und in einem moralisch-ethischen Sinne von Wert ist Geld, wenn es den Armen zufällt, wenn es seinen richtigen, weil großherzigen Besitzer findet und nicht der Sinn des Lebens ist – wie in Grimms Märchen von Sterntaler, Goldesel, Rumpelstilzchen und Aschenputtel, den Sagen um Rübezahl und Robin Hood, Karl Mays *Schatz im Silbersee* oder ganz am Ende von Charles Dickens *Weihnachtsmärchen*, wo der supergeizige Scrooge nach einigen Alpträumen bekehrt ist und endlich gibt, statt nur nimmt.

Der klassische Böse in der Literatur ist derjenige, der Geld macht. Patrick Bateman etwa, der Ich-Erzähler in Bret Easton Ellis *American Psycho* (1991), ist Spezialist im Bereich Übernahmen und Fusionen bei der fiktiven Wall-Street-Investmentfirma Pierce & Pierce (wo auch schon Sherman McCoy in Tom Wolfes *Fegefeuer der Eitelkeiten* arbeitet). Selbst die gewissenhaften Banker richten Unheil an, weil sie nur auf den Erfolg und die Gesetze, nicht aber auf den Geist und die Gefühle schauen: Dem Anwalt und Bankdirektor Torvald Helmer läuft in Henrik Ibsens *Nora oder Ein Puppenheim* (1879) am Ende die Frau weg. In der antiken Sage dürfte die berühmteste Gold-Gestalt König Midas sein. Er bringt den Weingott Dionysos dazu, dass alles, was er anfasst, zu Gold wird. Es funktioniert!

Abb. 67 Sparmarkenbuch der Stadt-Sparkasse zu Rosenberg O.-S. mit Abbildung *Der Spargroschen* nach einem Gemälde von Hans Dieter, 1942

Leider auch dann, wenn Midas Trinken und Essen will oder nach der eigenen Tochter greift. Man kann am Geld nicht herunterbeißen, weiß wieder das Sprichwort, und einen Sack voll Geld nicht trinken.

Bevor Midas verhungert, kann er immerhin noch das Gegenmittel anwenden: Er badet im Fluss Paktolos, der infolge als der goldreichste kleinasiatische Fluss den Königen von Sardes zu sagenhaftem Reichtum verhelfen wird.

Gold ist ein kaltes, totes, aber immerhin substanzfestes Material (deswegen wird in Filmen so gern der Bisstest gemacht), während das Papiergeld instabil und nur „heiß" und von Bedeutung ist, solange den Zeichen und Zahlen auf ihm ein Gegenwert entspricht. In seinem zweiten *Faust* – in dessen historischen Entstehungshintergrund sowohl die Gründungen der Sparkassen- und Giroverbände fallen wie die letztlich wertlosen Assignaten der Französischen Revolution, die Schatzanweisungen der österreichischen Staatsanleihe und die preußischen Tresorscheine –macht Goethe das Geld zur Allegorie jeder Text-, Sinn-, Haus- und Weltwirtschaft: Trau, schau wem. Mephisto erfindet im *Faust* (Vers 6119ff.) das Papiergeld, als der Kaiser finanzieren will, was er sich nicht leisten kann: „Ein solch Papier, an Gold und Perlen Statt, / Ist so bequem, man weiß doch, was man hat; / Man braucht nicht erst zu markten, noch zu tauschen, / Kann sich nach Lust in Lieb' und Wein berauschen."

Längst vor den Wirtschaftskrisen des 20. und 21. Jahrhunderts ist das Geld in der Literatur also ein relativer Wert. Geld kann nicht nur an Wert verlieren, sondern ebenso wieder an Wert gewinnen. Justinus Kerner etwa verwendet eine wertlose Assignate immerhin noch als Collagenmaterial für eines seiner Klebebilder,[5] einer Einsicht der Kunst vorausgreifend: Dinge, die man nicht mehr gebrauchen kann oder dem Gebrauch entzieht, sind museal und tendenziell ästhetischer, weil zweckfreier. Vollends auf den Kopf stellte Alexander Kluge die Zuordnung von Wert, Sinn und Geld, als er in seinem Magazin dctp.tv im Sommer 2011 *mit einem* (angeblichen) *Griechen über das Kleingeld redet*, das für Sammler mehr Wert hat als den geprägten Gegenwert. Kluges Frage: „Mit großen Scheinen sind die Schulden der Republik Hellas nicht abzutragen. Wie wäre es, wenn man statt von den Milliardensummen vom Cent ausgeht?" Die Antwort: „Alexis Chrysos, Leiter einer Spielbank in Alexandria, über die Chancen und Beleihungsmöglichkeiten der verborgenen Schätze Griechenlands und des Kleingelds, das für arme Menschen den ‚real existierenden Kapitalismus' darstellt. Gerade hier aber, so Alexis Chrysos, zeigen sich die Europäischen Zentralbanken besonders kleinlich. Sie verausgaben 1-, 2- und 5-Centstücke nur noch in Form von Versteigerungen in Containern von mindestens 314 000 Euro und gegen Aufpreis. Das widerspricht, sagt Alexis Chrysos, dem Leitsatz: ‚Wer den Pfennig nicht ehrt, ist des Talers nicht wert.'"[6]

Ebenso subversiv setzte 2015 Hans Magnus Enzensberger mit *Immer das Geld! Ein kleiner Wirtschaftsroman* an – ein Hoch auf Schwarzarbeit und Schwarzgeld, gegen Versicherungen und Sparsamkeit, zumindest wenn die reiche Tante Fé die Welt erklärt: „An das Geld muss man schon glauben, sonst funktioniert es nicht. Was sollen wir machen, wenn der Gemüsehändler an der Ecke sagt: Was, für diesen lächerlichen Papierfetzen soll ich Dir meine schönen Pfifferlinge geben? [...] Wer weiß, ob der morgen noch etwas wert ist."[7]

2. Glück

Geld macht nicht notwendig glücklich. Es ist in der Literatur ein potenzieller Unglücksauslöser. „Wo viel Geld ist, geht immer ein Gespenst um", fand Theodor Fontane.[8] Nur die Philosophen und Dichter, die früh über die bürgerliche Stadtgesellschaft nachdenken, loben noch das Sparen und sehen das Glück, das wir gerne in der Ferne suchen, pragmatisch nah. Francis Bacon rechnete uns zwei Sparvarianten vor: „Wer in seiner Wirtschaft gut auskommen will, dürfte nur die Hälfte von dem ausgeben, was er einnimmt; will er reich werden, sogar nur ein Drittel." Äsop und Hans Sachs erzählten beide dieselbe Spar-Fabel *Die Ameise und die Grille*. Während diese im Sommer Früchte sammelt, singt jene und muss im Winter betteln. Die Moral: Wer in der Jugend nicht sammelt, muss im Alter darben. Ansonsten allerdings hat das Sparen, das so sehr zu Lasten der Poesie und des Gesangs, der süßen Träume, der Schönheit und des freien Denkens geht, kein hohes literarisch-philosophisches Ansehen. Im Märchen und im romantischen Roman zählen der Tag und die glückliche Stunde. Hans im Glück schenkt einfach alles her, was ihn versorgen könnte und Vorsorge wäre, und ist dann am glücklichsten, als er überhaupt nichts mehr hat. Eichendorffs *Taugenichts* trägt das Programm schon im Titel. Mit Dummheit hat das romantische Leben ohne Geld nichts zu tun, obwohl Hans im Glück ein Muster an seliger Einfalt ist. Im Gegenteil. Selbst Kant konnte in seiner Moralphilosophie nichts Positives über das Sparen sagen:

„Die Sparsamkeit ist keine Tugend, denn zum Sparen gehört weder Geschicklichkeit noch Talent. Wenn wir sie mit der Verschwendung gegeneinander halten, so gehört dazu, um ein Verschwender mit Geschmack zu sein, weit mehr Talent und Geschicke, als zum Sparen. Denn Geld ablegen kann auch der Dümmste.“[9]

Abb. 68 Charles H. Bennett, *Die Ameise und die Grille*, Illustration zur gleichnamigen Fabel von Aesop, 1857

Auch der Aufklärer Lessing wusste, dass mit dem so bürgerlich steten, langweiligen Sparen nicht viel Drama zu machen ist, wenn er in seinem bürgerlichen Trauerspiel *Minna von Barnhelm* (1767) das Hausmädchen die Möglichkeit eines durch und durch redlichen Helden erwägen lässt: „Vielleicht, daß er nun hingeht, seine kleine Schulden bezahlt, von dem Reste, soweit er reicht, still und sparsam lebt und an das Spiel nicht denkt.“ (IV, 3.). Ein Plädoyer fürs Sparen hält die Literatur allerhöchstens indirekt und kathartisch: Wer Maß hält, der erlebt kein Trauerspiel. Verkehrt ins Maßlose ist das

Sparen ein klassisches Komödienmotiv. Den *Goldtopf* von Plautus, Molières *Der Geizige* (1668) und Carl Sternheims Geiz-Familien-Komödie *Die Kassette* (1912) ergänzte Taddäus Troll 1976 um die schwäbische Variante *(Der Entaklemmer)*, in welcher der ‚zuaknöpfte', ‚p'häbe', ‚knickige', ‚filzige' Karl Knaup Gegenstand einer ganz eigenen poetischen Sprache und Vorstellungswelt ist: „Se fraget: Was macht dr Knaup, wenn er mit era Kerz vor em Schpiagel schtoht? Ond se schpottet: No feiert er de zwoite Advent. [...] Und älle saget se, Sia seiet a Entaklemmer, a Erbsazähler, a Brosamapicker, a Schofbollekrämer, a Glufamichel, a Hennadrecksziager."[10]

Den Bösen und Komischen zum Trotz gibt es immer wieder doch literarische Texte, die das Nichtausgeben, das Schonen, Nichtverbrauchen, Bescheidensein und den Fleiß zumindest halbwegs positiv und glücklich besetzen, aber auch den Preis dafür klar benennen: Gustav Freytags Roman *Soll und Haben*, Jeremias Gotthelfs *Uli der Knecht* und *Uli der Pächter*, Ludwig Bechsteins Märchen *Bruder Sparer und Bruder Vertuer*, Adalbert Stifters *Kalkstein*, Wilhelm Raabes *Der Hungerpastor* und in dieser Reihe, obwohl nicht im 19. Jahrhundert entstanden, sondern erst 1930, als eine Gegenfigur zum jüdischen Bankier und Kaufmann, Joseph Roths *Hiob*. Diese sparenden, armen Figuren sind allesamt blass, dünn, wortkarg und eigenbrötlerisch, aber wenigstens ehrbar und gut. Der Prediger im *Kalkstein* etwa spart für eine Schule am Ort. Mendel Singer, Roths Hiob, darf am Ende sogar nach Amerika. Der Kleist-Freund Heinrich Zschokke erfand 1817 den armen, dann reichen Oswald, der einem ganzen Dorf das Sparen und damit das Goldmachen lehrt: „Da traten sie Alle, Einer nach dem Andern, zum Tisch, und Mehrere bedauerten, ihm die Summe nicht in Gold zahlen zu können. Er sagte darauf liebreich: ‚So ist's gleichviel. Gebet, wie ihr es habet.' Und sie schütteten Gold, Andere Silber auf den Tisch, Andere legten ihm gute Kapitalbriefe und Zinsschriften hin. [...] Ihr seid darum reich, weil ihr wenig bedürfet und viel erwerbet, und weil ihr Zutrauen genießet bei den reichen Leuten, daß ihre Geldsäcke euch offen stehen. So habet ihr Gold machen gelernt, wie Ehrenmänner Gold machen sollen." Nicht jedem anständigen Sparer allerdings ist ein Glück beschert: Kellers sparender Kammmacher Jobst hängt sich am Ende an einem Baum auf, und Balzacs ehemaliger Nudelfabrikant Vater Goriot, der nur für seine Kinder lebt, arbeitet und spart, stirbt „wie ein Hund". Mit denselben Worten lässt Kafka seinen fleißigen, sparsamen und redlichen Josef K., Prokurist einer großen Bank, im *Prozess* sterben.

In der deutschen Literatur des 20. Jahrhunderts ist Geld (ob erspart, ererbt, erarbeitet, erschlichen oder erfunden) ebenfalls selten von Vorteil, nicht einmal in der Pop-Literatur der Neunziger, wo Geld zwar den Markenrausch erlaubt, aber eben nicht das Glück herbeikauft. Der Held von Christian Krachts *Faserland* bringt sich am Ende, so wird uns nahegelegt, im Bodensee um. In den USA findet man diese tragischen Konsumfiguren früher, in Tom Wolfes *Fegefeuer der Eitelkeiten* (1987) etwa und in Truman Capotes *Frühstück bei Tiffany* (1958). Helmut Dietls und Patrick Süskinds ewig auf großem Fuß lebender Stenz *Monaco Franze* (1983) begegnet erst als Obdachloser seinem „Spatzl" wieder. Dasselbe in den Kinderbüchern, wo Geld, Fleiß und Sparsamkeit explizit nicht glücklich machen. „Und dann muss man ja auch noch Zeit haben, einfach dazusitzen und vor sich hin zu schauen", sagt Astrid Lindgrens Pippi Langstrumpf, und Michael Endes Momo, die mit ihren schwarzen Locken und ihrem Überfluss an Zeit über die Welt der grauen Herren von der Zeitsparkasse siegt: „Zwar waren die Zeit-Sparer besser gekleidet als die Leute, die in der Nähe des alten Amphitheaters wohnten. Sie verdienten mehr Geld und konnten auch mehr ausgeben. Aber sie hatten missmutige, müde oder verbitterte Gesichter und unfreundliche Augen."[11]

Und im 21. Jahrhundert? Bei Martin Walser sind die Wertverschiebungen, Glücks-, Macht- und Ohnmachtsgefühle der Spar-, Kredit- und Finanzwirtschaft durchaus ein Thema. Das Geld etwa macht – anders als die Liebe – den Vermögensverwalter Karl von Kahn in *Die Angstblüte* (2006) unabhängig. Wilhelm Genazino lässt seine Figuren subversive Sparpraktiken im Kleinen ausprobieren: „Wie immer treffe ich so frühzeitig im Hauptbahnhof ein, dass ich mich von meiner Nervosität wieder erholen kann", erzählt sein Erzähler in *Mittelmäßiges Heimweh* (2007): „Ich fahre schwarz."[12] Es gibt ein Glück mit Geld, trotz Geld und auch nach dem Geld. Alexander von Schönburg landete 2006 einen Bestseller mit *Die Kunst des stilvollen Verarmens*. Im Jahr des Bankenkrachs 2009 erschienen Joachim Lottmanns *Der Geldkomplex* (nach Franziska zu Reventlows „meinen Gläubigern gewidmeten" gleichnamigen

Roman von 1916) und Bodo Kirchhoffs *Erinnerungen an meinen Porsche*. Bei Kirchhoff sitzt der Banker schon vor der Finanzkrise in der Klinik, bei Lottman ist er trotz ihr heiter.

Kultur braucht eine bestimmte Wirtschaftsform, die eine Zeitschenk- und keine Zeitvernichtungsmaschine ist, um zu gedeihen, was heißt: Kultur und Wirtschaft sind bis heute Gegensätze. „Es ist schon sehr komisch mit dem Geld", schrieb ‚die Mutter der Moderne' Gertrude Stein 1936. „Was die Menschen von den Tieren unterscheidet, ist Geld. [...] Ich möchte gerne reich sein. Aber ich möchte niemals das tun, was zu tun ist, um reich zu sein."[13]

3. Freiheit

Für Schriftsteller ist das Geld einer der idealen Gegenstände, um die Wahrheit gegen das Lügen, Täuschen und Berechnen auszuspielen. *Falschgeld. Zeit geben 1* nannte Jacques Derrida in den 1990er Jahren ein Buch, das in weiten Strecken die genaue Lektüre einer kleinen Erzählung von Baudelaire ist: *Das falsche Geldstück* (1886). Was kann Geld alles auslösen, selbst wenn oder weil es falsch ist?

Als Uwe Johnson 1971 für die *Jahrestage* den Georg-Büchner-Preis erhielt, stellte er die Verwandlungskraft des Geldes in den Mittelpunkt seiner Rede: „Geld, in welcher Form immer es auftrat, hat das Leben dieser (erfundenen) Person oftmals verändert; so geht es dem Verfasser mit zu vielen seiner Personen. Demnach ist es keine Bitte um Entschuldigung, sondern eine Feststellung, daß der Verfasser aus beruflichen Gründen ein besonderes Verhältnis zum Gelde unterhalten muß. Der Verfasser hat das Geld, das er aus dem Georg-Büchner-Preis erwartete, in Dollars verbraucht."[14]

In Henry Thoreaus *Walden* (1854), das von einem Aussteigerprojekt auf Zeit erzählt – heute noch das Musterlabor, um den Kern unserer Zivilisation und unseres Menschseins zu entdecken –, gibt es ein ganzes Kapitel über Sparsamkeit (im Sinne von engl. *thrift*, nicht *save*) und ihr Lebensverwandlungspotenzial: „Ich selbst habe erkannt, dass die Beschäftigung des Taglöhners die unabhängigste von allen war, zumal da man nur 30 oder 40 Tage im Jahre zu arbeiten braucht, um seinen Lebensunterhalt zu verdienen. Geht die

Sonne unter, hört des Taglöhners Arbeit auf. Er kann dann in Freiheit sich seinen Neigungen widmen, die mit seiner Arbeit nichts zu tun haben. Sein Arbeitgeber dagegen, der durch alle Monate des Jahres spekuliert, hat keine Ruhe und Muße von einem Ende des Jahres bis zum andern." [15]

Jean-Jacques Rousseau entwarf in den *Träumereien eines einsamen Spaziergängers* (1782) das Ideal des von allen irdischen Gütern und Bedürfnissen freien, allein mit sich und der Natur zufriedenen Geistes: „Geduld, Sanftmut, Gottergebung. Rechtschaffenheit und unparteiische Gerechtigkeit sind dagegen die Besitztümer, die [...] uns ständig neu bereichern und bei denen wir keineswegs fürchten müssen, sie zählten irgendwann nicht mehr, denn nicht einmal der Tod mag sie ihres Wertes für uns zu berauben." [16]

Man kann sich seine Freiheit erkaufen, indem man aufs Geld am Besten verzichtet – das ist zumindest das Lebensmodell, das auch in der deutschen Literatur Erfolg hat.

1 Brief von Franz Kafka an Max Brod, Mitte August 1907, zit. nach *Max Brod Franz Kafka. Eine Freundschaft. 2. Briefwechsel*, hrsg. von Malcolm Pasley, Frankfurt/M. 1989.

2 Im Nachlass von Ernst Jünger, Deutsches Literaturarchiv Marbach.

3 Brief von Johann Wolfgang von Goethe an Charlotte von Stein, 10.12.1781, zit. nach Ausst. Kat. *Goethe und das Geld. Der Dichter und die moderne Wirtschaft*, hrsg. von Vera Hierholzer/Sandra Richter im Auftrag des Freien Deutschen Hochstifts, Frankfurter Goethe-Haus, Frankfurt/M. 2012, S. 224.

4 Brief von Heinrich von Kleist an Ulrike von Kleist, 1.5.1802, zit. nach Heinrich von Kleist, *Sämtliche Werke und Briefe in zwei Bänden*, hrsg. von Helmut Sembdner, München 1987, S. 724.

5 Ausst. Kat. *Der Wert des Originals. Mit einem Essay von Gottfried Boehm*, Literaturmuseum der Moderne, Marbach am Neckar, Marbach 2014, Kap IV, Abb. 5.

6 www.dctp.tv/#/filme/gespraech-mit-einem-griechen-ueber-das-kleingeld-newsstories-21082011/ (abgerufen am 5.12.2017).

7 Hans Magnus Enzensberger, *Immer das Geld! Ein kleiner Wirtschaftsroman*, Berlin 2015, S. 28.

8 Zit. nach Klaus-J. Fink (Hg.), *888 Weisheiten und Zitate für Finanzprofis. Die passenden Worte für jede Situation im Beratungsgespräch*, Wiesbaden 2007, S. 57.

9 Immanuel Kant, *„Vorlesungen über Moralphilosophie"*, in: ders., *Kant's Gesammelte Schriften*, 27, 2/1, hrsg. von der Akademie der Wissenschaften der DDR, Berlin 1975, S. 435f.

10 Thaddäus Troll, *Der Entaklemmer. Luststück in 5 Aufzügen*, Hamburg 1976, S. 18.

11 Michael Ende, *Momo oder die seltsame Geschichte von den Zeit-Dieben und von dem Kind, das den Menschen die gestohlene Zeit zurückbrachte: ein Märchen-Roman*, Stuttgart 2005, S. 76.

12 Wilhelm Genazino, *Mittelmäßiges Heimweh*, München 2015, S. 2.

13 Gertrude Stein, *Geld – Mehr über Geld – Noch mehr über Geld – Alles über Geld – Ein Letztes über Geld*, Berlin 2011, S. 15f.

14 www.deutscheakademie.de/de/auszeichnungen/georg-buechner-preis/uwe-johnson/dankrede (abgerufen am 5.12.2017).

15 Henry David Thoreau, *Walden. Ein Leben mit der Natur*, Deutsch von Erika Ziha, München 1999, S. 79.

16 Jean-Jacques Rousseau, *Träumereien eines einsamen Spaziergängers*, übers. von Ulrich Bossier, Stuttgart 2003, S. 54.

Heimsparkasse
Ohne Fleiss kein Preis.
Junges Blut
erspar dein Gut
Jm Alter
dir's oft nötig tut!

Abb. 69 Heimsparbüchse mit Sprüchen und Bildmotiven, um 1900, Historisches Archiv der Erzgebirgssparkasse Schwarzenberg, Kat.-Nr. 266

Die vermutlich aus dem frühen 20. Jahrhundert stammende Heimsparbüchse zeigt auf der Vorderseite neben einem zum Fleiß mahnenden Sinnspruch einen Bienenkorb mit umherfliegenden Bienen.

Bereits die Hamburger „Patriotische Gesellschaft", die Gründungsinstitution der 1778 in Hamburg entstandenen – weltweit ersten – Sparkasse, wählte den Bienenkorb zu ihrem Symbol. Der Bienenkorb diente der an den Ideen der Aufklärung orientierten Sozietät zur Verbildlichung ihrer Ausrichtung am Gemeinwohl. Im 19. und 20. Jahrhundert wurde der Bienenkorb und mit ihm die Biene zum weitverbreiteten Symbol der Sparsamkeit, das sich bald auf vielen Spardosen, Sparbüchern und Werbemitteln fand. Aufgrund ihres vermeintlichen Fleißes und ihrer Vorratshaltung galt die Biene als Vorbild in der Tugenderziehung. Der Bezug zur Natur erfüllte hierbei eine ideologische Funktion.

Obwohl mit rasch fortschreitender Naturbeherrschung in der Zeit der Industrialisierung und danach die „Naturverfallenheit" abnahm – spürbar etwa am Ausbleiben erntebedingter Hungerkrisen –, verklärte die Bezugnahme auf ein natürliches tierisches Verhalten die gesellschaftlichen Verhältnisse, in denen das Sparen notwendig erscheint, als naturwüchsigen Zustand, als zweite Natur.

Der Bienenkorb weist dabei eigentlich schon über die Natur hinaus, dient er doch der Nutzbarmachung der Arbeitsleistung der Bienen für wirtschaftliche Zwecke, die diese weder begreifen noch erkennen können.

Stärker noch tritt der Aspekt der Naturbeherrschung wie der Bezug auf die wirtschaftlichen Verhältnisse bei den in der Sparsymbolik häufig vorzufindenden landwirtschaftlichen Motiven hervor, wie sie auch auf der Rückseite der Heimsparkasse zu sehen sind. Hochkonjunktur hatte diese Symbolik in der Sparwerbung des Nationalsozialismus. Die ausgelobte Vorbildfunktion bäuerlicher Landwirtschaft fügt sich nahtlos in die zeitgenössische „Blut und Boden"-Ideologie ein. Die Verklärung der Zinsen als Ernte und damit als Ergebnis der Arbeit in der Natur korrespondiert im Nationalsozialismus mit einer antisemitisch motivierten Verurteilung der Zinspraxis eines angeblich „jüdischen Finanzkapitals".

Die landwirtschaftliche Sparsymbolik war auch in den ersten Nachkriegsjahrzehnten noch sehr verbreitet.
RM

Literatur:
Avraham Barkai, *Das Wirtschaftssystem des Nationalsozialismus. Der historische und ideologische Hintergrund 1933–1936*, Köln 1977, S. 109.

ANHANG

VERZEICHNIS DER AUSGESTELLTEN OBJEKTE

PROLOG

Kat.-Nr. 1
„The German Problem"
Titelseite der Zeitschrift *The Economist* zum deutschen Leistungsbilanzüberschuss
Reproduktion
London, 8. Juli 2017
Berlin, Deutsches Historisches Museum: Inv.-Nr. Do2 2018/1

Kat.-Nr. 2
„Darum stehen wir so gut da"
Titelseite der *B.Z.* zur Wirtschaft Deutschlands nach der Krise
Reproduktion
Berlin, 15. Juli 2011
Berlin, Axel Springer Syndication GmbH

Kat.-Nr. 3
„Stellt sie vor Gericht wegen des Völkermordes an den Griechen"
Titelblatt der griechischen Zeitschrift *crash* zur Euro-Krise mit Bundeskanzlerin Angela Merkel in Häftlingskleidung
Reproduktion
Thessaloniki, 2. Juli 2012
Berlin, Deutsches Historisches Museum: Inv.-Nr. Do2 2013/165

Kat.-Nr. 4
„Ist unser Geld verloren?"
Titelseite der Zeitschrift *FOCUS* zur Griechenland-Euro-Krise
Reproduktion
München, 19. September 2011
München, FOCUS Magazin Verlag GmbH

VON DEN ANFÄNGEN

Kat.-Nr. 5
Römisches Spargefäß in abgeflachter Kugelform
Neuss, 1. Jahrhundert
Ton, gebrannt; H: 9,8 cm, D: 15 cm
Stuttgart, Deutscher Sparkassenverlag GmbH: Inv.-Nr. 17

Kat.-Nr. 6
Sparbüchse mit Federzugschloss
Deutschland, Ende 16. Jahrhundert
Schmiedeeisen mit Farbspuren; H: 13,5 cm, D: 7 cm
Stuttgart, Deutscher Sparkassenverlag GmbH: Inv.-Nr. 62

Kat.-Nr. 7
Vierkantige Henkelsparbüchse
Deutschland, Anfang 17. Jahrhundert
Eisenblech, geschwärzt, genietet; 18 × 11 × 10,5 cm
Stuttgart, Deutscher Sparkassenverlag GmbH: Inv.-Nr. 615

Kat.-Nr. 8
Münzfund von Kornöd
259 Münzen, um 1640
Fundort: Kornöd
Silber, getrieben
Berlin, Deutsches Historisches Museum: Inv.-Nr. N 92/1

Kat.-Nr. 9
Heimsparbüchse Nr. 58 der Sparkasse Gornsdorf (Erzgebirge)
1912
Metall; 6,5 × 9,5 × 5 cm
Schwarzenberg, Historisches Archiv der Erzgebirgssparkasse: Inv.-Nr. OB 338

Kat.-Nr. 10
Karteikarte der Sparkasse Gornsdorf (Erzgebirge) zur Heimsparbüchse Nr. 58
1912
Papier, Druck, handbeschrieben; 17 × 23,3 cm
Schwarzenberg, Historisches Archiv der Erzgebirgssparkasse: Inv.-Nr. OB 315

Kat.-Nr. 11
Der Spargroschen
Wilhelm Leibl (1844–1900)
1877
Öl auf Holz; 39,1 × 31,1 cm
Leihgabe der Bundesrepublik Deutschland im Von der Heydt-Museum Wuppertal: Inv.-Nr. BRD 2642

Kat.-Nr. 12
Die Predigt des Fra Marco da Montegallo
Francesco Rosselli (1448–nach 1508)
Florenz, um 1485
Kupferstich; 49,5 × 35,5 cm
Hamburger Kunsthalle, Kupferstichkabinett: Inv.-Nr. 38

Kat.-Nr. 13
Traktat „Tabula della salute" mit einer Holzschnitt-Illustration der Predigt des Fra Marco da Montegallo
Marco da Montegallo (1425–1496)
Florenz, 1494
Papier, Druck, Einband aus Karton und Leder; 20,8 × 14,2 × 2,8 cm
Florenz, Biblioteca Nazionale Centrale di Firenze: Inv.-Nr. Magl. B.6.18.b

Kat.-Nr. 14
Sparkasten mit einer Darstellung der Schutzmantelmadonna
Süddeutschland, 18. Jahrhundert
Eisenkern, bronziertes Eisenblech, bemalt; 14 × 19 × 9 cm
Stuttgart, Deutscher Sparkassenverlag GmbH: Inv.-Nr. 791

Kat.-Nr. 15
Sammelbüchse der Freiberger Hüttenknappschaft
Freiberg, 1546
Eisenblech, bemalt; H: 20 cm, D: 14 cm
Freiberg, Stadt- und Bergbaumuseum: Inv.-Nr. 51/92

Kat.-Nr. 16
Rechnungsbuch der Freiberger Knappschaft
Freiberg, 1518–1604
Pergament, Pergamenteinband mit Schutzklappe, Lederverzierung, -riemen und -gurt, Schnallenverschluss; 31,5 × 10 × 4 cm
Freiberg, Sächsisches Staatsarchiv/Bergarchiv Freiberg: Inv.-Nr. 40010, 1-4402

Kat.-Nr. 17
Sammelbüchse einer Böttcherzunft
Franken, 17. Jahrhundert
Schmiedeeisen, farbig bemalt; H: 27 cm, D: 24 cm
Stuttgart, Deutscher Sparkassenverlag GmbH: Inv.-Nr. 627

Kat.-Nr. 18
„Le Premier plant du mont de piété françois consacré à Dieu"
Erster Entwurf zur Einrichtung einer Sparkasse in Frankreich nach dem Vorbild des italienischen Monte di Pietà
Hugues Delestre (16./17. Jahrhundert)
Paris, 1611
Papier, Druck; 25,5 × 20 × 7,5 cm
Paris, Bibliothèque Mazarine: Inv.-Nr. 4° A 10474

VERBREITUNG DER SPARIDEE

Kat.-Nr. 19
Vignette der Patriotischen Gesellschaft auf dem Titelblatt der „Verhandlungen und Schriften der Hamburgischen Gesellschaft zur Beförderung der Künste und nützlichen Gewerbe" (Erster Band)
Verlag: Carl Ernst Bohn
Hamburg, 1792
Reproduktion
Hamburg, Patriotische Gesellschaft von 1765: o. Inv.-Nr.

Kat.-Nr. 20
„Von der Ersparungs-Classe, als 9ten Classe dieser Versorgungs-Anstalt"
Handschriftlicher Entwurf zur Anordnung der Hamburgischen Allgemeinen Versorgungsanstalt
Hamburg, 1778
Leder, Pappe, Papier, gebunden, handbeschrieben; 48 × 37 × 6 cm
Düsseldorf, Historisches Archiv der ERGO Group AG: Inv.-Nr. F0001-00019 Bd. 3

Kat.-Nr. 21
„Anordnung der in der Kays. freyen Reichsstadt Hamburg errichteten Allgemeinen Versorgungsanstalt"
Druck: Gottlieb Friedrich Schniedes
Dresden, 1779 (2. Auflage)
Papier, Druck; 36 × 22 × 1 cm
Düsseldorf, Historisches Archiv der ERGO Group AG: Inv.-Nr. F0005-00001

Kat.-Nr. 22
Porträt Johann Georg Büsch
Anton Wachsmann (1765–1836)
Um 1820
Kupferstich (Reproduktion)
München, Bayerische Staatsbibliothek: Inv.-Nr. 12136

Kat.-Nr. 23
„Vollständige Einrichtungen der neuen Hamburgischen Armenanstalt"
Johann Arnold Günther (1755–1805)
Herausgeber: Hamburgisches Armen-Collegio
Druck: Benjamin Gottlob Hoffmann
Hamburg, 1788
Papier, Druck; 18,1 × 11 × 2 cm
Berlin, Staatsbibliothek zu Berlin: Signatur Fd 5284-1

Kat.-Nr. 24
Berliner Rathaus mit Gerichtslaube und Uhrenturm im Jahr 1827, nach einer Lithografie von Ludwig Eduard, zugleich erster Sitz der Sparkasse Berlin
Lütke (1801–1850)
Berlin, 1827
Reproduktion
Berlin, Landesarchiv: Bild-Nr. K00620

Kat.-Nr. 25
Genehmigungsschreiben zur Errichtung der Sparkasse in Berlin
Berlin, 1817/18
Papier, handbeschrieben; 34 × 31 cm
Potsdam, Brandenburgisches Landesarchiv: Inv.-Nr. Rep. 2A I Kom Nr. 3206, Fol. 3

Kat.-Nr. 26
„Entwurf zu einem Statut für die in der Haupt- und Residenz-Stadt Berlin von der Stadtverordneten-Versammlung gestifteten Sparcasse"
Berlin, 31. Januar 1819
Papier, handbeschrieben; 34,3 × 20,2 cm
Potsdam, Brandenburgisches Landesarchiv:
Inv.-Nr. Rep. 2A I Kom Nr. 3206, Fol. 5/10

Kat.-Nr. 27
Göttinger Rathaus, zugleich erster Sitz der Sparkasse Göttingen
Göttingen, nach 1800
Reproduktion
Göttingen, Städtisches Museum Göttingen

Kat.-Nr. 28
Das älteste Sparkassenregister der Sparkasse Göttingen mit Abrechnungen des Wirtschaftsjahres 1801/02 (Trinitatis bis Trinitatis)
Göttingen, 1801/02
Papier, gebunden, handbeschrieben; 34,9 × 22,2 × 0,3 cm
Göttingen, Stadtarchiv Göttingen: Inv.-Nr. AB Wof 10, 1, 2

Kat.-Nr. 29
Die Genehmigung der Landesregierung zur Eröffnung der „Spar- und Leih Casse" zu Göttingen
Göttingen, 7. Juni 1801
Papier, handbeschrieben; 31,3 × 20,3 cm
Göttingen, Stadtarchiv: Inv.-Nr. AA Nr. 4928, Bl. 5

Kat.-Nr. 30
Originalfassung für den „Plan über die Einrichtung einer Spar= und Leih=Casse zu Göttingen"
Senator Justus Christoph Grünewald (1764–1835)
1801
Papier, geheftet, handbeschrieben; 32,9 × 20,4 cm
Göttingen, Stadtarchiv: Inv.-Nr. AA 4928, Bl. 16-19

Kat.-Nr. 31
Andrew Geddes (1783–1844)
Porträt von Henry Duncan (1774–1846)
Erste Hälfte 19. Jahrhundert
Reproduktion
Ruthwell, Savings Banks Museum: o. Inv.-Nr.

Kat.-Nr. 32
„An Essay on the Nature and Advantages of Parish Banks" (dt. Essay über das Wesen und die Vorteile von Spareinrichtungen im ländlichen Raum)
Henry Duncan (1774–1846)
Edinburgh, 1815
Papier, Druck; 22 × 14,5 cm
Ruthwell, Savings Banks Museum:
Inv.-Nr. SBM 01/01/01

Kat.-Nr. 33
Übersicht der Spareinlagen von Janet Dinwiddie bei der Ruthwell Parish Bank
Ruthwell, 1817–1825
Papier, Druck, handbeschrieben; 24 × 19,5 cm
Edinburgh, Lloyds Banking Group plc Archives:
Inv.-Nr. Acc. 2011/008/2/2

Kat.-Nr. 34
Einkommensnachweis von Janet Dinwiddie zur Errichtung eines Sparkontos bei der Ruthwell Parish Bank
Ruthwell, 1816/17
Papier, Druck, handbeschrieben; 30,1 × 18,5 cm
Edinburgh, Lloyds Banking Group plc Archives:
Inv.-Nr. Acc. 2011/008/2/1

Kat.-Nr. 35
New Rules, Orders, and Regulations, of the Bank for Savings of the Parish of Ruthwell (dt. Neue Regeln, Anweisungen und Regulierungen der Spareinrichtung in der Gemeinde von Ruthwell)
Druck: Dumfries and Galloway Courier Office
Dumfries, 1820
Papier, Druck; 21,5 × 13,4 cm
Ruthwell, Savings Banks Museum:
Inv.-Nr. SBM 01/02/05/-2

Kat.-Nr. 36
Bilanzaufstellung der Ruthwell Parish Bank
Ruthwell, 1817
Papier, Druck; 38 × 31,5 cm
Edinburgh, Lloyds Banking Group plc Archives:
Inv.-Nr. Acc. 2011/008/2/3

Kat.-Nr. 37
Conto-Buch von Anna Sophia Henriette Gleiß bei der Plöner Spar- und Leihkasse
Vermutlich ältestes noch erhaltenes Sparbuch
Plön, 1826–1834
Papier, Druck, gebunden, handbeschrieben; 15,4 × 10 cm
Bonn, Deutscher Sparkassen- und Giroverband e.V., Sparkassenhistorisches Dokumentationszentrum:
Inv.-Nr. V. F/1/00001

SPAREN IN DER INDUSTRIALISIERUNG

Kat.-Nr. 38
Begräbnis eines Arbeiters
Oscar Gräf (1861–1912)
Um 1900
Reproduktion
Berlin, Deutsches Historisches Museum:
Inv.-Nr. Gm 2009/6

Kat.-Nr. 39
„Das Kapital. Kritik der politischen Oekonomie", Bd. 1, 1. Aufl.
Karl Marx (1818–1883)
Verlag: Otto Meissner
Hamburg, 1867
Papier, Druck; 22,5 × 14,5 × 4 cm
Berlin, Deutsches Historisches Museum:
Inv.-Nr. R 51/34 -1

Kat.-Nr. 40
Porträt von Friedrich Wilhelm Raiffeisen
um 1870
Reproduktion
Dresden, Deutsche Fotothek: Bild-Nr. 70235507

Kat.-Nr. 41
„Die Darlehnskassen-Vereine als Mittel zur Abhilfe der Noth der ländlichen Bevölkerung, sowie auch der städtischen Handwerker und Arbeiter."
Friedrich Wilhelm Raiffeisen (1818–1888)
Neuwied, 1866
Papier, Druck; 21 × 14 × 1,7 cm
Berlin, Deutsches Historisches Museum:
Inv.-Nr. R 87/1036

Kat.-Nr. 42
Porträt von Hermann Schulze-Delitzsch
Um 1800
Reproduktion
Berlin, bpk-Bildagentur: Bild-Nr. 10006656

Kat.-Nr. 43
Arbeiter vor einem Sammelkasten der „Krupp'schen Spareinrichtung"
Werksfotograf der Friedrich Krupp AG
Essen, um 1905
Fotografie (Reproduktion)
Essen, Historisches Archiv Krupp: Inv.-Nr. S 1 K 9.12

Kat.-Nr. 44
Sparbüro der „Krupp'schen Spareinrichtung"
Werksfotograf der Friedrich Krupp AG
Essen, um 1910
Fotografie (Reproduktion)
Essen, Historisches Archiv Krupp: Inv.-Nr. S 1 K 9.12

Kat.-Nr. 45
Bekanntmachung über die Gründung der „Krupp'schen Spareinrichtung"
Essen, 27. Januar 1900
Papier, Druck; 80,5 × 49,7 cm
Essen, Historisches Archiv Krupp:
Inv.-Nr. WA 41/74-366 Bl. 75

Kat.-Nr. 46
Bekanntmachung über die Eröffnung der „Krupp'schen Spareinrichtung" am 10. April 1900
Essen, 15. März 1900
Papier, Druck; 31,5 × 49,5 cm
Essen, Historisches Archiv Krupp:
Inv.-Nr. WA 41/74-366 Bl. 101

Kat.-Nr. 47
Erklärung über Einbehaltung von Sparbeiträgen der „Krupp'schen Spareinrichtung"
Essen, 1900
Papier, Druck; 22,5 × 14,5 cm
Essen, Historisches Archiv Krupp: Inv.-Nr. WA 41/74-366 Bl. 108

Kat.-Nr. 48
Briefumschlag, adressiert an das Sparbureau der „Krupp'schen Spareinrichtung"
Essen, um 1900
Papier, Druck; 12,4 × 15,3 cm
Essen, Historisches Archiv Krupp:
Inv.-Nr. WA 41/74-366 Bl. 110

Kat.-Nr. 49
Lohntüte der Friedrich Krupp AG
Essen, um 1900
Papier; 9,5 × 15 cm
Essen, Historisches Archiv Krupp:
Inv.-Nr. WA 41/74-366 Bl. 130

Kat.-Nr. 50
Sammelbuch der jährlichen Bescheinigungen zur Invaliditäts- und Alters-Versicherung für den Dienstknecht Peter Wilh. Gerdau
Herausgeber: Versicherungs-Anstalt Hannover
Druck: A. W. Zickfeld
Lüneburg, 1892–1907
Karton, Papier, Druck, gebunden, handbeschrieben; 10,3 × 10,5 × 0,5 cm
Berlin, Deutsches Historisches Museum:
Inv.-Nr. Do 98/88

Kat.-Nr. 51
Spardose „Drei-Kaiser-Jahr" mit Portraitmedaillen der Kaiser Wilhelm I., Friedrich III. und Wilhelm II.
1888
Metall, Messing, modelliert, geprägt, gestanzt; H: 6,3 cm, D: 7,8 cm
Berlin, Museumsstiftung Post und Telekommunikation:
Inv.-Nr. 3.2008.2058

Kat.-Nr. 52
Medaille auf die Arbeiterschutzgesetzgebung 1890
L. Chr. Lauer GmbH
Nürnberg, nach 4. Februar 1890
Bronze, geprägt; D: 2,7 cm
Berlin, Deutsches Historisches Museum:
Inv.-Nr. N 84/41.a

Kat.-Nr. 53
Medaille auf die Arbeiterschutzgesetzgebung 1890
L. Chr. Lauer GmbH
Nürnberg, nach 4. Februar 1890
Bronze, geprägt; D: 2,7 cm
Berlin, Deutsches Historisches Museum:
Inv.-Nr. N 84/43

Kat.-Nr. 54
„Die deutsche Sozialversicherung steht in der ganzen Welt vorbildlich und unerreicht da."
Plakat mit Darstellung der Versicherungszweige der deutschen Sozialversicherung
Druck: Vereinigte Kunstinstitute AG, Berlin-Schöneberg
Berlin, 1914
Papier, Lithografie, Buchdruck; 46,5 × 63 cm
Berlin, Deutsches Historisches Museum: Inv.-Nr. P 56/88

Kat.-Nr. 55
Auszug aus der Kaiserlichen Botschaft zur Eröffnung der fünften Legislaturperiode des Reichstages
Berlin, 17. November 1881
Stenographische Berichte über die Verhandlungen des Reichstages, V. Legislaturperiode, I. Session 1881/82
Druck: Norddeutsche Allgemeine Zeitung
Berlin, 1882
Eingesprochen als Audio
Berlin, Deutsches Historisches Museum

SPAREN IM ERSTEN WELTKRIEG

Kat.-Nr. 56
Sparbüchse in Form eines Artilleriegeschosses mit der Aufschrift „Lüttich, Antwerpen, Namur"
1914
Eisenblech, Leder, gefalzt, lithografiert;
H: 16 cm, D: 6,3 cm
Berlin, Deutsches Historisches Museum:
Inv.-Nr. AK 92/233

Kat.-Nr. 57
Sparbüchse in Form eines Artilleriegeschosses mit der Aufschrift „Die fleißige Berta"
1914/15
Eisenblech, gefalzt, lithografiert; H: 14 cm, D: 6,4 cm
Berlin, Deutsches Historisches Museum:
Inv.-Nr. AK 92/234

Kat.-Nr. 58
Sparbüchse in Form einer Fliegerbombe mit der Aufschrift „Deutscher Fliegergruß"
1914/1916
Blech, bemalt; H: 14 cm, D: 6,3 cm
Berlin, Deutsches Historisches Museum:
Inv.-Nr. AK 92/235

Kat.-Nr. 59
Kriegsanleihe-Sparbuch der Stadt-Sparkasse zu Schwelm
Schwelm, 1914–1918
Papier, Druck, handbeschrieben; 17 × 12,2 cm
Bonn, Deutscher Sparkassen- und Giroverband e.V., Sparkassenhistorisches Dokumentationszentrum:
Inv.-Nr. V. F/1/00098

Kat.-Nr. 60
Feldpostkarte mit Benachrichtigung über die Einrichtung eines Kriegssparkontos für Otto Schwarz
Teltow, 6. März 1918
Karton, Druck, handbeschrieben, gestempelt; 8,7 × 14 cm
Berlin, Deutsches Historisches Museum:
Inv.-Nr. Do 2008/113

Kat.-Nr. 61
Kriegsanleihe-Sparkarte des Deutschen Sparkassenverbandes, mit eingeklebten Kriegssparmarken
Berlin, um 1917
Papier, Druck, handbeschrieben, gestempelt, geklebt; 14 × 16,5 cm
Bonn, Deutscher Sparkassen- und Giroverband e.V., Sparkassenhistorisches Dokumentationszentrum:
Inv.-Nr. F/2/00001

Kat.-Nr. 62
Kriegssparkarte für 20 Mark der Leher Sparkasse
Muster
Druck: Kunstanstalt Ernst Bruns
Lehe, 1917
Karton, Papier, Druck; 18,8 × 11,9 cm
Berlin, Deutsches Historisches Museum:
Inv.-Nr. Do 70/833.1

Kat.-Nr. 63
Kriegssparkarte für 10 Mark der Leher Sparkasse
Muster
Druck: Kunstanstalt Ernst Bruns
Lehe, 1917
Karton, Papier, Druck; 18,8 × 11,9 cm
Berlin, Deutsches Historisches Museum:
Inv.-Nr. Do 70/833.2

Kat.-Nr. 64
Sparbuch der Leher Sparkasse zur Förderung der sechsten Kriegsanleihe
Muster
Druck: Kunstanstalt Ernst Bruns
Lehe, 1917
Karton, Papier, geheftet; 17,9 × 11,9 cm
Berlin, Deutsches Historisches Museum:
Inv.-Nr. Do 70/833.3

Kat.-Nr. 65
Kriegs-Sparbuch der Sparkasse der Stadt Dresden
1918
Papier, Druck, gebunden, handbeschrieben, gestempelt, geklebt; 18 × 12,5 × 1 cm
Berlin, Historisches Archiv des Ostdeutschen Sparkassenverbandes: Inv.-Nr. 153/2002 D

Kat.-Nr. 66
„Die beste Sparkasse: Kriegsanleihe!"
Plakat mit Aufruf zur Zeichnung der achten Kriegsanleihe
Entwurf: Louis Oppenheim (1879–1936)
Druck: Fritz Maison
München, 1918
Papier, Lithografie; 95 × 44 cm
Berlin, Deutsches Historisches Museum:
Inv.-Nr. P 57/89.4

Kat.-Nr. 67
„Er trägt draussen die Last, zeichnet Ihr Kriegsanleihe"
Plakat mit Aufforderung zur Zeichnung von Kriegsanleihen
Entwurf: H. Böhm-Weiden
Druck: M. DuMont-Schauberg Köln
Köln, 1914/1918
Papier, Lithografie; 108,6 × 84,1 cm
Berlin, Deutsches Historisches Museum:
Inv.-Nr. P 2013/408

Kat.-Nr. 68
„Kauft Sparmarken – Euer Notgroschen für den Frieden – 5% Zinsen"
Plakat mit Aufforderung zur Zeichnung einer Kriegsanleihe
Entwurf: Gefreiter Timm, Stab 18, Reserve Division
Druck: Vereinigte Kunstinstitute AG, Berlin-Schöneberg
Berlin, 1917/18
Papier, Lithografie; 34 × 24 cm
Berlin, Deutsches Historisches Museum:
Inv.-Nr. P 77/489

Kat.-Nr. 69
„Mit Sparmarken kann JEDER Kriegsanleihe zeichnen."
Maueranschlag mit Aufforderung zur Zeichnung von Kriegsanleihen
1914/1918
Papier, Druck; 20,3 × 32,4 cm
Berlin, Deutsches Historisches Museum:
Inv.-Nr. Do 74/104.1

Kat.-Nr. 70
Andrang vor dem Reichsbankgebäude in Berlin zur Zeichnung der ersten Kriegsanleihe
Franz Stoedtner (1870–1946)
Berlin, September 1914
Fotografie (Reproduktion)
Dresden, Deutsche Fotothek: Bild-Nr. 87109908

Kat.-Nr. 71
Plakat der Sparkasse der Stadt Berlin zur Zeichnung der dritten Kriegsanleihe
Berlin, 1915
Papier, Druck; 36 × 47 cm
Berlin, Historisches Archiv des Ostdeutschen Sparkassenverbandes: Inv.-Nr. G/1690/AUG

Kat.-Nr. 72
Schüler werben für die Kriegsanleihe mit beschrifteten Schildern „Wer Kriegsanleihe zeichnet, verkürzt den Krieg"
Berlin, 1917
Fotografie (Reproduktion)
Berlin, bpk Bildagentur: Bild-Nr. 30012918

Kat.-Nr. 73
„Beim Kriegsanleihe-Zeichnen."
Postkarte mit Werbung für Kriegsanleihen
Entwurf: Brynolf Wennerberg (1866–1950)
1917/18
Karton, Offsetdruck; 14,3 × 9,3 cm
Berlin, Deutsches Historisches Museum: Inv.-Nr. PK 2004/693

Kat.-Nr. 74
„Michel bleib' eisern! Zeichne Kriegsanleihe!"
Postkarte mit Aufruf zur Zeichnung einer Kriegsanleihe
Entwurf: Julius Paul Junghanns (1876–1958)
Druck: Aktiengesellschaft für Kunstdruck
Dresden, 1917/18
Karton, Lithografie; 12 × 8 cm
Berlin, Deutsches Historisches Museum: Inv.-Nr. PK 2004/904

Kat.-Nr. 75
„‚Zeichen'-Stunde"
Postkarte mit Aufforderung zur Zeichnung der neunten Kriegsanleihe
Brynolf Wennerberg (1866–1950)
1918
Karton, Offsetdruck; 14,4 × 9,2 cm
Berlin, Deutsches Historisches Museum: Inv.-Nr. PK 90/3448

Kat.-Nr. 76
„Helft uns siegen! Zeichnet Kriegsanleihe"
Postkarte mit Aufruf zur Zeichnung der sechsten Kriegsanleihe
Fritz Erler (1868–1940)
Druck: Selmar Bayer
Berlin, 1916
Karton, Lithografie; 14 × 8,9 cm
Berlin, Deutsches Historisches Museum: Inv.-Nr. Do 53/34.1

Kat.-Nr. 77
„To Prevent this – Buy War Savings Certificates Now"
Britisches Plakat mit Aufruf zum Kauf von Kriegssparbriefen
Entwurf: F. Gregory Brown (1887–1941)
1914–1918
Papier, Offsetdruck; 101,5 × 63 cm
Oxford, Bodleian Library: Inv.-Nr. Rec. a. 33, volume 6 (no.63)

Kat.-Nr. 78
„War Savings Stamps. Make your Sixpences grow into Pounds –"
Britisches Plakat mit Aufforderung zum Kauf von Sparmarken für Kriegsanleihen
1918
Reproduktion
Washington D.C., Library of Congress: Bild-Nr. 2003675240

Kat.-Nr. 79
„Souscrivez à l'emprunt national"
Französisches Plakat der Bank Société Générale mit Aufforderung zur Zeichnung einer Kriegsanleihe
Entwurf: Georges Redon (1869–1943)
Druck: Imprimerie Devambez Paris
Paris, 1917
Papier, Lithografie; 80,4 × 57,5 cm
Berlin, Deutsches Historisches Museum: Inv.-Nr. P 93/657

Kat.-Nr. 80
„4e Emprunt National"
Französisches Plakat der Banque Industrielle de Chine mit Aufforderung zur Zeichnung der vierten Kriegsanleihe
Entwurf: F. Basté
Druck: Imprimerie Crété Paris
Papier, Lithografie; 108,6 × 84,1 cm
Berlin, Deutsches Historisches Museum: Inv.-Nr. P 93/780

Kat.-Nr. 81
Veranstaltung zur Kriegsfinanzierung, „Tank Week" in Norwich
Norwich, 1918
Fotografie (Reproduktion)
Norwich, Norfolk Record Office: Inv.-Nr. ETN 6/14/2/3

Kat.-Nr. 82
Flugblatt mit der Ankündigung der „Tank Week" (dt. Panzerwoche) im Londoner Stadtteil West End
London, 1917/18
Papier, Druck; 17,5 × 7,1 cm
Oxford, Bodleian Library: Inv.-Nr. Box 8

Kat.-Nr. 83
Sparbüchse aus einer Granatenhülse mit der Gravur „Tirelire Nationale / Guerre 1914–1918" (dt. Nationale Spardose / Krieg 1914–1918)
Frankreich, um 1914/1918
Eisen, Messing, graviert, genietet; H: 24,7 cm, D: 7,6 cm
Berlin, Deutsches Historisches Museum: Inv.-Nr. AK 2002/32

Kat.-Nr. 84
Britisches Sparbuch für Kriegssparbriefe
Muster
1914–1918
Papier, Druck, gebunden, handbeschrieben; 12 × 9,1 cm
Edinburgh, Lloyds Banking Group plc Archives: Inv.-Nr. P TSB/63/20/2/15 (part)

Kat.-Nr. 85
Britische Kriegssparkarte mit der Aufschrift „Save your silver and it will turn into gold." (dt. Spare dein Silber und es wird zu Gold werden.)
1914–1918
Papier, Druck, gebunden; 12,5 × 9,1 cm
Edinburgh, Lloyds Banking Group plc Archives: Inv.-Nr. P TSB/63/20/2/15 (part)

Kat.-Nr. 86
Britisches Flugblatt für den Kauf von Kriegsanleihen
Druck: New Goswell Printing Co.
1914–1918
Papier, Druck; 21,5 × 13,5 cm
Oxford, Bodleian Library: Inv.-Nr. Box 8

SPAREN IN DER WEIMARER REPUBLIK

Kat.-Nr. 87
Geldtransport für die Lohnauszahlung eines kleinen Betriebes in Halle während der Inflation
Halle (Saale), 1923
Fotografie (Reproduktion)
Berlin, Deutsches Historisches Museum: Inv.-Nr. F 75/589

Kat.-Nr. 88
Geldtransportwagen
Hugo Frohloff GmbH
Berlin-Schönhausen, 1916
Eisen, Holz; 107 × 72 × 99 cm
Dresden, Archiv der Ostsächsischen Sparkasse Dresden: o. Inv.-Nr.

Kat.-Nr. 89
Plakat „Sparen trägt goldene Früchte" der Sparkasse der Stadt Hannover und der Sparkasse der Kapital-Versicherungs-Anstalt zu Hannover, in: Sparkasse der Hauptstadt Hannover, Verschiedene Wege, den Sparsinn zu wecken und zu beleben. Sparkassenwerbung. Eine anregende Sammlung von Drucksachen, Hannover o. J.
Entwurf: Christian Pelle (1881–1963)
Hannover, um 1928
Reproduktion
Bonn, Deutscher Sparkassen- und Giroverband e.V., Sparkassenhistorisches Dokumentationszentrum: o. Inv.-Nr.

Kat.-Nr. 90
Sparbuch der Städtischen Sparkasse zu Görlitz mit Eintragungen aus der Inflationszeit mit Milliardensummen
Druck: Hoffmann & Reiber
Görlitz, 1922/23
Papier, Druck, gebunden, handbeschrieben; 21 × 13,5 cm
Bonn, Deutscher Sparkassen- und Giroverband e.V., Sparkassenhistorisches Dokumentationszentrum: Inv.-Nr. V. F/1/00124

Kat.-Nr. 91
Sparbuch der Städtischen Sparkasse Schwarzenberg mit Aufwertungsstempel von 1933
1923–1933
Pappe, Papier, Druck, handbeschrieben, gestempelt; 18,5 × 12,5 cm
Berlin, Historisches Archiv des Ostdeutschen Sparkassenverbandes: Inv.-Nr. 76/2012

Kat.-Nr. 92
Sparbuch der Städtischen Sparkasse Leipzig mit Aufwertungsstempel von 1925
1902–1950
Pappe, Papier, Druck, handbeschrieben, gestempelt; 21,3 × 14 cm
Berlin, Historisches Archiv des Ostdeutschen Sparkassenverbandes: Inv.-Nr. 74/2012 L

Kat.-Nr. 93
„Bestand der Spareinlagen und Sparkonten 1913 und 1924–1931", in: Geschäftsbericht der Sparkasse der Hauptstadt Hannover für das Jahr 1931
Grafische Darstellung
Hannover, 1932
Reproduktion
Bonn, Deutscher Sparkassen- und Giroverband e.V., Sparkassenhistorisches Dokumentationszentrum: Inv.-Nr. V. M/1/00258

Kat.-Nr. 94
Aufwertungs-Sparkarte der Hamburger Sparkasse von 1827
Hamburg, 1928
Papier, Druck, handbeschrieben, gestempelt; 15,9 × 8,7 cm
Bonn, Deutscher Sparkassen- und Giroverband e.V., Sparkassenhistorisches Dokumentationszentrum: Inv.-Nr. V. F/2/00025

Kat.-Nr. 95
Aufwertungs-Abrechnung der Sparkasse der Stadt Berlin
Berlin, 1928
Papier, Druck, handbeschrieben, gestempelt; 10,5 × 14,8 cm
Bonn, Deutscher Sparkassen- und Giroverband e.V., Sparkassenhistorisches Dokumentationszentrum: Inv.-Nr. IV. C/00020

Kat.-Nr. 96
Andrang vor der Sparkasse der Stadt Berlin am Mühlendamm während der deutschen Bankenkrise 1931
Berlin, 13. Juli 1931
Reproduktion
Berlin, ullstein bild: Bild-Nr. 00009379

Kat.-Nr. 97
„Weltbühnen Berlin. Die zwanziger Jahre"
Ausschnitt zur Bankenkrise 1931
Buch und Regie: Irmgard von zur Mühlen
Produktion: Chronos-Film GmbH, Bengt von zur Mühlen
Berlin, 1980er Jahre
Potsdam, CHRONOS-MEDIA GmbH

Kat.-Nr. 98
„Verordnung des Reichspräsidenten über Bankfeiertage. Vom 13. Juli 1931."
Reichsgesetzblatt Nr. 30
Reichsverlagsamt
Berlin, 13. Juli 1931
Reproduktion
Berlin, Historisches Archiv des Ostdeutschen Sparkassenverbandes: Inv.-Nr. 8/2007

Kat.-Nr. 99
Polizisten vor dem geschlossenen Hauptgebäude der Sparkasse der Stadt Berlin am Mühlendamm
Berlin, 14./15. Juni 1931
Fotografie (Reproduktion)
Berlin, Deutsches Historisches Museum:
Inv.-Nr. F 73/110

Kat.-Nr. 100
Telegramm des Schleswig-Holsteinischen Sparkassenverbandes Kiel
17. Juli 1931
Papier, Druck; 29,5 × 20 cm
Berlin, Geheimes Staatsarchiv Preußischer Kulturbesitz:
Inv.-Nr. I. HA Rep. 77 Tit. 1131, Nr. 1, Beiheft W

Kat.-Nr. 101
„An unsere Kundschaft!"
Aufruf zum Sparen aus der Sparkassen Zeitung Nr. 92
Herausgeber: Deutscher Sparkassen- und Giroverband
Druck: Verlag für bargeldlosen Zahlungsverkehr
6. August 1931
Reproduktion
Berlin, Historisches Archiv des Ostdeutschen Sparkassenverbandes: Inv.-Nr. 84/2001

Kat.-Nr. 102
„Deutsche Sparer! Kämpft für euer Recht!"
Postkarte des Sparerbundes Sachsen
Entwurf: Julius Paul Junghanns (1876–1958)
Verlag: Sparerbund, Landesverband Sachsen e.V.
Druck: Kunstanstalt Theodor Eismann
Leipzig, um 1923
Karton, Lithografie, Buchdruck; 9,6 × 14,6 cm
Berlin, Deutsches Historisches Museum:
Inv.-Nr. Do 62/1181

Kat.-Nr. 103
„Betrogene! Sparer!"
Flugblatt der NSDAP für die Reichstagswahl vom 14. September 1930
Herausgeber: vermutlich Karl Fritsch (1901–1944)
Druck: Druckerei Friedrich Irrgang
Plauen, September 1930
Papier, Druck; 31,4 × 22,8 cm
Berlin, Deutsches Historisches Museum:
Inv.-Nr. Do 56/1611.14

Kat.-Nr. 104
„Betrogene! Sparer!"
Propagandaflugblatt der NSDAP zur Reichstagswahl am 14. September 1930
Herausgeber: vermutlich Karl Fritsch (1901–1944)
Druck: Druckerei Friedrich Irrgang
Plauen, September 1930
Papier, Druck; 31,4 × 22,8 cm
Berlin, Deutsches Historisches Museum:
Inv.-Nr. Do 56/1611.60

Kat.-Nr. 105
„Dein Sparkassenbuch!"
Flugblatt der DNVP für die Reichstagswahl vom 4. Mai 1924
Druck: Lehmannsche Buchdruckerei
Dresden, 1924
Papier, Druck; 30 × 23,5 cm
Berlin, Deutsches Historisches Museum:
Inv.-Nr. Do 75/548I

Kat.-Nr. 106
„Jedem das Seine – Sparer – Wählt Reichspartei für Volksrecht und Aufwertung!"
Plakat der Reichspartei für Volksrecht und Aufwertung zur Landtagswahl in Sachsen 1926
Entwurf: Monogrammist KW
Verlag: Sparerbund, Landesverband Sachsen e.V.
Druck: Kunstanstalt Theodor Eismann
Leipzig, 1926
Papier, Lithografie; 90 × 60,9 cm
Berlin, Deutsches Historisches Museum:
Inv.-Nr. P 62/1503

Kat.-Nr. 107
„Deutscher Haus- und Sparkalender"
Werbekalender, ausgegeben von der Sparkasse der Stadt Freiberg (Sachsen)
Herausgeber: Deutscher Sparkassen- und Giroverband
Druck: Verlag für bargeldlosen Zahlungsverkehr Robert Gürgens
Berlin, 1930
Reproduktion
Berlin, Historisches Archiv des Ostdeutschen Sparkassenverbandes: Inv.-Nr. 18/2010

Kat.-Nr. 108
„Du wünschst dir ein Haus? SPARE!"
Titelblatt der Kundenzeitschrift Sparkassen-Rundschau, Heft Nr. 6
Herausgeber: Deutscher Sparkassenverlag beim Deutscher Sparkassen- und Giroverband
Berlin, Mitte März 1930
Reproduktion
Berlin, Historisches Archiv des Ostdeutschen Sparkassenverbandes: Inv.-Nr. 13/2010

Kat.-Nr. 109
„Sparen – Triebkraft. Spare für Deine Familie, Dein Eigenheim, Deine Anschaffungen, Deine Erholung und Dein Alter."
Titelblatt der Kundenzeitschrift Sparkassen-Rundschau, Heft Nr. 2
Herausgeber: Deutscher Sparkassenverlag beim Deutscher Sparkassen- und Giroverband
Berlin, Mitte Januar 1930
Reproduktion
Berlin, Historisches Archiv des Ostdeutschen Sparkassenverbandes: Inv.-Nr. 13/2010

Kat.-Nr. 110
„Sparen ist der Weg zum Wohlstand"
Titelblatt der Kundenzeitschrift Sparkassen-Rundschau, Heft Nr. 12
Herausgeber: Deutscher Sparkassenverlag beim Deutscher Sparkassen- und Giroverband
Berlin, Mitte Januar 1930
Reproduktion
Berlin, Historisches Archiv des Ostdeutschen Sparkassenverbandes: Inv.-Nr. 13/2010

Kat.-Nr. 111
„Wer Reisen und Wandern will – muß Sparen"
Titelblatt der Kundenzeitschrift Sparkassen-Rundschau, Heft Nr. 9
Herausgeber: Deutscher Sparkassenverlag beim Deutscher Sparkassen- und Giroverband
Berlin, Mitte Januar 1930
Reproduktion
Berlin, Historisches Archiv des Ostdeutschen Sparkassenverbandes: Inv.-Nr. 13/2010

SPAREN IM NATIONALSOZIALISMUS

Kat.-Nr. 112
„Sparkassen und Nationalsozialismus. Führende Nationalsozialisten zur Sparkassenfrage"
Herausgeber: Gottfried Feder (1883–1941)
Verlag: Deutscher Schriftenverlag
Berlin, 1933
Papier, Druck; 20,4 × 14,8 × 0,1 cm
Berlin, Deutsches Historisches Museum: Inv.-Nr. G 1303

Kat.-Nr. 113
Adolf Hitler mit der Parteiführung auf der Eröffnungssitzung der NSDAP-Fraktion im Berliner Reichstag
v.l.n.r.: Gottfried Feder (1883–1941, Wirtschaftstheoretiker), Franz Ritter von Epp (1868–1946, Berufssoldat, Reichsstatthalter in Bayern), Josef Wagner (1899–1945, NSDAP-Gauleiter Westfalen-Süd & Gauleiter Schlesien), Hermann Göring (1893–1946, Oberbefehlshaber der Luftwaffe, Preußischer Ministerpräsident), Wilhelm Frick (1877–1946), Adolf Hitler (1889–1945, Vorsitzender der NSDAP), Gregor Strasser (1892–1934, Reichspropagandaleiter und Reichsorganisationsleiter der NSDAP)
Heinrich Hoffmann (1885–1957)
Berlin, 13. Oktober 1930
Fotografie (Reproduktion vom Glasnegativ)
Berlin, Deutsches Historisches Museum: Inv.-Nr. Hoffmann 0436

Kat.-Nr. 114
„Das Manifest zur Brechung der Zinsknechtschaft des Geldes"
Gottfried Feder (1883–1941)
Verlag: Franz Eher Nachfolger GmbH Verlag
München, 1932 (1. Auflage 1919)
Papier, Druck; 21,7 × 14,7 cm
Berlin, Deutsches Historisches Museum: Inv.-Nr. G 128<27. Tsd.>

Kat.-Nr. 115
Spardose der Sparkasse der Stadt Berlin mit der Aufschrift „Arbeit, Ordnung, Sparsamkeit sind dir nütze allezeit"
Marke Heinrich & Co.
Selb, um 1938
Porzellan, Metall; H: 7,5 cm, D: 8,5 cm
Berlin, Historisches Archiv der Berliner Sparkasse: o. Inv.-Nr.

Kat.-Nr. 116
„Arbeiten und Sparen gehören zusammen!"
Faltblatt
Deutschland, nach 1937
Papier, Druck, gefaltet; 21 × 14,8 cm
Berlin, Historisches Archiv des Ostdeutschen Sparkassenverbandes: Inv.-Nr. 2/2012-14

Kat.-Nr. 117
Artikel zum Deutschen Spartag im Sudetenland 1938 „Deutsche Art bewahrt – wer arbeitet und spart", in: Sparkassen-Werbedienst, Heft Nr. 1 (1939), Seite 7
Herausgeber: Deutscher Sparkassen- und Giroverband
Berlin, 1939
Reproduktion
Berlin, Historisches Archiv des Ostdeutschen Sparkassenverbandes: Inv.-Nr. 1/2007

Kat.-Nr. 118
„Deutsche Art bewahrt, wer arbeitet und spart!"
Faltblatt der öffentlichen mündelsicheren Sparkassen
Entwurf: Hans Moldenhauer
Berlin, um 1938
Papier, Druck; 20,4 × 14,8 cm
Berlin, Deutsches Historisches Museum: Inv.-Nr. Do2 89/1375

Kat.-Nr. 119
„Deutsche Art bewahrt, wer arbeitet und spart!"
Faltblatt der öffentlichen mündelsicheren Sparkassen
Entwurf: Hans Moldenhauer
Berlin, um 1938
Papier, Druck; 20,4 × 14,8 cm
Berlin, Historisches Archiv des Ostdeutschen Sparkassenverbandes: Inv.-Nr. 2/2012-15

Kat.-Nr. 120
„Schaffendes Volk – Sparendes Volk"
Titelseite der Broschüre der Stadt-Sparkasse zu Quedlinburg
Entwurf: J. B. Leugner
Deutschland, nach 1937
Reproduktion
Berlin, Historisches Archiv des Ostdeutschen Sparkassenverbandes: Inv.-Nr. 2/2007-20

Kat.-Nr. 121
„Es ist von jeher deutscher Brauch: Schaffende Hände sparen auch!"
Broschüre „Schaffendes Volk – Sparendes Volk" der Stadt-Sparkasse zu Quedlinburg
Deutschland, nach 1937
Papier, Druck, gebunden; 21,2 × 14,6 cm
Berlin, Historisches Archiv des Ostdeutschen Sparkassenverbandes: Inv.-Nr. 2/2007-20

Kat.-Nr. 122
Spardose für KdF-Wagen mit Zählwerk für Reichsmark
Um 1940
Eisenblech, gestanzt, gelocht, lackiert; 14,2 × 10,2 × 6,1 cm
Berlin, Deutsches Historisches Museum: Inv.-Nr. AK 94/516.1

Kat.-Nr. 123
Spardose für KdF-Wagen
Firma Michael Seidel
Zirndorf, 1938–1945
Eisenblech, gestanzt, gelocht, lackiert; 14,3 × 9,6 × 4,7 cm
Bonn, Stiftung Haus der Geschichte der Bundesrepublik Deutschland: Inv.-Nr. 1995/01/0311

Kat.-Nr. 124
Der Konstrukteur Ferdinand Porsche überreicht Adolf Hitler in der Reichskanzlei ein Modell des Volkswagens als Geburtstagsgeschenk
v.l.n.r.: Dr. Bodo Lafferentz (1897–1974, Reichsamtleiter der KdF in der DAF), Dr. Robert Ley (halb verdeckt, 1890–1945, Reichsleiter der NSDAP und Leiter der DAF), Ferdinand Porsche (1875–1951, Konstrukteur des sog. KdF-Wagens), Adolf Hitler (1889–1945, Reichskanzler), Adolf Hühnlein (1881–1942, Korpsführer des Nationalsozialistischen Kraftfahrkorps), Jakob Werlin (1886–1965, SS-Oberführer, Vorstandsmitglied der Daimler-Benz-AG, ab 1942 Generalinspektor des Führers für das Kraftfahrwesen), Rudolf Schmeer (1905–1966, Gruppenführer der SA, Ministerialbeamter in der DAF)
Heinrich Hoffmann (1885–1957)
Berlin, 20. April 1938
Fotografie (Neuabzug)
Berlin, Deutsches Historisches Museum:
Inv.-Nr. F 66/1999

Kat.-Nr. 125
„Dein KdF-Wagen"
Werbebroschüre des Volkswagenwerks für den KdF-Wagen
Entwurf: Karl Heinrich von Graeve
Herausgeber: Volkswagenwerk GmbH
Berlin, 1938
Papier, Druck; 29,8 × 20,8 cm
Berlin, Deutsches Historisches Museum:
Inv.-Nr. Do2 89/975

Kat.-Nr. 126
Würfelspiel „Dein KdF-Wagen"
Herstellung: O. und M. Hausser
Neustadt (Coburg), 1940
Papier, Karton, Porzellan, Holz, Druck, kaschiert, geformt, glasiert, bemalt; 4,5 × 46,3 × 35,6 cm
Berlin, Deutsches Historisches Museum:
Inv.-Nr. AK 95/178

Kat.-Nr. 127
KdF-Wagen-Sparkarte der Deutschen Arbeitsfront mit eingeklebten Marken und Quittungen für KdF-Sparkarten über je 250,- RM
Ausgestellt von der Deutschen Arbeitsfront / NS-Gemeinschaft „Kraft durch Freude"
Herausgeber: Volkswagenwerk GmbH
Berlin, 16. Januar 1941 (Karte) / 26. Februar 1943 (ausgestellte Quittung)
Papier, Druck, gestempelt, handbeschrieben; 14,8 × 10,4 cm
Berlin, Deutsches Historisches Museum:
Inv.-Nr. Do2 2015/443

Kat.-Nr. 128
„5 Mark die Woche musst Du sparen – willst Du im eigenen Wagen fahren!"
Werbeplakat für das Sparen auf einen Kdf-Wagen
Entwurf: Christian Minzlaff
Herausgeber: Gau München-Oberbayern der NS-Gemeinschaft „Kraft durch Freude"
Druck: Chromolithographische Kunstanstalt
München, 1938
Reproduktion
Berlin, Bundesarchiv – Bildarchiv: Inv.-Nr. Plak 003-018-058

Kat.-Nr. 129
Hektografiertes Schreiben des KdF-Kreises Wolmirstedt zur Bestellung eines KdF-Wagens
Wolmirstedt, 5. Juni 1939
Papier, maschinengeschrieben, handsigniert; 29,6 × 20,8 cm
Berlin, Deutsches Historisches Museum:
Inv.-Nr. Do 75/138.1

Kat.-Nr. 130
Stapellauf des KdF-Reiseschiffs „Wilhelm Gustloff"
Ufa-Tonwoche 349
12. Mai 1937
Berlin, Bundesarchiv – Filmarchiv

Kat.-Nr. 131
Grundsteinlegung des Volkswagenwerkes
Fotograf: o. Ang.
Wolfsburg, 20. Mai 1938
Fotografie (Reproduktion)
Berlin, Bundesarchiv – Bildarchiv: Inv.-Nr. Bild 146-1972-001-19

Kat.-Nr. 132
Ansicht des 1000. Kübelwagens, der militärischen Version des KdF-Wagens
Fritz Heidrich
Wolfsburg, 20. Dezember 1940
Fotografie (Reproduktion)
Wolfsburg, Institut für Zeitgeschichte und Stadtpräsentation (IZS): Inv.-Nr. HEI-0107a

Kat.-Nr. 133
Modell des von Ferdinand Porsche entwickelten KdF-Wagens
Modellbau: Peter Koch, Werkstätten für Feinmechanik und Modellbau
Köln, 1938
Metall, schwarz lackiert, Stoßstangen verchromt; 10 × 10 × 30 cm
Stuttgart, Robert Bosch GmbH: Inv.-Nr. 12373

Kat.-Nr. 134
„Kraft durch Freude / Freude durch Reisen / Reisen durch Sparen"
Plakat der NS-Gemeinschaft „Kraft durch Freude"
Entwurf: Jupp Wiertz (1888–1939)
Vor 1936
Papier, Offsetdruck; 97 × 63,5 cm
Berlin, Deutsches Historisches Museum:
Inv.-Nr. P 90/9859

Kat.-Nr. 135
„Kraft durch Freude / Auch Du kannst jetzt reisen!"
Plakat der NS-Gemeinschaft „Kraft durch Freude"
Entwurf: Werner von Axster-Heudtlaß (1898–1949)
1934
Reproduktion
Berlin, Bundesarchiv – Bildarchiv: Inv.-Nr. Plak 003-018-029

Kat.-Nr. 136
„… sparen und dann in Urlaub fahren mit ‚Kraft durch Freude'"
Plakat der NS-Gemeinschaft „Kraft durch Freude"
Entwurf: Karl Kämpf (1902–1987)
Verlag: Verlag der Deutschen Arbeitsfront Berlin GmbH
Hamburg, 1936
Papier, Offsetdruck; 84,5 × 59,5 cm
Berlin, Deutsches Historisches Museum:
Inv.-Nr. P 62/1892

Kat.-Nr. 137
Sparbuch der Bank der Deutschen Arbeit A.G., Niederlassung Dortmund
1941
Papier, Druck, gebunden, handbeschrieben; 17,7 × 13,4 cm
Bonn, Deutscher Sparkassen- und Giroverband e.V., Sparkassenhistorisches Dokumentationszentrum:
Inv.-Nr. V. F/1/00062

Kat.-Nr. 138
Sparkarte mit eingeklebten Sparmarken der Sparkasse der Stadt Berlin fürs KdF-Reisesparen
Berlin, 1934–1945
Papier, Druck, handbeschrieben, gestempelt, geklebt; 14,5 × 10 cm
Berlin, Historisches Archiv der Berliner Sparkasse:
o. Inv.-Nr.

Kat.-Nr. 139
Feier auf dem KdF-Schiff „Wilhelm Gustloff"
Joseph Schorer (1894–1946)
1939
Fotografie (Neuabzug)
Berlin, Deutsches Historisches Museum:
Inv.-Nr. Schorer 2/1/18

Kat.-Nr. 140
Stapellauf des KdF-Schiff „Wilhelm Gustloff" bei Blohm und Voss in Hamburg
Joseph Schorer (1894–1946)
Hamburg, 5. Mai 1937
Fotografie (Reproduktion vom Glasnegativ)
Berlin, Deutsches Historisches Museum:
Inv.-Nr. Schorer 6/46

Kat.-Nr. 141
KdF-Schiff „Wilhelm Gustloff"
Hans Söhnke
Danzig, Herbst 1939
Fotografie (Reproduktion)
Berlin, Bundesarchiv – Bildarchiv: Inv.-Nr. Bild 183-H27992

Kat.-Nr. 142
Modell des KdF-Schiffes „Wilhelm Gustloff"
Peter Davies-Garner
Kevelaer-Twisteden, 2010
Holz, Kunststoff, Metall, Textil; 54,5 × 30 × 209 cm
Bremerhaven, Deutsches Schiffahrtsmuseum:
Inv.-Nr. I/10661/10

Kat.-Nr. 143
Sparkarte der Bank der Jüdischen Selbstverwaltung im Ghetto Theresienstadt
Theresienstadt, März 1945
Karton, Druck, handbeschrieben, gestempelt; 14,8 × 10,4 cm
Berlin, Deutsches Historisches Museum:
Inv.-Nr. 1991/2846.34

Kat.-Nr. 144
Geschenkkarte der Sparkasse Berlin zur Geburt von Gabriele Samson
Berlin, 1933
Papier, Druck, handbeschrieben; 15,2 × 21 cm
Berlin, Jüdisches Museum Berlin, Schenkung von Gabriella Ekberg: Inv.-Nr. 2007/44/4

Kat.-Nr. 145
Informationsblatt zum sogenannten Ostarbeitersparen in deutscher, russischer und ukrainischer Sprache
Berlin, Oktober 1942
Papier, Druck; 29,6 × 21 cm
Berlin, Deutsches Historisches Museum:
Inv.-Nr. Do 56/1045.4

Kat.-Nr. 146
Abzeichen der „Ostarbeiter"
1941/1945
Baumwolle (weiß), leinwandbindig, bedruckt; 7,3 × 6,4 cm
Berlin, Deutsches Historisches Museum: Inv.-Nr. A 93/13

Kat.-Nr. 147
„Ostarbeiter-Sparkarte" mit eingeklebten Sparmarken der C. G. Schönherr Papier- und Holzstoff-Fabrik Floßmühle bei Borstendorf
1943/44
Pappe, Druck, gestempelt, handbeschrieben; 15 × 10,3 cm
Schwarzenberg, Historisches Archiv der Erzgebirgssparkasse: Inv.-Nr. OB 4466

Kat.-Nr. 148
„Ostarbeiter-Sparkarte" mit eingeklebten Sparmarken der C. G. Schönherr Papier- und Holzstoff-Fabrik Floßmühle bei Borstendorf
1943/44
Papier, Briefmarken, Druck, gestempelt, handbeschrieben; 15 × 10,3 cm
Schwarzenberg, Historisches Archiv der Erzgebirgssparkasse: Inv.-Nr. OB 4466

Kat.-Nr. 149
„Eiserne Sparkonten"
Plakat der Dresdner Handelsbank für Eiserne Sparkonten
Entwurf: Hellmuth Götze (1896–?)
Druck: Oswald Enterlein
Niedersedlitz-Dresden, ab 1941
Papier, Offsetdruck; 58,9 × 41,9 cm
Berlin, Deutsches Historisches Museum:
Inv.-Nr. P 90/9853

Kat.-Nr. 150
„Eisernes Sparkassenbuch" der Stadtsparkasse Danzig
1942–1944
Karton, Druck, handbeschrieben, gestempelt; 19,6 × 8,8 cm
Berlin, Deutsches Historisches Museum:
Inv.-Nr. Do 74/21II

Kat.-Nr. 151
„Eiserne Sparkarte“ der Sächsischen Bank
Annaberg, 1943/44
Papier, Druck, maschinengeschrieben, handbeschrieben; 18 × 10,5 cm
Schwarzenberg, Historisches Archiv der Erzgebirgssparkasse: Inv.-Nr. OB 4465

Kat.-Nr. 152
„Eisernes Sparkassenbuch“ der Stadt- und Kreissparkasse Reichenberg
Reichenberg, 1942
Karton, Druck, handbeschrieben; 17,5 × 10 cm
Berlin, Deutsches Historisches Museum:
Inv.-Nr. Do2 2017/1201

Kat.-Nr. 153
Eisernes Sparbuch der Deutschen Bank
Landeshut (Schlesien), 1943–1953
Pappe, Druck, gestempelt, mit Schreibmaschine geschrieben, handbeschrieben; 14,8 × 10,5 cm
Köln, Archiv der Sparkasse KölnBonn: o. Inv.-Nr.

Kat.-Nr. 154
Bescheinigung der Deutschen Bank über das Guthaben auf dem „Eisernen Sparkonto“ von Margarete Reinicke
Landeshut (Schlesien), 3. März 1945
Pappe, Druck, gestempelt, maschinengeschrieben, handbeschrieben; 20,8 × 14,8 cm
Köln, Archiv der Sparkasse KölnBonn: o. Inv.-Nr.

Kat.-Nr. 155
„kämpfen – arbeiten – sparen!“
Werbeblatt
Entwurf: Lois Gaigg (1905–1944)
Berlin, 1940
Papier, Druck; 21 × 14,8 cm
Berlin, Historisches Archiv des Ostdeutschen Sparkassenverbandes: Inv.-Nr. 2/2012-11

Kat.-Nr. 156
„Die Heimat arbeitet und spart!“, in: Sparkassen-Zeitung zur Deutschen Sparwoche vom 26.–31. Oktober 1942
Fritz Reinhardt (1895–1969)
Herausgeber: Deutscher Sparkassen- und Giroverband Wirtschaftsgruppe Sparkasse
Verlag: Verlag für Sparkassenschrifttum Claus Haupt
Berlin, 1942
Papier, Druck; 47 × 31 cm
Schwarzenberg, Historisches Archiv der Erzgebirgssparkasse: Inv.-Nr. OB 169

Kat.-Nr. 157
Gesetzestext „Verordnung über die Lenkung von Kaufkraft“ vom 30.10.1941
Veröffentlicht im Reichsgesetzblatt (1941, Teil I)
Berlin, 30. Oktober 1941
Reproduktion
Berlin, Deutsches Historisches Museum:
Signatur Z 465 – 1941, 1-02

Kat.-Nr. 158
„Eisern die Arbeit, Eisern der Krieg, Eisern das Sparen, Unser der Sieg!“
Kinowerbung der Deutschen Bank in Ebingen für Eisernes Sparen
1943
Reproduktion
Frankfurt am Main, Deutsche Bank AG, Historisches Institut: o. Inv.-Nr.

Kat.-Nr. 159
„Spare Eisern!“
Aushang zum Eisernen Sparen
Druck: Hermann Klokow
Berlin, 1940
Reproduktion; 42 × 30 cm
Wien, Österreichische Nationalbibliothek: Inv.-Nr. 163186364

Kat.-Nr. 160
Hektografierte Anweisung zum „Eisernen Sparen“
Gelsenkirchen, 12. Dezember 1942
Papier, maschinengeschrieben, hektografiert; 29,6 × 21 cm
Berlin, Deutsches Historisches Museum:
Inv.-Nr. Do 77/275II

Kat.-Nr. 161
„Eiserne Sparerklärung“ zur monatlichen Abbuchung vom Arbeitslohn bei der Stadtsparkasse Crossen (Oder)
Fürsteneich, 10. Dezember 1941
Papier, maschinengeschrieben, gestempelt, handbeschrieben; 14,6 × 20,8 cm
Berlin, Deutsches Historisches Museum:
Inv.-Nr. Do2 2007/926

Kat.-Nr. 162
„Sparen im Krieg?“
Kinowerbung der Deutschen Bank in Speyer für „Eisernes Sparen“
1943
Reproduktion
Frankfurt am Main, Deutsche Bank AG, Historisches Institut: o. Inv.-Nr.

Kat.-Nr. 163
„Das Sparkassenbuch bei Umquartierungen“
Plakat mit Hinweisen zu Spareinlagen im Falle von kriegsbedingten Umquartierungen
Deutschland, 1941
Papier, Druck; 59 × 42 cm
Stuttgart, Deutscher Sparkassen Verlag GmbH:
Inv.-Nr. 63

Kat.-Nr. 164
Sparbuch der Sparkasse der Stadt Danzig von Charlotte Menke
Danzig, 1940
Papier, Druck, gebunden; 9 × 18,3 cm
Berlin, Historisches Archiv des Ostdeutschen Sparkassenverbandes: Inv.-Nr. 70/2012/b-22

AUF GETRENNTEN WEGEN. VON DER TEILUNG ZUR WIEDERVEREINIGUNG BUNDESREPUBLIK DEUTSCHLAND

Kat.-Nr. 165
„SPAREN lohnt sich! Immer mehr Waren für unser Geld“
Fotografie eines Plakats der Sparkasse der Stadt Berlin zum Konsumsparen
Fotograf: Heinz Junge
Berlin, 13. Dezember 1951
Reproduktion
Berlin, Bundesarchiv – Bildarchiv: Inv.-Nr. Bild 183-12969-0001

Kat.-Nr. 166
Sparbuch der Deutschen Reichspost in Garding mit Aufkleber „Ein- und Rückzahlungen nur innerhalb des Bereichs der britischen Besatzungszone“
1942–1946
Karton, Papier, Druck, handbeschrieben; 14,8 × 10,3 cm
Berlin, Deutsches Historisches Museum: Inv.-Nr. Do2 2017/1203

Kat.-Nr. 167
Sparbuch der Deutschen Reichspost in Köln-Bayenthal mit Reichsadler und Hakenkreuz
Deutschland, 1940–1943
Karton, Papier, Druck, handbeschrieben; 14,8 × 10,3 cm
Köln, Sparkasse KölnBonn: o. Inv.-Nr.

Kat.-Nr. 168
„Was steht dem Altsparer zu?“
„Altsparergesetz“ vom 14. Juli 1953. Gesetzestext mit Einführung und Kommentierung
Druck: Deutscher Sparkassenverlag GmbH Stuttgart
Stuttgart, 1953
Papier, Druck, gebunden; 20,7 × 14,5 cm
Köln, Sparkasse KölnBonn: o. Inv.-Nr.

Kat.-Nr. 169
„Eisernes Sparkassenbuch“ der Städtischen Sparkasse zu Breslau mit Altsparerstempel von 1954 in Köln „Ausgleichsgutschrift über 63,89 DM ist erteilt.“
1942–1954
Karton, Druck, handbeschrieben, gestempelt; 17,4 × 10 cm
Köln, Sparkasse KölnBonn: o. Inv.-Nr.

Kat.-Nr. 170
„13,5% Entschädigung für Altspareinlagen“
Plakat der Öffentlichen Sparkassen
Bundesrepublik Deutschland, 1953
Papier, Druck; 59 × 42 cm
Stuttgart, Deutscher Sparkassen Verlag GmbH: Inv.-Nr. 74

Kat.-Nr. 171
Klage an das Landgericht Hildesheim
Hilfsverein ehem. Volkswagensparer e.V.
Hildesheim, 5. Mai 1949
Reproduktion
Koblenz, Bundesarchiv: Inv.-Nr. B 133/2-4; Mappe1

Kat.-Nr. 172
„Volkswagen-Sparer. Es läßt sich nachrechnen“
Artikel der Zeitschrift *Der Spiegel* zum Volkswagen-sparer-Prozess
Hamburg, 20. Februar 1952
Reproduktion
Hamburg, Der Spiegel-Verlag

Kat.-Nr. 173
„Möbelkauf erleichtert durch Möbel-Sparhilfe“
Plakat der Sparkasse
Bundesrepublik Deutschland, 1949
Papier, Druck; 61 × 43 cm
Stuttgart, Deutscher Sparkassen Verlag GmbH: Inv.-Nr. 73/63

Kat.-Nr. 174
„Erst sparen, dann fahren“
Plakat der Sparkasse zum Reisesparen
Bundesrepublik Deutschland, 1960
Papier, Druck; 81,1 × 59,4 cm
Stuttgart, Deutscher Sparkassen Verlag GmbH: Inv.-Nr. 18

Kat.-Nr. 175
Blech-Spardose mit Werbeaufdruck der Dresdner Bank „Sparen schafft Wohlstand“
Bundesrepublik Deutschland, nach 1949
Eisenblech; 35 × 25 × 1,5 cm
Berlin, Deutsches Historisches Museum: Inv.-Nr. AK 94/516.5209

Kat.-Nr. 176
„Dem Kaufsparabkommen der öffentlichen Sparkassen angeschlossen“
Aufsteller zum Konsumsparen in der Bundesrepublik Deutschland
Um 1950
Eisenblech; 35 × 25 × 1,5 cm
Bonn, Deutscher Sparkassen- und Giroverband e.V., Sparkassenhistorisches Dokumentationszentrum: Inv.-Nr. V. B/3/00003

Kat.-Nr. 177
Porträt von Dr. h.c. Fritz Butschkau (Präsident des Deutschen Sparkassen- und Giroverbandes)
1968
Reproduktion
Bonn, Deutscher Sparkassen- und Giroverband e.V., Sparkassenhistorisches Dokumentationszentrum: Inv.-Nr. I. C/100015

Kat.-Nr. 178
„Sparkasse, Sparen ist das Gegenteil von Geiz“
Plakat der Sparkasse zum Konsumsparen in der Bundesrepublik Deutschland
Bundesrepublik Deutschland, 1972
Papier, Druck; 84,1 × 59,4 cm
Stuttgart, Deutscher Sparkassen Verlag GmbH: Inv.-Nr. 2

Kat.-Nr. 179
„Dispositionskredit / Er nutzt unsere neue Kreditart. Sie auch?“
Plakat der Sparkasse
Bundesrepublik Deutschland, 1968
Papier, Druck; 84,1 × 59,4 cm
Stuttgart, Deutscher Sparkassen Verlag GmbH: Inv.-Nr. 7

Kat.-Nr. 180
„Sparkasse, Sie kaufen – wir zahlen"
Plakat der Sparkasse
Bundesrepublik Deutschland, 1972
Papier, Druck; 84,1 × 59,4 cm
Stuttgart, Deutscher Sparkassen Verlag GmbH: Inv.-Nr. 2

Kat.-Nr. 181
„Lassen Sie Ihr Geld in Wertpapieren arbeiten."
Werbeplakat der Sparkasse zur Deutschen Kapitalanlagegesellschaft
Bundesrepublik Deutschland, 1970
Papier, Druck; 84,1 × 59,4 cm
Stuttgart, Deutscher Sparkassen Verlag GmbH: Inv.-Nr. 5

Kat.-Nr. 182
„Daran sind wir jetzt auch beteiligt"
Deutsche Bank-Werbung für Ratensparpläne von Investa und Intervest
München, 1960
Papier, Druck; 39,5 × 27,5 cm
Frankfurt, Deutsche Bank AG, Historisches Institut: Inv.-Nr. HADB, F2/1461

Kat.-Nr. 183
Sparautomat der Deutschen Bank
Bundesrepublik Deutschland, um 1970
Eisen; 50 × 30 × 20 cm
Frankfurt, Deutsche Bank AG, Historisches Institut: Inv.-Nr. HADB, SG 34/41

DEUTSCHE DEMOKRATISCHE REPUBLIK

Kat.-Nr. 184
Vorläufiger Geschäftsbericht 1945 der in Liquidation befindlichen Kreisspar- und Girokasse Schwarzenberg
Schwarzenberg (Erzgebirge), 1945
Papier, maschinengeschrieben, handbeschrieben, gestempelt; 29,9 × 21,1 cm
Schwarzenberg, Historisches Archiv der Erzgebirgssparkasse: Inv.-Nr. OB 246

Kat.-Nr. 185
„Uraltguthaben Umwertung"
Plakat der Kreissparkasse Marienberg zu Umwertung von Sparkonten nach der Währungsreform vom 12. November 1951
Marienberg, 1951
Papier, Druck; 42,3 × 30,1 cm
Schwarzenberg, Historisches Archiv der Erzgebirgssparkasse: o. Inv.-Nr.

Kat.-Nr. 186
„Umwertung von Guthaben"
Broschüre über die Umwertung von Guthaben in der sowjetischen Besatzungszone
Herausgeber: Banken-Kommission
Berlin, 1949
Papier, Druck, geheftet, maschinengeschrieben; 20,9 × 5,1 cm
Schwarzenberg, Historisches Archiv der Erzgebirgssparkasse: Inv.-Nr. OB 246

Kat.-Nr. 187
Bescheid zum rechtmäßigen Erwerb von Guthaben
Marienberg, 1945
Papier, Druck, handbeschrieben, gestempelt; 21,1 × 14,9 cm
Schwarzenberg, Historisches Archiv der Erzgebirgssparkasse: Inv.-Nr. OB 338

Kat.-Nr. 188
Erklärung über Uraltguthaben, eingereicht bei der Kreissparkasse Flöha (Erzgebirge), Zweigstelle Schlößchen
1950
Papier, Druck, maschinengeschrieben, gestempelt, handbeschrieben; 13 × 20,9 cm
Schwarzenberg, Historisches Archiv der Erzgebirgssparkasse: Inv.-Nr. OB 102

Kat.-Nr. 189
Sparbuch der Kreissparkasse Stollberg (Erzgebirge), Zweigstelle Niederwürschnitz mit Stempel zur Währungsreform 1948
1948–1987
Pappe, Papier, Druck, gebunden, handbeschrieben, gestempelt; 17,2 × 10,9 cm
Schwarzenberg, Historisches Archiv der Erzgebirgssparkasse: Inv.-Nr. OB 732

Kat.-Nr. 190
Kontokarte der Kreissparkasse Stollberg (Erzgebirge), Zweigstelle Niederwürschnitz mit Umwertungsstempel von 1948
1948–1987
Pappe, Druck, handbeschrieben, gestempelt; 18 × 13,6 cm
Schwarzenberg, Historisches Archiv der Erzgebirgssparkasse: Inv.-Nr. OB 346

Kat.-Nr. 191
„Sparen hilft aufbauen"
Plakat zum Aufbau-Spar-Programm in der DDR
Entwurf: Albert G. Jahn (1906–1968)
Druck: VEB Landesdruckerei Sachsen
Dresden, 1956
Papier, Offsetdruck; 84 × 59 cm
Berlin, Deutsches Historisches Museum: Inv.-Nr. P 94/314

Kat.-Nr. 192
„Sparvertrag – Unser Beitrag für das Nationale Aufbauprogramm"
Plakat zum Aufbau-Spar-Programm
DDR, 1953
Papier, Druck; 29,6 × 20,6 cm
Schwarzenberg, Historisches Archiv der Erzgebirgssparkasse: Inv.-Nr. OB 4465

Kat.-Nr. 193
Werbeschrift der Kreissparkasse Dresden zum sogenannten Aufbausparen in der DDR
Dresden, 1959
Papier, Druck; 15,2 × 21,2 cm
Berlin, Deutsches Historisches Museum: Inv.-Nr. DG 90/9330

Kat.-Nr. 194
Aufbau-Sparbuch der Deutschen Sparkassen
Ausgestellt durch die Kreissparkasse Geithain
1954
Papier, Druck; 14,5 × 10,1 cm
Berlin, Historisches Archiv des Ostdeutschen Sparkassenverbandes: Inv.-Nr. 75/2017

Kat.-Nr. 195
„wünschen, sparen, besitzen – ein Sparkassenbuch hilft Dir dabei!"
Plakat zum Konsumsparen in der DDR
Entwurf: Siegfried Riediger (1918–2002)
1960
Papier, Druck; 59,4 × 42 cm
Berlin, Historisches Archiv des Ostdeutschen Sparkassenverbandes: Inv.-Nr. 93/2017

Kat.-Nr. 196
„Sparen lohnt sich!"
Plakat zum Zwecksparen in der DDR
Entwurf: Siegfried Riediger (1918–2002)
1954
Papier, Druck; 29,7 × 21 cm
Berlin, Historisches Archiv des Ostdeutschen Sparkassenverbandes; Inv.-Nr. 128/2008-33

Kat.-Nr. 197
„Freude durch Möbelsparen"
Plakat der Sparkasse zum Konsumsparen
DDR, 1950–1956
Papier, Druck; 21 × 15 cm
Schwarzenberg, Historisches Archiv der Erzgebirgssparkasse: Inv.-Nr. OB 102

Kat.-Nr. 198
„Wer heute spart, kann morgen reisen"
Werbeschild für Reisesparen
Entwurf: Siegfried Riediger (1918–2002)
DDR, 1960–1970
Papier, Druck, handbeschrieben (Rückseite); 39 × 60 cm
Dresden, Archiv der Ostsächsischen Sparkasse Dresden: o. Inv.-Nr.

Kat.-Nr. 199
„Das wünsch' ich mir"
Faltblatt zum Konsumsparen in der DDR
Herausgeber: HO Warenhaus Erfurt, Stadt- und Kreissparkasse Erfurt
1960
Papier, Druck; 21 × 29,7 cm
Berlin, Historisches Archiv des Ostdeutschen Sparkassenverbandes: Inv.-Nr. 128/2008-14

Kat.-Nr. 200
„Sparen = Deine vielen Wünsche erfüllen sich leichter"
Faltblatt zum Konsumsparen in der DDR
1961
Papier, Druck; 14,5 × 10,2 cm
Berlin, Historisches Archiv des Ostdeutschen Sparkassenverbandes: Inv.-Nr. 128/2009-10c

Kat.-Nr. 201
Schreiben des Rats des Stadtbezirks Karl-Marx-Stadt Mitte-Nord an die Sparkasse Sehma (Erzgebirge) über die Behandlung des Vermögens eines „Republikflüchtlings"
Chemnitz, 2. Februar 1962
Papier, maschinengeschrieben, handbeschrieben, gestempelt; 15 × 21 cm
Schwarzenberg, Historisches Archiv der Erzgebirgssparkasse: Inv.-Nr. OB 361

Kat.-Nr. 202
Eine Schlange von Menschen steht vor der Sparkassenfiliale in Leipzig-Gohlis am Tag der Währungsreform
Vermutlich Christian Günther
Leipzig, 1. Juli 1990
Fotografie (Reproduktion)
Berlin, ullstein bild: Bild-Nr. 1006913945

DAS SPARVERHALTEN DER MENSCHEN IN DEUTSCHLAND

Kat.-Nr. 203
Das Sparkassenbuch „Gold" der Berliner Sparkasse
Berlin, 2009
Papier, Druck, gebunden; 15 × 10,5 cm
Berlin, Historisches Archiv der Berliner Sparkasse: o. Inv.-Nr.

Kat.-Nr. 204
Pressestatement zur Sicherheit deutscher Spareinlagen von Bundeskanzlerin Angela Merkel und Bundesfinanzminister Peer Steinbrück
Tagesschau 20 Uhr
Berlin, 5. Oktober 2008
Norddeutscher Rundfunk

Kat.-Nr. 205
Vortrag von Peer Steinbrück (Bundesfinanzminister a. D.)
Ausschnitt mit Kommentar zum Pressestatement vom 5. Oktober 2008
Potsdam, 19. Januar 2011
phoenix tv

WELTSPARTAG

Kat.-Nr. 206
Werbemittel in Form eines kleinen Sparkassenbuches mit Schlüssel der Sparkasse der Stadt Berlin West zum Weltspartag 1952
Berlin, 1952
Stoffband, Pappe, Papier, Druck, gebunden; 10,5 × 7,5 cm
Berlin, Historisches Archiv der Berliner Sparkasse: o. Inv.-Nr.

Kat.-Nr. 207
Werbewagen der Sparkasse der Stadt Berlin West mit der Aufschrift „Der Schlüssel zum Wohlstand" zum Weltspartag 1952
Berlin, 1952
Fotografie (Reproduktion)
Berlin, Historisches Archiv der Berliner Sparkasse: o. Inv.-Nr.

Kat.-Nr. 208
Werbewagen der Sparkasse der Stadt Berlin Ost zu den Sparwochen 1958
Karl Leher
Berlin, 1958
Fotografie (Reproduktion)
Berlin, Historisches Archiv der Berliner Sparkasse: o. Inv.-Nr.

Kat.-Nr. 209
„Anlässlich des Weltspartags 31. Oktober 1927 empfehlen wir…"
Werbeplakat des Bankhauses Gebr. Arnhold zum Weltspartag 1927
Entwurf: Monogramm H. W.
Druck: Druckerei Wilhelm Limpert
Dresden, 1927
Papier, Buchdruck; 110,5 × 85,2 cm
Berlin, Deutsches Historisches Museum: Inv.-Nr. P 90/9864

Kat.-Nr. 210
„Sparen ist Dienst am Volke / Der Sparpfennig schafft Arbeit und Brot"
Flugblatt der Sparkasse des Altonaer Spar- und Bauvereins zum „Nationalen Spartag"
Hamburg, um 1938
Papier, Offsetdruck; 21,8 × 30,4 cm
Berlin, Deutsches Historisches Museum: Inv.-Nr. Do 65/1988

SPARERZIEHUNG

Kat.-Nr. 211
„Die Biene ist ein fleißig Tier. Sparen lerne du von ihr!"
Schulwandbild der Hilfsschule Leipzig West
Leipzig, um 1900
Karton, Metall, Druck, geklebt; 73 × 58 cm
Leipzig, Schulmuseum – Werkstatt für Schulgeschichte: Inv.-Nr. U6-1329-27930

Kat.-Nr. 212
„Schädlinge / Spare bei der Schulsparkasse"
Lehrplakat für den Unterricht und Werbeplakat für die Schulsparkasse
1952
Papier, Druck; 59 × 42 cm
Stuttgart, Deutscher Sparkassen Verlag GmbH: Inv.-Nr. 82/75/66a

Kat.-Nr. 213
Flugblatt mit Aufruf an Leipziger Schulkinder zur Zeichnung der vierten Kriegsanleihe
Leipzig, 1916
Papier, Druck; 22 × 14,3 cm
Berlin, Deutsches Historisches Museum: Inv.-Nr. Do 63/453

Kat.-Nr. 214
Spardose „Deutsche Volksschule" des Deutschen Schulvereins
Gablonz a. N., um 1900
Gusseisen, bronziert, lackiert; 15,8 × 14 × 11 cm
Stuttgart, Deutscher Sparkassen Verlag GmbH: Inv.-Nr. 9100

Kat.-Nr. 215
Spardose mit Mahnsprüchen
Um 1900
Eisenblech, Celluloid; H: 10 cm, D: 6,5 cm
Köln, Kreissparkasse Köln – Geldgeschichtliche Sammlung: o. Inv.-Nr.

Kat.-Nr. 216
„Die Schulsparkassen. Eine Denkschrift"
Ernst Senckel (1836–1912)
Verlag: Beck
Berlin, 1878
Papier, Druck; 21 × 13,2 × 0,4 cm
Bonn, Deutscher Sparkassen- und Giroverband e.V., Bibliothek: Inv.-Nr. 72496

Kat.-Nr. 217
Sparautomat für Schulkinder
Berlin, um 1910
Barytpapier, s/w-Fotografie, Druck; 21,8 × 24 cm
Berlin, Deutsches Historisches Museum: Inv.-Nr. Ph 2002/767

Kat.-Nr. 218
„Deutsche Schuljugend"
Postkarte mit Gedicht zu Kriegsanleihen
Entwurf: Brynolf Wennerberg (1866–1950)
Verlag: Dr. Eysler & Co.
Berlin, um 1918
Karton, Offsetdruck; 12,3 × 8,4 cm
Berlin, Deutsches Historisches Museum: Inv.-Nr. PK 90/3836

Kat.-Nr. 219
Schulsparbuch der Schule zu Ehrenfriedersdorf
Ehrenfriedersdorf, 1884–1891
Papier, handbeschrieben; 16,2 × 10,6 cm
Schwarzenberg, Historisches Archiv der Erzgebirgssparkasse: o. Inv.-Nr.

Kat.-Nr. 220
Schüler vor einem Sparautomaten in Berlin-Schöneberg
Berlin, 1908
Fotografie (Reproduktion)
Berlin, ullstein bild: Bild-Nr. 00545296

Kat.-Nr. 221
Schulsparautomat
Firma Hänel & Schwarz
Berlin, Produktion des Typs mit Sockel nach 1925, Umbau 1950er Jahre für DM-Einzahlung
Stahlfuß, Aluminium; 120 × 45 × 30 cm
Berlin, Historisches Archiv des Ostdeutschen Sparkassenverbandes: Inv.-Nr. 98/2011

Kat.-Nr. 222
Junge in HJ-Uniform vor einem Sparautomaten, in: Geschäftsbericht der Stadtsparkasse zu Halle für das Jahr 1940
Halle (Saale), vermutlich 1941
Reproduktion
Bonn, Deutscher Sparkassen- und Giroverband e.V., Sparkassenhistorisches Dokumentationszentrum: Inv.-Nr. III. B/1/00028/1940

Kat.-Nr. 223
Spielplan des Brettspiels „Flieger-Kampfspiel"
Entwurf: Christian Prelle (1881–1963)
Herausgeber: Schulsparverein Hannover
Herstellung: Hugo Münstermann
Hannover, 1933
Pappe, Lithografie; 28,8 × 39,5 cm
Berlin, Deutsches Historisches Museum:
Inv.-Nr. AK 96/258

Kat.-Nr. 224
Werbemappe mit Materialien für Schüler zum Deutschen Spartag am 28. Oktober 1938
Herausgeber: Deutscher Sparkassenverlag
Berlin, 1938
Papier, Pappe, Druck; 31,5 × 33,8 cm
Ravensburg, Wirtschaftsmuseum: Inv.-Nr. 30009376

Kat.-Nr. 225
„Wir sparen für Lager und Fahrt!"
Plakat zum Sparen für HJ-Zeltlager und Großfahrten
Herausgeber: Nationalsozialistische Arbeiterpartei Deutschlands (NSDAP)
Franken, um 1937
Reproduktion
Berlin, Deutsches Historisches Museum:
Inv.-Nr. 1987/219

Kat.-Nr. 226
Sparmarkenkarte der Sparkasse der Stadt Berlin für die Hitlerjugend
Berlin, 1937–1945
Papier, Druck; 13 × 7 cm
Berlin, Historisches Archiv der Berliner Sparkasse:
o. Inv.-Nr.

Kat.-Nr. 227
„Deutscher Junge! Deutsches Mädel! Dein Sparen hilft dem Führer"
Löschblatt der Städtischen Sparkasse Bonn
Deutschland, nach 1933
Löschpapier, Druck; 20 × 14 cm
Köln, Sparkasse KölnBonn: o. Inv.-Nr.

Kat.-Nr. 228
„Merkblatt über die Durchführung des Sparens in der Hitler-Jugend", in: Reichsbefehl. Sparen in der Hitler-Jugend, Seite 11
Berlin, 8. Februar 1941
Transkription
Schwarzenberg, Historisches Archiv der Erzgebirgssparkasse: Inv.-Nr. unbek.

Kat.-Nr. 229
„Die HJ spart!"
Plakat der Sparkasse der Stadt Ehrenfriedersdorf zum HJ-Sparen
Deutschland, 1937–1945
Papier, Druck, gestempelt; 29 × 20,5 cm
Schwarzenberg, Historisches Archiv der Erzgebirgssparkasse: Inv.-Nr. OB 1271

Kat.-Nr. 230
„...ich spare"
Plakat zum Konsumsparen der Sparkasse der Stadt Berlin
Entwurf: A. John
DDR, 1960
Papier, Druck; 41 × 29 cm
Berlin, Historisches Archiv der Berliner Sparkasse:
o. Inv.-Nr.

Kat.-Nr. 231
„Sparen hilft Wünsche erfüllen. Spart in der Schule!"
Plakat der Sparkasse der Stadt Berlin mit Aufforderung zum Schulsparen
Entwurf: Siegfried Riediger (1918–2002)
DDR, 1961
Papier, gedruckt; 41 × 29 cm
Berlin, Historisches Archiv der Berliner Sparkasse:
o. Inv.-Nr.

Kat.-Nr. 232
„Spare für Lager, Fahrt und Wandertag!
Spare in der Schule!"
Schulheft mit Aufruf der Organisation *Junge Pioniere* zum Sparen
DDR, 1954/55
Papier, Druck, gestempelt; 20,9 × 15 cm
Berlin, Deutsches Historisches Museum:
Inv.-Nr. Do2 2003/722

Kat.-Nr. 233
Sparmarkenkarte der Sparkasse der Stadt Berlin Ost
Berlin, 1954
Papier, Druck, handbeschrieben, beklebt, mit Tinte beschrieben; 15 × 21 cm
Berlin, Historisches Archiv der Berliner Sparkasse:
o. Inv.-Nr.

Kat.-Nr. 234
Schulsparmarkenkarte der Sparkasse der Stadt Berlin Ost für Junge Pioniere
Berlin, 1949
Papier, Druck, beklebt, mit Tinte beschrieben; 10,5 × 7,5 cm
Berlin, Historisches Archiv der Berliner Sparkasse:
o. Inv.-Nr.

Kat.-Nr. 235
Sparmarkenkarte der Kreissparkasse Delitzsch für Junge Pioniere
DDR, 1952
Papier, Druck, handbeschrieben, beklebt, gestempelt; 10,5 × 7,5 cm
Berlin, Historisches Archiv des Ostdeutschen Sparkassenverbandes: Inv.-Nr. 89/2013-3

Kat.-Nr. 236
„Schulsparen ist wichtig. Schulsparen ist richtig und es bringt Freude! Deshalb: Spart alle mit!"
Plakat mit Aufforderung zum Schulsparen
DDR, um 1955
Papier, Offsetdruck; 59 × 42 cm
Dresden, Archiv der Ostsächsischen Sparkasse Dresden: o. Inv.-Nr.

Kat.-Nr. 237
„SCHULSPAREN – die Erziehung zu Ordnung und Sparsamkeit“
Leuchtaufsteller mit Werbung für das Schulsparen
DDR, 1960–1965
Werbeblatt hinter Glas, beleuchtet, im Metallrahmen; 30 × 25 × 20 cm
Dresden, Archiv der Ostsächsischen Sparkasse Dresden: o. Inv.-Nr.

Kat.-Nr. 238
Schild mit Lückentext für das Schulsparen in Schulklassen
DDR, 1937–1945
Eisenblech, gerahmt; 13 × 32 cm
Dresden, Archiv der Ostsächsischen Sparkasse Dresden: o. Inv.-Nr.

Kat.-Nr. 239
Schulsparkasse der Kreissparkasse
Bundesrepublik Deutschland, 1960–1980
Blechkasten, lackiert; 55 × 35 × 8 cm
Berlin, Historisches Archiv des Ostdeutschen Sparkassenverbandes: Inv.-Nr. 79/2017

Kat.-Nr. 240
Schüler stehen vor der Schulsparkasse Erfurt
Torka
Erfurt, 21. Januar 1954
Fotografie (Reproduktion)
Berlin, Bundesarchiv – Bildarchiv: Inv.-Nr. Bild 183-23126-1119

Kat.-Nr. 241
Sparbuch der Sparkasse des Kreises Bernburg mit Stempel „Schulsparkasse“
Bernburg, 1936–1946
Papier, Druck, gestempelt, handbeschrieben, maschinengeschrieben; 18 × 11,7 cm
Berlin, Historisches Archiv des Ostdeutschen Sparkassenverbandes: Inv.-Nr. 98/2014

Kat.-Nr. 242
Schulkinder am Sparkasten der Kreissparkasse Bonn
Bonn, 27. Oktober 1954
Fotografie (Reproduktion)
Berlin, ullstein bild: Bild-Nr. 00689647

Kat.-Nr. 243
„Heute ist Schulspartag“
Plakat der Sparkasse zum Schulspartag
Bundesrepublik Deutschland, 1955
Karton, Druck; 41,5 × 30 cm
Stuttgart, Deutscher Sparkassen Verlag GmbH: Inv.-Nr. 80

Kat.-Nr. 244
„Wir sparen für unsere Wünsche“
Plakat der Sparkasse zur Jugendsparwoche
Bundesrepublik Deutschland, 1967
Karton, Druck; 59 × 42 cm
Stuttgart, Deutscher Sparkassen Verlag GmbH: Inv.-Nr. 59

Kat.-Nr. 245
„Spare bei der Sparkasse“
Plakat zum Schulsparen
Bundesrepublik Deutschland, 1951
Papier, Druck; 59 × 42 cm
Stuttgart, Deutscher Sparkassen Verlag GmbH: Inv.-Nr. 82/75

Kat.-Nr. 246
„Unser Getreide / Spare bei der Schulsparkasse“
Plakat der Sparkasse der Stadt Köln zum Schulsparen
Herausgeber: Deutscher Sparkassenverlag
Stuttgart, 1956
Papier, Offsetdruck; 59,4 × 42 cm
Bonn, Deutscher Sparkassen- und Giroverband e.V., Sparkassenhistorisches Dokumentationszentrum: Inv.-Nr. V. E/1/00044

DAS GESCHLECHTERBILD IN DER SPARWERBUNG

Kat.-Nr. 247
„Das Sparen der Frau ist Dienst am Volk!“
Werbeplakat der städtischen Sparkasse Konstanz
Entwurf: Ludwig Hohlwein (1874–1949)
München, 1939
Papier, Farboffset; 84,1 × 59,4 cm
Stuttgart, Deutscher Sparkassen Verlag GmbH: Inv.-Nr. Standort 63/58

Kat.-Nr. 248
„Hausfrauen-Hilfe 1934. Ein Jahrbuch für die deutsche Hausfrau!“
Jahrbuch mit Kalender und Artikeln zum Thema Sparen und Hauswirtschaft der Stadt-Sparkasse Bitterfeld
Herausgeber: Hella Düngel
Verlag: Deutscher Frauen-Verlag GmbH
Berlin, 1934
Papier, Druck; 22,5 × 16,8 cm
Bonn, Deutscher Sparkassen- und Giroverband e.V., Sparkassenhistorisches Dokumentationszentrum: Inv.-Nr. V. D/1/00336

Kat.-Nr. 249
„Hauswirtschaft leichter gemacht“
Ratgeber für Hauswirtschaft, Kassenbuchführung, Rechts- und Mieterfragen
Sparkasse der Reichsmessestadt Leipzig
Leipzig, um 1936
Papier, Druck; 20 × 14,7 cm
Berlin, Deutsches Historisches Museum: Inv.-Nr. Do2 2015/419

Kat.-Nr. 250
„Immer bei Kasse“
Werbeplakat für das Postsparbuch der Deutschen Bundespost
Lintas Werbeagentur
Neuwied, 1974
Papier, Offsetdruck; 59,5 × 42 cm
Frankfurt, Museumsstiftung Post und Telekommunikation: Inv.-Nr. 4.0.14933

Kat.-Nr. 251
„Frauen schaffen, Frauen sparen"
Plakat der Sparkasse
Deutschland, 1945
Papier, Druck; 59 × 42 cm
Stuttgart, Deutscher Sparkassen Verlag GmbH:
Inv.-Nr. 58

Kat.-Nr. 252
„Gut haushalten, Sparen gehört dazu"
Plakat der Sparkasse
Deutschland, 1959
Papier, Druck; 84 × 59,4 cm
Stuttgart, Deutscher Sparkassen Verlag GmbH:
Inv.-Nr. 18

Kat.-Nr. 253
„Immer Ärger am 31ten"
Ausschnitt aus dem Lehrfilm zum Umgang mit Wirtschaftsgeld
Buch: Dieter Werner; Regie: Wolfgang K. Teichert
Produktion: Profil-Film (Frank Tietz)
Köln, 1959
Bonn, Deutscher Sparkassen- und Giroverband e.V., Sparkassenhistorisches Dokumentationszentrum:
o. Inv.-Nr.

NATURSYMBOLE

Kat.-Nr. 254
„Spare in der Zeit. – Dann hast du in der Not!"
Plakat der Städtischen Sparkasse Lindau
Deutschland, nach 1933
Farboffset; 84 × 59,5 cm
Bonn, Deutscher Sparkassen- und Giroverband e.V., Sparkassenhistorisches Dokumentationszentrum:
Inv.-Nr. V. E/1/00014

Kat.-Nr. 255
„Hamster und Krähe"
In: Broschüre zur Sparerziehung *Der Sparelefant*, Heft Nr. 5
Ausgegeben von der Gemeindegirokasse Lichtentanne (Sachsen)
Berlin, 1930
Papier, Druck; 21,2 × 14,3 cm
Berlin, Historisches Archiv des Ostdeutschen Sparkassenverbandes: Inv.-Nr. V. 120/2008-4

Kat.-Nr. 256
Spardose in Form eines Eichhörnchens
Vermutlich um 1987
Hartgummi; 13 × 17 × 7,5 cm
Köln, Sparkasse KölnBonn: o. Inv.-Nr.

Kat.-Nr. 257
Spardose in Form eines Hauses mit Bienenkorb und der Aufschrift „Jung gewohnt, alt getahn"
Hamburg, um 1904
Bronzeguss, vergoldet; 12 × 8 × 6,5 cm
Stuttgart, Deutscher Sparkassen Verlag GmbH:
Inv.-Nr. 877

Kat.-Nr. 258
„Bienenfleiss und Sparsamkeit helfen dir zu jeder Zeit"
Werbeplakat der Landessparkasse
Bundesrepublik Deutschland, 1949
Papier, Druck; 59 × 42 cm
Stuttgart, Deutscher Sparkassen Verlag GmbH:
Inv.-Nr. 73/66a

Kat.-Nr. 259
Spardose der Stadtsparkasse Augsburg mit Beschriftung „Die Sparsamkeit der Bienen / laß dir als Vorbild dienen"
Porzellanfabrik Heinrich & Co.
Selb, 1938
Porzellan, Eisen; 7,1 × 8 × 8 cm
Bonn, Deutscher Sparkassen- und Giroverband e.V., Sparkassenhistorisches Dokumentationszentrum:
Inv.-Nr. V. B/1/00010

Kat.-Nr. 260
Spardose der Kieler Spar- und Leihkasse anlässlich des 40. Weltspartags
Kiel, 1964
Eisenblech; H: 8,2 cm, D: 5,7 cm
Bonn, Deutscher Sparkassen- und Giroverband e.V., Sparkassenhistorisches Dokumentationszentrum:
Inv.-Nr. V. B/1/00088

Kat.-Nr. 261
Spardose der Sparkasse des Plauenschen Grundes Freital mit Beschriftung „Mit Sparsamkeit und Bienenfleiss erringst Du Dir den höchsten Preis"
Deutschland, 1920–1930
Eisenblech; H: 8,5 cm, D: 8 cm
Bonn, Deutscher Sparkassen- und Giroverband e.V., Sparkassenhistorisches Dokumentationszentrum:
Inv.-Nr. V. B/1/00094

Kat.-Nr. 262
„Wer sät – erntet"
Sparkassenplakat
Bundesrepublik Deutschland, 1950
Farboffset; 59,5 × 42 cm
Stuttgart, Deutscher Sparkassen Verlag GmbH:
Inv.-Nr. 73/63

Kat.-Nr. 263
„Wer sät erntet"
Sparkassenplakat
Bundesrepublik Deutschland, 1951
Farboffset; 84,1 × 59,4 cm
Stuttgart, Deutscher Sparkassen Verlag GmbH:
Inv.-Nr. 23

Kat.-Nr. 264
„Die Ernte ist geborgen – Sparen bewahrt, was Arbeit gewann"
Werbeplakat der Bezirkssparkasse Langenbrücken
Entwurf: Lois Gaigg (1905–1944)
Deutschland, um 1940
Papier, Offsetdruck; 84,1 × 59,6 cm
Stuttgart, Deutscher Sparkassen Verlag GmbH:
Inv.-Nr. 58

Kat.-Nr. 265
Stundenplan mit Werbung der Stadtsparkasse zu Trebsen/Mulde
Druck und Verlag: Selmar Bayer, Inh. Erich Thiele
Berlin, nach 1933
Papier, beidseitiger Druck; 20 × 24,7 cm
Bonn, Deutscher Sparkassen- und Giroverband e.V., Sparkassenhistorisches Dokumentationszentrum: Inv.-Nr. V. D/1/00297

Kat.-Nr. 266
„Spare in der Zeit, so hast Du in der Not"/„Ohne Sparen – Leere Kasten, Ohne Ordnung nichts als Lasten"
Heimsparbüchse mit Sparsprüchen und Bildmotiven
Deutschland, um 1900
Eisenblech; 8,5 × 6,5 × 4,2 cm
Schwarzenberg, Historisches Archiv der Erzgebirgssparkasse: o. Inv.-Nr.

Kat.-Nr. 267
Spardose der Kreissparkasse Neuwied
Deutschland, 1936
Eisenblech, lackiert; 8,3 × 6 × 6 cm
Bonn, Deutscher Sparkassen- und Giroverband e.V., Sparkassenhistorisches Dokumentationszentrum: Inv.-Nr. V. B/1/00087

Kat.-Nr. 268
Sparbuch der Stadtsparkasse zu Oschersleben (Bode)
1935–1945
Papier, Druck, handbeschrieben; 19 × 12,4 cm
Berlin, Historisches Archiv des Ostdeutschen Sparkassenverbandes: Inv.-Nr. V. B/1/00087

EPILOG

Statements von Vertretern aus Wissenschaft und Gesellschaft zum Thema Zukunft des Sparens
Berlin, 2018
Berlin, Deutsches Historisches Museum

INKLUSIVE KOMMUNIKATIONS-STATIONEN (IKS)

IKS: Begriffe und ihre Bedeutung
Postkarten, 2018
Berlin, Deutsches Historisches Museum

IKS: Horten oder Sparen?
Conto-Buch von Anna Sophia Henriette Gleiß, Plöner Spar- und Leihkasse, 1826–1834 (Reproduktion)
Bonn, Deutscher Sparkassen- und Giroverband e.V., Sparkassenhistorisches Dokumentationszentrum

Sparstrumpf und Modell zum Zinszuwachs, 2018
Berlin, Deutsches Historisches Museum

IKS: Der Wertverlust während der Inflation
Schematisches Modell der Inflation 1921–1923, 2018
Berlin, Deutsches Historisches Museum

IKS: Sparen auf das eigene Auto
Modell KdF-Wagen von 1938–1945; Modell VW Käfer von 1955; Modell Wartburg 311 Coupé von 1959–1965
Berlin, Deutsches Historisches Museum

IKS: Geschlechterrollen
Filmstills und Kommentare zum Film „Immer Ärger am 31ten" (Produktion: Profil-Film, Frank Tietz, Köln 1959, Deutscher Sparkassen- und Giroverband e.V., Bonn), 2018
Berlin, Deutsches Historisches Museum

IKS: Sparsymbolik
Spardosen, 2018
Berlin, Deutsches Historisches Museum

IKS: Wofür sparen Sie?
Abstimmungssäulen, 2018
Berlin, Deutsches Historisches Museum

LEIHGEBER UND DANK

Das Deutsche Historische Museum dankt allen leihgebenden Institutionen für ihre Unterstützung und Kooperation:

DEUTSCHLAND

Berlin: Axel Springer Syndication GmbH; bpk – Bildagentur; Bundesarchiv – Filmarchiv; Geheimes Staatsarchiv – Preußischer Kulturbesitz; Historisches Archiv der Berliner Sparkasse; Historisches Archiv des Ostdeutschen Sparkassenverbandes; Jüdisches Museum Berlin; Landesarchiv Berlin; Museumsstiftung Post und Telekommunikation; Staatsbibliothek zu Berlin – Preußischer Kulturbesitz; ullstein bild
Bonn: phoenix tv; Deutscher Sparkassen- und Giroverband e.V., Sparkassenhistorisches Dokumentationszentrum; Stiftung Haus der Geschichte der Bundesrepublik Deutschland
Bremerhaven: Deutsches Schiffahrtsmuseum – Leibniz-Institut für deutsche Schifffahrtsgeschichte
Dresden: Ostsächsische Sparkasse Dresden; Deutsche Fotothek
Düsseldorf: Historisches Archiv der ERGO Group AG
Essen: Historisches Archiv Krupp
Frankfurt am Main: Deutsche Bank AG, Historisches Institut; Deutsche Bundesbank; Museumsstiftung Post und Telekommunikation
Freiberg (Sachs.): Sächsisches Staatsarchiv/Bergarchiv Freiberg; Stadt- und Bergbaumuseum
Göttingen: Stadtarchiv Göttingen; Städtisches Museum Göttingen
Hamburg: Hamburger Kunsthalle, Kupferstichkabinett; Norddeutscher Rundfunk; Patriotische Gesellschaft von 1765; Der Spiegel-Verlag
Koblenz: Bundesarchiv – Bildarchiv
Köln: Sparkasse KölnBonn; Kreissparkasse Köln, Sammlung Geldgeschichte
Leipzig: Schulmuseum – Werkstatt für Schulgeschichte Leipzig
München: Bayerische Staatsbibliothek; FOCUS Magazin Verlag GmbH
Potsdam: Brandenburgisches Landeshauptarchiv; CHRONOS-MEDIA GmbH
Ravensburg: Wirtschaftsmuseum Ravensburg
Schwarzenberg: Historisches Archiv der Erzgebirgssparkasse
Stuttgart: Deutscher Sparkassen Verlag GmbH; Robert Bosch GmbH
Wolfsburg: Institut für Zeitgeschichte und Stadtpräsentation (IZS)
Wuppertal: Leihgabe der Bundesrepublik Deutschland im Von der Heydt-Museum Wuppertal

FRANKREICH

Paris: Bibliothèque Mazarine

GROSSBRITANNIEN

Edinburgh: Lloyds Banking Group plc Archives
Norwich: Norfolk Record Office
Oxford: Bodleian Library
Ruthwell: Savings Banks Museum

ITALIEN

Florenz: Biblioteca Nazionale Centrale di Firenze

ÖSTERREICH

Wien: Österreichische Nationalbibliothek

USA

Washington D.C.: Library of Congress

Des Weiteren danken wir für ihre besondere Unterstützung:

Hans Peter Blume, Margreth Brändle, Thomas Einert, Ralf Forster, Mhairi Hastings, Richard Hedrich-Winter, Andrea von Hegel, Peter Hoheisel, Kerstin Hüsken, Thomas Jander, Carola Jüllig, Michael Kunzel, Nancy Lockkamper, Andreas Lotz, Klaus-Dieter Marten, Matthias Miller, Horst Möckel, Michael Moss, Martin L. Müller, Richard Ovenden, Kai Uwe Peter, Ruth Schilling, Tobias Schmidt, Moritz Stange, Jens Uhle, Thorsten Wehber, Frank Weidner, Britta Weschke, Claudia Wöhnl, Sian Yates

AUSGEWÄHLTE LITERATUR

Albus, Paul, *Die Finanzierung des Wohnungsbaus in Deutschland in der Zeitspanne von 1924 bis 1931 unter besonderer Berücksichtigung der Finanzierung durch die Kreditinstitute*, Würzburg 1935.

Aly, Götz, *Hitlers Volksstaat. Raub, Rassenkrieg und nationaler Sozialismus*, Frankfurt/M. 2005.

Ders. (Hg.), *Volkes Stimme. Skepsis und Führervertrauen im Nationalsozialismus*, 2. Aufl., Frankfurt/M. 2007.

Andrew, Donna, *Philanthropy and Police: London Charity in the Eighteenth Century*, Princeton, NJ, 1989.

Ashauer, Günter, *„Betrachtung des ‚Privatkunden' in der Zeit vor 1959", in: Der Privatkunde*, 1990, S. 11–21 (= Bankhistorisches Archiv, Beiheft 16).

Ders., *Von der Ersparungscasse zur Sparkassen-Finanzgruppe. Die deutsche Sparkassenorganisation in Geschichte und Gegenwart*, Stuttgart 1991.

Attanasio, Orazio/Susann Rohwedder, „Pension Wealth and Household Saving: Evidence from Pension Reforms in the United Kingdom", in: *American Economic Review*, 93, 2003, S. 1499–1521.

Bähr, Johannes, *Die Dresdner Bank in der Wirtschaft des Dritten Reichs*, München 2006.

Ders./Bernd Rudolph, *Finanzkrisen: 1931, 2008*, hrsg. von der Eugen-Gutmann-Gesellschaft e.V., München/Zürich 2011.

Barkai, Avraham, *Das Wirtschaftssystem des Nationalsozialismus. Der historische und ideologische Hintergrund 1933–1936*, Köln 1977.

Berg, Christa, „‚Rat geben.' Ein Dilemma pädagogischer Praxis und Wirkungsgeschichte", in: *Zeitschrift für Pädagogik*, 37, 1991, S. 709–733.

Dies., „‚Die Fabrikation des zuverlässigen Menschen.' Der Spargedanke in der Ratgeber-Literatur, 1850–1914", in: *Zeitschrift für bayerische Sparkassengeschichte*, 7, 1993, S. 69–98.

Bergmann, Carl, *Der Weg der Reparation. Von Versailles über den Dawesplan zum Ziel*, Frankfurt/M. 1926.

Bezdek, Ferdinand, *Bericht über Einrichtung und Ergebnisse der bestehenden ausländischen Schulsparkassen unter Berücksichtigung ihrer erzieherischen und volkswirtschaftlichen Bedeutung, erstattet dem hohen Ministerium für Kultus und Unterricht*, Brünn 1906.

Blum, Eugen, *Die deutschen Kreditmärkte seit der Stabilisierung*, Berlin 1929.

Bluntschli, Johann Caspar (Hg.), *Deutsches Staats-Wörterbuch*, Bd. 9, Stuttgart 1865.

Boelcke, Willi A., *Die Kosten von Hitlers Krieg. Kriegsfinanzierung und finanzielles Kriegserbe in Deutschland 1933–1948*, Paderborn 1985.

Börsch-Supan, Axel/Martin Gasche, *Zur Sinnfähigkeit der Riester-Rente. MEA Discussion Paper 197–2010. MEA Universität Mannheim*, Mannheim 2010.

Ders. et al., *Rentenlücken und Lebenserwartung. Wie sich die Deutschen auf den Anstieg vorbereiten. Deutsches Institut für Altersvorsorge*, Köln 2005.

Ders. et al., „Saving Incentives, old-age Provision and Displacement Effects: Evidence from the recent German Pension Reform", in: *Journal of Pension Economics and Finance*, 7, 2008, S. 295–319.

Ders. et al., *The German SAVE Study – Design and Results*, 2. Aufl., Mannheim 2009.

Ders. et al., *Riester Pensions in Germany. Design, Dynamics, Targeting Success and Crowding-in. NBER Working Paper 18014*, Cambridge, MA, 2012.

Ders. et al., „Savings in Times of Demographic Change: Lessons from the German Experience", in: *Journal of Economic Surveys*, 29, 2015, S. 807–829.

Borscheid, Peter, *Textilarbeiterschaft in der Industrialisierung. Soziale Lage und Mobilität in Württemberg (19. Jahrhundert)*, Stuttgart 1978.

Ders., *Mit Sicherheit leben. Die Geschichte der deutschen Lebensversicherungswirtschaft und der Provinzial-Lebensversicherungsanstalt von Westfalen*, 2 Bde., Münster 1989.

Bray, John Francis, *Labour's Wrongs and Labour's Remedy: Or, The Age of Might and the Age of Right*, Leeds 1839.

Breunlich, Franz, *Die Schulsparkasse*, Wien 1915.

Brewer, John/Eckhart Hellmuth (Hg.), *Rethinking Leviathan: The Eighteenth-Century State in Britain and Germany*, Oxford 1999.

Broadberry, Stephen/Mark Harrison (Hg.), *The Economics of World War I*, Cambridge 2005.

Brodesser, Carsten, *Sparen während der Zeit des Nationalsozialismus. Ein Kapitel aus der „geräuschlosen Kriegsfinanzierung" unter besonderer Berücksichtigung der Sparkassen*, Diss. Frankfurt/M. 2011.

Brugiavini, Agar et al., *Measuring Pension Wealth. Paper prepared for LWS Workshop: Construction and Usage of Comparable Microdata on Wealth: the LWS, Banca d'Italia*, Perugia 2005.

Bucher-Koenen, Tabea/Sebastian Kluth, *Subjective Life Expectancy and Private Pensions. MEA-Discussion-Paper 265-2012*, MEA-Max Planck Institute for Social Law and Social Policy, München 2012.

Dies./Bettina Lamla, „The Long Shadow of Socialism: Puzzling Evidence On East-West German Differences in Financial Literacy", in: *Economic Notes*, Dezember, 2017, S. 1–26.

Dies./Annamaria Lusardi, „Financial literacy and retirement planning in Germany", in: *Journal of Pension Economics and Finance*, 10, 2011, S. 565–584.

Bundesministerium für Wirtschaft und Energie (BmWi), *Zur Diskussion um Bargeld und die Null-Zins-Politik der Zentralbank, Gutachten des Wissenschaftlichen Beirats beim Bundesministerium für Wirtschaft und Energie*, Berlin 2017.

Butschkau, Fritz, *Im Dienste des Sparers. Reden und Aufsätze*, Stuttgart 1967.

Capriotti, Giuseppe, *Lo Scorpione sul petto. Iconografia antiebraica tra XV e XVI secolo alla periferia dello Stato Pontifico*, Rom 2014.

Chan, Sewin/Anne Huff Stevens, „What You Don't Know Can't Help You: Pension Knowledge and Retirement Decision Making", in: *Review of Economics and Statistics*, 90, 2008, S. 253–266.

Coppola, Michalea/Martin Gasche, „Die Riester-Förderung – Mangelnde Information als Verbreitungshemmnis", in: *Wirtschaftsdienst*, 91, 2011, S. 792–799.

Dies./Bettina Lamla, *Empirical Research on Household's Saving and Retirement Security: First Steps towards an Innovative Triple-Linked-Dataset. MEA DiscussionPaper 07-2012*, MEA- Max Planck Institute for Social Law and Social Policy, München 2012.

Corneo, Giacomo et al., „The Riester Scheme and Private Savings: An Empirical Analysis Based on the German SOEP", in: *Schmollers Jahrbuch*, 129, 2009, S. 321–332.

Corporation for Enterprise Development, *2016 Assets & Opportunity Scorecard*, https://cld.bz/bookdata/cv7zGmy/basic-html/page-1.html (abgerufen am 9.12.2017).

Cottrell, Philip L. et al. (Hg.), *Finance in the Age of the Corporate Economy. The Third Anglo-Japanese Business History Conference*, Aldershot 1997.

Die Darlehnskassen des Reichs im Jahre 1918. Bearbeitet im Buero der Hauptverwaltung der Darlehnskassen, Berlin 1919.

Descamps, Florence/Laure Quennouëlle-Corre (Hg.), *La mobilisation financière pendant la Grande Guerre. Le front financier, un troisième front*, Paris 2015 (= Histoire économique et financière – XIXe–XXe).

Deutsche Bankengeschichte, hrsg. im Auftrag des Instituts für bankhistorische Forschung, Frankfurt/M. 1982.

Deutsche Bundesbank (Hg.), *Deutsches Geld- und Bankwesen in Zahlen 1876–1975*, Frankfurt/M. 1976.

Deutsche Bundesbank, *50 Jahre deutsche Mark. Notenbank und Währung in Deutschland seit 1948*, München 1998.

Diamond, Peter A./Jerry A. Hausman, „Individual Retirement and Savings Behavior", in: *Journal of Public Economics*, 23, 1984, S. 81–114.

Doerr, Ulrike/Katharina Schulte, „Betting on a Long Life – the Role of Subjective Life Expectancy in the Demand for Private Pension Insurance of German Households", in: *Schmollers Jahrbuch*, 132, 2012, S. 233–263.

Driver, Felix, *Power and Pauperism. The Workhouse System 1834–1884*, Cambridge 1993.

Dummann, Kathrin, „What determines Supply and Demand for Occupational Pensions in Germany?", in: *Journal of Pension Economics and Finance*, 7, 2008, S. 131–156.

Duncan, Henry, *An Essay on the Nature and Advantages of Parish Banks*, Edinburgh 1815.

Emmerich, Norbert, *Geschichte der deutschen Sparkassenwerbung 1750 bis 1995*, Stuttgart 1995.

Engel, Ernst, *„Die vorherrschenden Gewerbszweige in den Gerichtsämtern mit Beziehung auf die Productions- und Consumptionsverhältnisse des Königreichs Sachsen", in: Zeitschrift des Statistischen Bureaus des Königlich Sächsischen Ministeriums des Innern*, 3, 1857, S. 129–182.

Epkenhans, Michael, *Der Erste Weltkrieg 1914–1918*, Paderborn 2015.

Fahrenschon, Georg/Johannes Wallacher (Hg.), *Ethik und Finanzwirtschaft*, Stuttgart 2015.

Gottfried Feder (Hg.): *Sparkassen und Nationalsozialismus. Führende Nationalsozialisten zur Sparkassenfrage*, Berlin [1933].

Federal Deposit Insurance Corporation, *2015 FDIC National Survey of Unbanked and Underbanked Households*, online: www.fdic.gov/householdsurvey/ (abgerufen am 9.12.2017).

Feldenkirchen, Wilfried et al. (Hg.), *Wirtschaft, Gesellschaft, Unternehmen. Festschrift für Hans Pohl zum 60. Geburtstag*, 2 Bde., Stuttgart 1995.

Feldman, Gerald/Elisabeth Müller-Luckner (Hg.), *Die Nachwirkungen der Inflation auf die deutsche Geschichte, 1924–1933*, München 1985.

Feldstein, Martin S., *„Social Security, Induced Retirement, and Aggregate Capital Accumulation", in: Journal of Political Economy*, 84, 1974, S. 905–926.

Fink, Klaus-J. (Hg.), *888 Weisheiten und Zitate für Finanzprofis. Die passenden Worte für jede Situation im Beratungsgespräch*, Wiesbaden 2007.

Foerster, Carl [i. e. Emma Zapp], *Die Kunst des Sparens*, Köln 1885.

Fricke, H., „Ueber Schulsparkassen", in: *Pädagogische Reform* 5, 1881, S. 93.

Ders., „Entgegnung auf einen Artikel der ‚Reform' Nr. 182 betreffend Schulsparkassen", in: *Pädagogische Reform; zugleich Zeitschrift der Hamburger Lehrmittelausstellung*, 6, 1882, S. 133.

Friedman, Milton, *A Theory of the Consumption Function*, Princeton, NJ, 1957.

Gale, William G. et al., Private Pensions and Public Policies, Washington, D.C., 2004.

Gall, Lothar et al., *Die Deutsche Bank 1870–1995*, München 1995.

Garon, Sheldon, *Beyond Our Means. Why America Spends While the World Saves*, Princeton, NJ, 2012.

Georges, [ ], „Was ist von der Schulsparkasse zu halten?", in: *Deutsche Blätter für den erziehenden Unterricht*, 11, 1884, S. 133–136.

Goethe und das Geld. Der Dichter und die moderne Wirtschaft, hrsg. von Vera Hierholzer/Sandra Richter im Auftrag des Freien Deutschen Hochstifts, Ausst. Kat. Frankfurter Goethe-Haus, Frankfurt/M. 2012.

Gosden, Peter H. J. H., *The Friendly Societies in England*, Manchester 1961.

Gray, Peter, *The Making of the Irish Poor Law. 1815–43*, Manchester 2009.

Green, David R. et al. (Hg.), *Men, Women, and Money: Perspectives on Gender, Wealth, and Investment 1850–1930*, Oxford et al. 2011.

Guiso, Luigi et al. (Hg.), *Stockholding in Europe*, New York 2002.

Gustman, Allan L./Thomas L. Steinmeier, „The Social Security Early Entitlement Age in a Structural Model of Retirement and Wealth", in: *Journal of Public Economics*, 89, 2005, S. 441–463.

Gustman, Allan L. et al., „Mismeasurement of Pensions Before and After Retirement: The Mystery of the Disappearing Pensions with Implications for the Importance of Social Security as a Source of Retirement Support", in: *Journal of Pension Economics and Finance*, 13, 2014, S. 1–26.

Hachtmann, Rüdiger, *Das Wirtschaftsimperium der Deutschen Arbeitsfront 1932–1945*, Göttingen 2012.

Hävernick, Walter, *Die deutschen Münzfunde der Zeit von 750 bis 1815. Fundkatalog Mittelalter/Neuzeit der Numismatischen Kommission der Länder in der Bundesrepublik Deutschland. Leitfaden*, Hamburg 1976.

Haldane, Archibald/Richard Burdon/Trustee Savings Banks Association, *One Hundred and Fifty Years of Trustee Savings Banks*, London 1960.

Hansen, Christian, „Die Kinder- und Schulsparkassen", in: *Der Arbeiterfreund. Zeitschrift des Central-Vereins für das Wohl der arbeitenden Klassen*, 14, 1876, S. 451–472.

Hardach, Gerd, *Der Erste Weltkrieg*, München 1973 (= Geschichte der Weltwirtschaft im 20. Jahrhundert; Bd. 2).

Ders., *Weltmarktorientierung und relative Stagnation. Währungspolitik in Deutschland 1924–1931*, Berlin 1976.

Ders., „Die finanzielle Mobilmachung in Deutschland 1914–1918", in: *Jahrbuch für Wirtschaftsgeschichte*, 56/2, 2015, S. 359–387.

Hartmann-Wendel, Thomas et al., *Bankbetriebslehre*, Berlin/Heidelberg 1998.

Haupt, Heinz-Gerhard/Claudius Torp (Hg.), *Die Konsumgesellschaft in Deutschland 1890–1990. Ein Handbuch*, Frankfurt/M./New York 2009.

Helas, Philine, „Die Predigt in der Weltlandschaft. Zur Agitation von Fra Marco da Montegallo für den Monte di Pietà in einem Stich von Francesco Rosselli (ca. 1485)", in: *Marburger Jahrbuch für Kunstwissenschaft*, 31, 2004, S. 105–144.

Henning, Friedrich-Wilhelm, *Handbuch der Wirtschafts- und Sozialgeschichte Deutschlands*, Bd. 2, Paderborn 1996.

Herkner, Heinrich, „Über Sparsamkeit und Luxus vom Standpunkte der nationalen Kultur- und Socialpolitik", in: *Jahrbuch für Gesetzgebung, Verwaltung und Volkswirtschaft im Deutschen Reich*, hrsg. von Gustav Schmoller, Leipzig 1896, S. 1–22.

Hesse, Jan-Otmar et al., *Die Große Depression. Die Weltwirtschaftskrise 1929–1939*, Frankfurt/M./New York 2014.

Hills, Sally et al., „The UK Recession in Context — What do three Centuries of Data tell us?", in: *Bank of England Quarterly Bulletin*, Q4, 2010 S. 277–291.

Hockerts, Hans Günter (Hg.), *Drei Wege deutscher Sozialstaatlichkeit. NS-Diktatur, Bundesrepublik und DDR im Vergleich*, München 1998.

Hodenberg, Christina von, *Aufstand der Weber. Die Revolte von 1844 und ihr Aufstieg zum Mythos*, Bonn 1997.

Hoffmann, Emil, *Vom Spartopf zur Sparkasse. Ein Kapitel vom Sparen und Bewahren*, Berlin 1928.

Hoffmann, Josef/Heinz Lüdicke, *Der Pfennig muß es bringen. Leitgedanken und Wege der Sparkassenwerbung*, Berlin 1926.

Hoffmann, Walther G. et al., *Das Wachstum der deutschen Wirtschaft seit der Mitte des 19. Jahrhunderts*, Berlin 1965.

Holtfrerich, Carl-Ludwig, *Die deutsche Inflation 1914–1923. Ursachen und Folgen in internationaler Perspektive*, Berlin 1980.

Honekamp, Ivonne/Johannes Schwarze, „Pension Reforms in Germany: Have They Changed Savings Behaviour?", in: *Pensions. An International Journal*, 15, 2010, S. 214–225.

Höpker, Heinrich (Hg.), *Die deutschen Sparkassen, ihre Entwicklung und ihre Bedeutung*, Berlin 1924.

Ders., *Die deutschen Sparkassen, ihre Entwicklung und heutige Bedeutung*. Vollständiger Nachdruck der Originalausgabe von 1924 mit einer Einführung von Hans Pohl (= Sparkassen in der Geschichte, Abt. 2: Reprint; Bd. 5), Stuttgart 1997.

Horne, H. Oliver, *A History of Savings Banks*, Oxford 1947.

Howlett, John, *The Insufficiency of the Causes to which the Increase of our Poor, and of the Poor's Rate, have been commonly Ascribed*, London [1788].

Hübener, Kristina et al. (Hg.), *Bankgeschäfte an Havel und Spree. Geschichte – Traditionen – Perspektiven*, Potsdam 2000.

Joerißen, Peter (Hg.), *„Das wünsch ich mir, drum spare ich!". Geschichte des Schulsparens*, Schul-Heft 7, Bergisch Gladbach 2009.

Johnson, Paul, *Saving and Spending – Working-class Economy in Britain, 1870–1939*, Oxford 1985.

Keiser, Günther/Bernhard Benning, „Kapitalbildung und Investitionen in der deutschen Volkswirtschaft 1924 bis 1928", in: *Vierteljahrshefte zur Konjunkturforschung*, Sonderheft 22, Berlin 1931.

King, Steven, *Poverty and Welfare in England 1700–1850: A Regional Perspective*, Manchester 2000.

Ders./Alannah Tomkins (Hg.), *The Poor in England, 1700–1850: An Economy of Makeshifts*, Manchester 2003.

Kluge, Arnd Holger, *Geschichte der deutschen Bankgenossenschaften. Zur Entwicklung mitgliederorientierter Unternehmen*, Frankfurt/M. 1991.

Kocka, Jürgen, *Arbeiterleben und Arbeiterkultur. Die Entstehung einer sozialen Klasse*, Bonn 2015.

Krabbe, Wolfgang R. „Munizipalsozialismus und Interventionsstaat. Die Ausbreitung der städtischen Leistungsverwaltung im Kaiserreich", in: *Geschichte in Wissenschaft und Unterricht*, 30, 1979.

Ders., *Die deutsche Stadt im 19. und 20. Jahrhundert*, Göttingen 1989.

Kuller, Christiane, *Finanzverwaltung und Judenverfolgung. Die Entziehung jüdischen Vermögens in Bayern während der NS-Zeit*, München 2008.

Kuntze, Oskar, *Das Sparen und die Sparkassen. Mittheilungen und Anregungen zur Weiterentwicklung des Sparkassenwesens*, Plauen 1882.

Kurz, Alfred, *Strukturwandlungen am deutschen Rentenmarkt*, Berlin 1939.

Laibson, David, „Golden Eggs and Hyperbolic Discounting", in: *Quarterly Journal of Economics*, 112, 1997, S. 443–477.

Lambert, Agnes, *A School Bank Manual for the Use of Managers and Teachers of Public Elementary Schools*, London 1886.

Lamla, Bettina/Michaela Coppola, *Is it all about Access? Perceived Access to Occupational Pensions in Germany. MEA-Discussion-Paper 277-2013*, MEA-Max Planck Institute for Social Law and Social Policy, München 2013.

Dies./Martin Gasche, „Erwarteter Bezug von Grundsicherung im Alter: Verhaltensunterschiede und Fehleinschätzungen", in: *Schmollers Jahrbuch*, 133, 2014, S. 539–562.

Lehmann-Hasemeyer, Sibylle/Jochen Streb, „Does Social Security Crowd Out Private Savings? The Case of Bismarck's System of Social Insurance", in: *Working Papers of the Priority Programme 1859. Experience and Expectation. Historical Foundations of Economic Behaviour* (Nr. 1 September), Berlin 2016.

Leinweber, Adolf, *Vier Beiträge zur Frage der Schulsparkassen. Pädagogische Abhandlungen*, Wien 1879.

Leisering, Lutz (Hg.), *Die Alten der Welt. Neue Wege der Alterssicherung im globalen Norden und Süden*, Frankfurt/M. 2010.

Lichter, Jörg, *Preußische Notenbankpolitik in der Formationsphase des Zentralbanksystems 1844 bis 1857*, Berlin 1999.

Lindenlaub, Dieter et al. (Hg.), *Schlüsselereignisse der deutschen Bankengeschichte*, Stuttgart 2013.

Lusardi, Annamaria/Olivia Mitchell, „The Economic Importance of Financial Literacy: Theory and Evidence", in: *Journal of Economic Literature*, 52, 2014, S. 5–44.

Maier, Kurt M., *Der Sparprozess in der Bundesrepublik Deutschland. Eine empirische Analyse des Sparverhaltens der privaten Haushalte seit 1950*, Frankfurt/M. et al. 1983.

Malarce, August de, *Histoire et manuel de l'institution des caisses d'épargne scolaires, avec le règlement et les modèles de comptabilité*, 14. Aufl., Paris 1897.

Malchus, Carl August Freiherr von, *Die Sparcassen in Europa. Vollständiger Nachdruck der Originalausgabe von 1838*, mit einem Nachwort von Manfred Pix und Josef Wysocki, Stuttgart 1994 (= Sparkassen in der Geschichte, Abt. 2: Reprint; Bd. 4).

Malthus, Thomas Robert, *An Essay on the Principle of Population*, London 1798.

Marco da Montegallo, *La Tabula della Salute*, Florenz 1494.

Martin, Charles, *A Messieurs les instituteurs des écoles primaires. De l'importance des caisses d'épargne et de leur facile application aux écoles primaires*, Paris 1839.

Marx, Karl/Friedrich Engels, „Arbeitslohn", in: dies., *Werke*, Bd. 6, Berlin 1959.

Maß, Sandra, *Kinderstube des Kapitalismus? Monetäre Erziehung im 18. und 19. Jahrhundert*, München/Wien 2017 (= Veröffentlichungen des Deutschen Historischen Instituts; Bd. 75).

Meinl, Susanne/Jutta Zwilling, *Legalisierter Raub. Die Ausplünderung der Juden im Nationalsozialismus durch die Reichsfinanzverwaltung in Hessen*, Frankfurt/M. 2004 (= Wissenschaftliche Reihe des Fritz Bauer Instituts).

Merger, Michèle et al. (Hg.), *Les Réseaux Européens Transnationaux: XIXe–XXe Siècles. Quels Enjeux?*, Nantes 1995.

Modigliani, Franco/Richard Brumberg, *The Collected Papers of Franco Modigliani – The Life-Cycle Hypothesis of Saving*, Cambridge, MA, 1954.

Mommsen, Hans/Manfred Grieger, *Das Volkswagenwerk und seine Arbeiter im Dritten Reich*, 3. Aufl. Düsseldorf 1997.

Moss, Michael S./Iain Russell, *An Invaluable Treasure. A History of the TSB*, London 1994.

Ders./Anthony Slaven (Hg.), *From Ledger Book to Laser Beam. A History of the TSB in Scotland from 1810 to 1990*, Glasgow 1992.

Müller, Gerhard, *Bank-Lexikon. Handwörterbuch für das Bank- und Sparkassenwesen*, Wiesbaden 1953.

Müller, Martin L., *Bausparen in Deutschland zwischen Inflation und Währungsreform 1924–1948. Wohnungsbaufinanzierung im Spannungsfeld zwischen Staat und privaten und öffentlichen Bausparunternehmen*, München 1999.

Müller, Uwe, *Infrastrukturpolitik in der Industrialisierung. Der Chausseebau in der preußischen Provinz Sachsen und dem Herzogtum Braunschweig vom Ende des 18. Jahrhunderts bis in die siebziger Jahre des 19. Jahrhunderts*, Berlin 2000.

Mura, Jürgen (Hg.), *Sparkassenorganisation und Wirtschaftswachstum*, Stuttgart 1994.

Ders. (Bearb.), *Die Wohnungsbaufinanzierung der Sparkassenorganisation – historische Entwicklung und Zukunftsperspektiven*, Stuttgart 1998.

O'Brien, Patrick/Donald Winch (Hg.), *The Political Economy of British Historical Experience 1688–1914*, Oxford 2002.

OECD iLibrary, *Statistics, Household Accounts, Household Savings*, www.oecd-ilibrary.org/economics/household-savings/indicator/english_cfc6f499-en (abgerufen am 9.12.2017).

Omland, Sabine, *NS-Propaganda im Unterricht deutscher Schulen 1933–1945*, Teilband 1, Berlin 2014.

Osthues, Heinz, *Einkommensverhältnisse und private Geldkapitalbildung in Westdeutschland 1925–1953*, Berlin 1957.

Peters, Martin, *Sparen – Leihen – Vorsorgen. Die Gemeinnützigkeit der frühen Sparkassen 1760–1838*, Hamburg 2006.

Pfarr, Christian/Udo Schneider, „Choosing between Subsidized or Unsubsidized Private Pension Schemes: Evidence from German Panel Data", in: *Journal of Pension Economics and Finance*, 12, 2013, S. 62–91.

Piggott, John/Alan Woodland (Hg.), *Handbook of the Economics of Population Aging*, Bd. 1B, Amsterdam 2016.

Pinhorn, Alfred, *Spending and Saving. A Primer to Thrift and Guide to Friendly Societies*, London 1891.

Pix, Manfred/Hans Pohl (Hg.), *Invention – Innovation – Diffusion. Die Entwicklung des Spar- und Sparkassengedankens in Europa*, Stuttgart 1992.

Pohl, Hans, *WestLB. Von der Hülfscasse von 1832 zur Landesbank*, Düsseldorf 1982.

Ders. (Hg.), *Geschichte der deutschen Kreditwirtschaft seit 1945*, Frankfurt/M. 1998.

Ders. et al., *Wirtschafts- und Sozialgeschichte der deutschen Sparkassen im 20. Jahrhundert*, Stuttgart 2005 (= Zeitschrift für bayerische Sparkassengeschichte, Beiheft 1).

Poterba, James (Hg.), *Public Policies and Household Saving*, Chicago/London 1994.

Poynter, John R., *Society and Pauperism: English Ideas on Poor Relief 1795–1834*, London 1969.

Pratt, John Tidd, *The History of Savings Banks in England, Wales and Ireland*, London 1839.

Protokoll über die Verhandlungen des Parteitages der Sozialdemokratischen Partei Deutschlands. Abgehalten zu Essen vom 15. bis 21. September 1907, Berlin 1907, S. 255, online: http://library.fes.de/parteitage/pdf/pt-jahr/pt-1907.pdf (abgerufen am 19.12.2017).

Rabin, Matthew, „Incorporating Limited Rationality into Economics", *in: Journal of Economic Literature*, 51, 2013, S. 528–543.

Rathkolb, Oliver, „Zwangsarbeit in der Industrie", in: Bernhard Chiari et al., *Das Deutsche Reich und der Zweite Weltkrieg, Bd. 9/2, Die deutsche Kriegsgesellschaft 1939 bis 1945. Ausbeutung, Deutungen, Ausgrenzung*, im Auftrag des MGFA, hrsg. von Jörg Echternkamp, Stuttgart 2005, S. 667–728.

Regionalgeschichte der Sparkassen-Finanzgruppe, hrsg. von der Wissenschaftsförderung der Sparkassen-Finanzgruppe e.V., Bd. 2, Stuttgart 2010.

Reulecke, Jürgen, *Sozialer Frieden durch soziale Reform. Der Centralverein für das Wohl der arbeitenden Klassen*, Wuppertal 1983.

Ders., *Geschichte der Urbanisierung in Deutschland*, Frankfurt/M. 1985.

Ritschl, Albrecht, *Deutschlands Krise und Konjunktur 1924–1934. Binnenkonjunktur, Auslandsverschuldung und Reparationsproblem zwischen Dawes-Plan und Transfersperre*, Berlin 2002.

Roesler, Konrad, *Die Finanzpolitik des Deutschen Reiches im Ersten Weltkrieg*, Berlin 1967.

Rogoff, Kenneth, *Der Fluch des Geldes. Warum unser Bargeld verschwinden wird*, München 2016.

Rosseaux, Ulrich, *Die Kipper und Wipper als publizistisches Ereignis (1620–1626). Eine Studie zu den Strukturen öffentlicher Kommunikation im Zeitalter des Dreißigjährigen Krieges*, Berlin 2001 (= Schriften zur Wirtschafts- und Sozialgeschichte; Bd. 67).

Rust, John/Christopher Phelan, „How Social Security and Medicare Affect Retirement Behavior in a World of Incomplete Markets", in: *Econometrica*, 65, 1997, S. 781–832.

Schäfer, Johann, *Kapital- und Sparanlagen*, Berlin 1924 (= Ratschläge für zweckmäßiges Sparen).

Schildt, Gerhard, *Tagelöhner, Gesellen, Arbeiter. Sozialgeschichte der vorindustriellen und industriellen Arbeiter in Braunschweig 1830–1880*, Stuttgart 1986.

Schmidt, Jürgen, *Brüder, Bürger und Genossen. Die deutsche Arbeiterbewegung zwischen Klassenkampf und Bürgergesellschaft 1830–1870*, Bonn 2018.

Schmidt, Reinhard H. et al. (Hg.), *From Microfinance to Inclusive Banking. Why Local Banking Works*, Weinheim 2016.

Schomerus, Heilwig, *Die Arbeiter der Maschinenfabrik Esslingen. Forschungen zur Lage der Arbeiterschaft im 19. Jahrhundert*, Stuttgart 1977.

Schröer, Heinrich, *Wider die Schulsparkassen*, Wittenberg 1882.

Schröter, Carina, *Die Schulsparkassen vom Standpunkte der Pädagogik und National-Ökonomie*, Budapest 1877.

Schulz, Günther, *Wiederaufbau in Deutschland. Die Wohnungsbaupolitik in den Westzonen und der Bundesrepublik von 1945 bis 1957*, Düsseldorf 1994.

Schwabe, Johann Friedrich Heinrich, *Grundsätze der Erziehung und des Unterrichts sittlich verwahrloster und verlassener Kinder in Beschreibung einer diesem Zwecke gewidmeten Anstalt*, Eisleben 1833.

Seidel, [ ], *Schul- und Jugendsparkassen und andere private Spareinrichtungen, insbesondere die Fabrikssparkassen*, in: *Zeitschrift für die gesamte Staatswissenschaft*, 1908, S. 655–712.

Sengül, Ömer, *Das Sparverhalten der türkischen Arbeitnehmer und dessen Auswirkungen auf die Bundesrepublik Deutschland und die Türkei*, Bonn 1980.

Shefrin, Hersh M./Richard H. Thaler, „The Behavioral Life-Cycle Hypothesis", in: *Economic Inquiry*, 26, 1988, S. 609–643.

Smiles, Samuel, *Self-Help. With Illustrations of Character and Conduct*, London 1859.

Snell, Keith D. M., *Parish and Belonging: Community, Identity and Welfare in England and Wales, 1700–1950*, Cambridge 2006.

Sperk, Ludwig/Manfred Wilsdorf, *Die Liquiditätsverhältnisse der deutschen Sparkassen*, Berlin 1956.

Spiethoff, Bodo, *Ungewollt zur Größe. Die Geschichte der bayerischen Sparkassen*, München 1958.

Sprenger, Bernd, *Das Geld der Deutschen*, 3. Aufl., Paderborn 2002.

Statistisches Jahrbuch für das Deutsche Reich 1920, hrsg. vom Statistischen Reichsamt, Bd. 41, Berlin 1920.

Statistisches Reichsamt, *Zahlen zur Geldentwertung in Deutschland 1914 bis 1923*. Sonderheft zu Wirtschaft und Statistik, 5. Jg., Sonderheft 1, Berlin 1925.

Steiner, André, *Von Plan zu Plan. Eine Wirtschaftsgeschichte der DDR, München 2004.*

Stelter, Daniel, *Bargeldverbot als Ultima Ratio*, online: www.manager-magazin.de/politik/weltwirtschaft/bargeldverbot-als-ultima-ratio-a-1033552.html (abgerufen am 4.12.2017).

Stieda, Wilhelm, „Zur Schulsparkassen-Frage", in: *Jahrbuch für Gesetzgebung, Verwaltung und Volkswirthschaft im Deutschen Reich*, 2, Leipzig 1878, S. 143–151.

Strotz, Robert H., „Myopia und inconsistency in dynamic utility maximization", in: *Review of Economic Studies*, 23, 1956, S. 165–180.

Tambora. Ein Vulkan verändert Süddeutschland, hrsg. vom Haus der Geschichte Baden-Württemberg, Ubstadt-Weiher 2017.

Thaler, Richard H., „Psychology and Savings Policies", in: *American Economic Review - Papers and Proceedings*, 84, 1994, S. 186–192.

Trende, Adolf, *Geschichte der deutschen Sparkassen bis zum Anfang des 20. Jahrhunderts*, Stuttgart 1957.

Untersuchungsausschuß für das Bankwesen (Hg.), *Untersuchung des Bankwesens 1933*, Teil 2, Berlin 1934.

Verhandlungen des Deutschen Reichstags. Reichstagsprotokolle 1867–1895, 1881/82,1, online: www.reichstagsprotokolle.de/Blatt3_k5_bsb00018436_00051.html (abgerufen am 19.12.2017)

Verhandlungen des Deutschen Reichstags. Reichstagsprotokolle 1895–1918, 1914/18,1, online: www.reichstagsprotokolle.de/Blatt_k13_bsb00003402_00013.html (abgerufen am 19.12.2017).

Verwaltungsbericht der Reichsbank 1918, Berlin 1918.

Voght, Caspar von, *Über die Hamburgische Armen-Anstalt v. J. 1788 bis 1794*, aus dem Englischen übersetzt von J. J. Eschenburg (1796), 2. Aufl., Lüneburg 1832.

Wehber, Thorsten/Frank Dreisch (Bearb.), *Wer spart wie? Sparverhalten und kulturelle Vielfalt*, Sparkassenhistorisches Symposium 11. September 2009, Stuttgart 2011.

Der Wert des Originals. Mit einem Essay von Gottfried Boehm, Ausst. Kat. Literaturmuseum der Moderne, Marbach am Neckar, Marbach 2014.

Wilhelmi, Leo, *Die Schul-Sparkasse und ihre Verbreitung*, Leipzig 1877.

Will, Helmuth, *Die Deutschen Sparkassen*, 2. Aufl., Stuttgart 1942.

Winkler, Horst, *Das Personalkreditgeschäft und die Liquiditätspolitik der Sparkassen*, Berlin 1934.

Wissenschaftsförderung der Sparkassen-Finanzgruppe e.V. (Hg.), *Regionalgeschichte der Sparkassen-Finanzgruppe*, Bd. 2, Stuttgart 2010 (= Sparkassen in der Geschichte, Abt. 3: Forschung; Bd. 22).

Wixforth, Harald (Hg.), *Finanzinstitutionen in Mitteleuropa während des Nationalsozialismus*, Stuttgart 2001.

Wysocki, Josef, *Untersuchungen zur Wirtschafts- und Sozialgeschichte der deutschen Sparkassen im 19. Jahrhundert*, Stuttgart 1980 (= Forschungsberichte der Gesellschaft zur Förderung der wissenschaftlichen Forschung über das Spar- und Girowesen e.V.; Bd. 11).

Wysocki, Josef/Hans-Georg Günther, *Geschichte der Sparkassen in der DDR 1945 bis 1990*, Stuttgart 1996.

Ziegelmeyer, Michael/Julius Nick, „Backing out of private pension provision: lessons from Germany", in: *Empirica*, 40, 2013, S. 505–539.

Zimmermann, Nicolai M., *Die Commerzbank und ihre Kunden. Kundenstruktur und Geschäftsbeziehungen einer deutschen Großbank 1924–1945*, Diss. Frankfurt/M. 2017.

BILDNACHWEIS

Abingdon, GL Archive/Alamy Stock Photo S. 159

Berlin, bpk, S. 160

Berlin, bpk/British Library Board, S. 225

Berlin, Deutsches Historisches Museum, S. 63, 67, 130 (Foto: Sebastian Ahlers), S. 57, 149, 217 (Foto: Thomas Bruns), S. 46, 84, 85, 93, 94, 115, 144, 181 (links), 209 (Foto: Indra Desnica), S. 51, 60 (Foto: Arne Psille), S. 83, 113

Berlin, Historisches Archiv der Berliner Sparkasse, S. 135, 177 (Foto: Thomas Bruns), S. 26

Berlin, Historisches Archiv des Ostdeutschen Sparkassenverbandes, S. 89, 121 (Foto: Thomas Bruns), S. 22, 146

Berlin, Landesarchiv Berlin/ K00620/Dr. Hans Grantzow, S. 38

Berlin, Staatsbibliothek zu Berlin – Preußischer Kulturbesitz, S. 43 (Foto: Thomas Bruns)

Berlin, ullstein bild – Heritage Images/Oxford Science Archive, Zeitschrift The Mirror, S. 157

Bonn, Deutscher Sparkassen- und Giroverband e.V., Sparkassenhistorisches Dokumentationszentrum, S. 71 (Foto: Thomas Bruns), S. 40, 65, 74 (Foto: Indra Desnica), S. 80

Düsseldorf, Historisches Archiv der ERGO Group AG, S. 35 (Foto: Indra Desnica)

Edinburgh, Mit freundlicher Unterstützung der Lloyds Banking Group plc Archives/Foto: Antonia Reeve, S. 163

Essen, Historisches Archiv Krupp, S 1 K 9.12, Fried. Krupp A.G. Essen (Ruhr), Die Kruppsche Spareinrichtung. 1900-1910, Essen (Ruhr), 1910/Foto: Werksfotograf der Firma Krupp, S. 53, 54

Freiberg (Sachs.), Sächsisches Staatsarchiv/Bergarchiv Freiberg, Bestand 40010 Bergamt Freiberg, Signatur 1-4402/Reprografie: Maria Fischer, S. 21

Freiberg (Sachs.), Stadt- und Bergbaumuseum, Inv.-Nr. 51/92/Foto: Andreas Gosch, S. 18

Hamburg, Hamburger Kunsthalle/bpk/Foto: Christoph Irrgang, S. 29

Köln, Sparkasse KölnBonn, S. 181 (rechts), S. 222 (Foto: Indra Desnica)

London, Imperial War Museum (Art.IWM PST 10378), S. 171

Paris, Bibliothèque Mazarine, S. 32

Potsdam: Brandenburgisches Landeshauptarchiv, Rep. 2A Regierung Potsdam I Kom Nr. 3206, S. 36

Ruthwell, Savings Banks Museum Ruthwell, S. 166

Schwarzenberg (Erzg.): Historisches Archiv der Erzgebirgssparkasse, S. 110 (Foto: Sebastian Ahlers), S. 107, 220, 231 (Foto: Thomas Bruns), S. 25, 114 (Foto: Indra Desnica)

Stuttgart, Deutscher Sparkassen Verlag GmbH, S. 212 (Foto: Sebastian Ahlers), S. 117, 125, 138, 140, 191 (Foto: Indra Desnica)

Tokyo, Communications Museum, S. 184, 187

Wolfsburg, Institut für Zeitgeschichte und Stadtpräsentation (IZS)/ Foto: Fritz Heidrich, S. 97

Wuppertal, Leihgabe der Bundesrepublik Deutschland im Von der Heydt-Museum/Foto: Antje Zeis-Loi, Medienzentrum Wuppertal, S. 143

Abb. S. 182: Schulsparkasse Australien: aus: Alexander Cooch, *The State Savings Bank of Victoria*, Melbourne 1934, S. 132.

Abb. S. 183: Plakat Kriegssparen: aus: Labert St. Clair, *The Story of the Liberty Loans*, Washington DC 1919, S. 115.

AUTOREN

ESSAYAUTOREN

Prof. Dr. Johannes Bähr
Professor für Wirtschafts- und Sozialgeschichte an der Goethe-Universität Frankfurt am Main

Prof. Axel Börsch-Supan
Direktor des Max-Planck-Instituts für Sozialrecht und Sozialpolitik in München, Mitglied der Berlin-Brandenburgischen Akademie der Wissenschaften und der Leopoldina Nationale Akademie der Wissenschaften

Dr. Tabea Bucher-Koenen
Leiterin des Fachbereichs Alterssicherung und Sozialpolitik am Max-Planck-Institut für Sozialrecht und Sozialpolitik in München

Prof. Sheldon Garon
Professor für Geschichte und Ostasienstudien an der Princeton University

Prof. Dr. Heike Gfrereis
Honorarprofessorin für Literaturwissenschaft an der Universität Stuttgart, Leiterin der Museen des Deutschen Literaturarchivs Marbach, Kuratorin u.a. der Dauerausstellungen im Literaturmuseum der Moderne und im Schiller-Nationalmuseum sowie zahlreicher Wechselausstellungen, von 2017 bis Mitte 2019 für eigene Projekte freigestellt.

Prof. Dr. Gerd Hardach
Von 1972 bis 2006 Professor für Sozial- und Wirtschaftsgeschichte an der Philipps-Universität Marburg

Prof. Joanna Innes
Professorin für Moderne Geschichte an der University of Oxford sowie Fellow des Somerville College

Prof. Dr. Dr. hc. mult. Jürgen Kocka
Von 1973 bis 1988 Professor an der Universität Bielefeld, anschließend bis 2009 Professor an der Freien Universität Berlin. Von 2001 bis 2007 Präsident des Wissenschaftszentrums Berlin für Sozialforschung.

Prof. Dr. Sandra Maß
Professorin für Transnationale Geschichte an der Ruhr-Universität Bochum

Prof. Michael Moss
Von 1974 bis 2001 Archivar der Glasgow University, anschließend Forschungsprofessor für Archivwesen am HATII-Institut Glasgow, seit 2013 Professor für Computer and Information Sciences an der Northumbria University, Newcastle

Prof. Dr. Günther Schulz
Von 1992 bis 2000 Professor für Wirtschafts- und Sozialgeschicht in Köln, anschließend bis 2016 Professor an der Univerität Bonn. Vorsitzender der Gesellschaft für Sozial- und Wirtschaftsgeschichte und des Arbeitskreises für Sparkassengeschichte sowie Herausgeber der Vierteljahresschrift für Wirtschaftsgeschichte (VSWG)

Carl-Ludwig Thiele
Von 1990 bis 2010 Abgeordneter im Deutschen Bundestag, anschließend Mitglied des Vorstands der Deutschen Bundesbank

Dr. Thorsten Wehber
Leiter des Sparkassenhistorischen Dokumentationszentrums des Deutschen Sparkassen- und Giroverbandes in Bonn, Vorsitzender der Study Group on Savings Banks History der Europäischen Sparkassenvereinigung, Mitglied des Wissenschaftlichen Beirats des Instituts für bankhistorische Forschung e.V. sowie Lehrbeauftragter an der Hochschule der Sparkassen-Finanzgruppe in Bonn

Prof. Dr. Dieter Ziegler
Professor für Wirtschafts- und Unternehmensgeschichte an der Ruhr-Universität Bochum

AUTOREN DER KATALOGTEXTE

Dr. Lydia Rosía Dorn (LRD)
Benjamin Mortzfeld (BM)
Robert Muschalla (RM)
Dr. Michael Kunzel (MK)

IMPRESSUM

Sparen. Geschichte einer deutschen Tugend
Eine Ausstellung des
Deutschen Historischen Museums
23.3. bis 26.8.2018

DEUTSCHES
HISTORISCHES
MUSEUM

In Zusammenarbeit mit:

Berliner Sparkasse | Gut für Berlin. Seit 1818.

Gefördert von:

Die Beauftragte der Bundesregierung
für Kultur und Medien

AUSSTELLUNG

Projektleitung
Dorlis Blume

Kurator
Robert Muschalla

Mitarbeit
Lydia Rosía Dorn, Ann-Kristin Jürgensen,
Melanie Huchler

Fachbeirat
Christian Duve, Horst Gischer, Christian von der Heydt,
Birgit Klein, Jürgen Kocka

Präsident
Raphael Gross

Abteilungsdirektorin Ausstellungen
Ulrike Kretzschmar

Objektverwaltung, Leihverkehr
Regina Gelbert

Studentische Mitarbeiterin und Praktikanten
Flora Fuchs und Michael Burkhardt, Marcel Flach

Ausstellungsgestaltung
Nadine Rasche, Werner Schulte

Inklusion und Barrierefreiheit
Allgemeiner Blinden- und Sehbehindertenverein Berlin gegr. 1874 e.V.; AWO Büro Leichte Sprache, Berlin; Deutsche Zentralbücherei für Blinde zu Leipzig (DZB), Leipzig (Taktile Medien); Sign Support, Berlin (DGS-Dolmetscherin); Yomma Schäfer & Sequeira Gerardo GbR, Berlin

Ausstellungsgrafik
BOK + Gärtner GmbH, Berlin/Münster

Mediengestaltung/Medientechnik
Mirko Kubein

Passepartourierung/Rahmung
Malte Spohr, Katharina Siedler, Berlin

Konservatorische Betreuung
Martina Homolka (Leitung), Michaela Brand (Buch), Kay Draber (Metall), Julia Garve (Metall), Christine Göppinger (Papier), Ulrike Hügle (Gemälde), Elke Kiffe (Keramik), Antje Liebers (Holz), Matthes Nützmann (Plakat), Jutta Peschke (Textil)

Ausstellungsaufbau/Werkstätten
Nicholas Kaloplastos (Leitung), Jens Albert, Sven Brosig, Christin Elle, Anette Forkert, Susanne Hennig, Torsten Ketteniß, Katrin Kunze, Holger Lehmann, Jörg Petzold, Thomas Strehl, Ralf Schulze, Stefan Thimm, Gunnar Wilhelm

Malerarbeiten
Malermeister Antosch, Berlin

Tischlerarbeiten
Restaurierungswerkstätten Berlin GmbH

Objektmontage
Abrell & van den Berg - Ausstellungsservice GbR, Berlin

Fotoarbeiten
Sebastian Ahlers, Indra Desnica

Grafikproduktion
Digidax, Potsdam

Ausstellungslektorat
Dorit Aurich, Berlin

Übersetzungen
Karen Margolis, Stephen Locke

Kommunikation
Barbara Wolf (Abteilungsdirektorin), Julia Black, Ina Frodermann, Jenny Jakubik, Daniela Lange, Ilka Linz, Claudia Lojack, Jana Nawrot, Nicola Schnell, Peter Schützold, Oliver Schweinoch, Anna-Julia Senchyshyn, Sonja Trautmann, Anne Vitten, Johanna Zehe, Julia Ziemann

IT
Gerhard Schmitt (Leitung), Björn Eichberg, Jan Dirk Kluge, Uwe Naujack, Magnus Wagner

Controlling
Manuela Itzigehl, Lina Lassak, Ramona Selchow

Bildung und Vermittlung
Stefan Bresky, Brigitte Vogel-Janotta (Leitung), Patrick Helber, Matthias Holliger, Christin Noll, Friedrun Portele-Anyangbe, Maike Schimanowski, Martin Steinbrück, Andrea Schenk, Mareike Teichmann (Besucherservice), Daniel Sasse (Praktikant)

Hörführung
Carasco | Petschko GbR, Büro für Kulturvermittlung, Berlin; Tonstudio K13, Kinomischung, Berlin; Kinomischung und Tonstudio, Berlin, soundgarden audioguidance, München

Ausstellungsplakat
Stan Hema GmbH, Berlin

KATALOG

Sparen. Geschichte einer deutschen Tugend

Herausgegeben von
Robert Muschalla
für das Deutsche Historische Museum

Konzeption und Redaktion
Lydia Rosía Dorn, Robert Muschalla

Redaktion
Dorlis Blume, Ann-Kristin Jürgensen

Lektorat
Dorit Aurich, Berlin

Übersetzung
Hans-Georg Hepermann

Gestaltung
Studio Quentin Walesch
(Quentin Walesch, Lucas Liccini)

Fotografien
Thomas Bruns, Berlin und Sebastian Ahlers, Indra Desnica

Reprografie
max-color, Berlin

Herstellung
Ilka Linz

Druck und Bindung
Grafisches Centrum Cuno, Calbe

Diese Veröffentlichung ist nach den Regeln der neuen Rechtschreibung gesetzt. Ausnahmen bilden Texte, bei denen künstlerische, philologische oder lizenzrechtliche Grunde einer Änderung entgegenstehen. Die Stiftung Deutsches Historisches Museum bemüht sich um eine geschlechtergerechte Sprache. Wenn aus Quellen zitiert wurde, wurden die Originalvorlagen ohne sprachliche Veränderungen wiedergegeben.

Wir bedanken uns bei allen Institutionen und Personen für die Abdruckerlaubnis. Wir haben uns bemüht, alle Copyright-Inhaber/innen ausfindig zu machen und um Abdruckgenehmigung zu bitten. Sollten wir eine Quelle nicht oder nicht vollständig angegeben haben, so bitten wir um Hinweise an die Stiftung Deutsches Historisches Museum, Berlin.

Museumsausgabe
ISBN 9783861022091

Buchhandelsausgabe
ISBN 9783806237221